台湾研究优秀成果奖

全国台湾研究会

获奖论文汇编

周志怀 主 编

杨幽燕 副主编

2016卷

九州出版社

JIUZHOUPRESS

图书在版编目（CIP）数据

台湾研究优秀成果奖获奖论文汇编. 2016卷 / 周志
怀主编. -- 北京 ：九州出版社，2017.12
　ISBN 978-7-5108-6414-8

　Ⅰ. ①台… Ⅱ. ①周… Ⅲ. ①台湾问题－文集 Ⅳ.
①D618-53

中国版本图书馆CIP数据核字(2017)第294916号

台湾研究优秀成果奖获奖论文汇编（2016卷）

作　　者　周志怀　主编
出版发行　九州出版社
地　　址　北京市西城区阜外大街甲 35 号（100037）
发行电话　（010）68992190/3/5/6
网　　址　www.jiuzhoupress.com
电子信箱　jiuzhou@jiuzhoupress.com
印　　刷　北京九州迅驰传媒文化有限公司
开　　本　720 毫米×1020 毫米　16 开
印　　张　14.75
字　　数　262 千字
版　　次　2017 年 12 月第 1 版
印　　次　2017 年 12 月第 1 次印刷
书　　号　ISBN 978-7-5108-6414-8
定　　价　56.00 元

前　言

2016 年度台湾研究优秀成果评奖结果，于 2017 年 6 月在北京揭晓。经评奖委员会委员对申报成果进行匿名评审并投票，评出 2016 年度台湾研究优秀论文一等奖 1 篇，二等奖 4 篇，三等奖 11 篇。

本次评奖委员会委员由厦门大学教授李鹏、国务院台湾事务办公室研究局副局长张黎宏、台湾铭传大学教授杨开煌、上海国际问题研究院特聘研究员周志怀和全国台湾研究会研究员杨幽燕等人组成。

经公示，以下论文荣获 2016 年度台湾研究优秀论文奖：

一等奖（1 名）

彭　莉　马　密　《台湾地区司法判决中的两岸政治定位——以台湾地区"宪法"第四条的援用为中心》

二等奖（4 名　排名不分先后）

邓利娟　马士伟　《两岸经贸交流合作对台利益分配状态分析》

王鹤亭　《两岸民间网络政治交流的内在机制与困境治理》

郑碧强　许　川　《利益相关者视域下两岸南海政策比较分析》

张　萌　刘相平　《台湾"台湾史"研究谱系及其史观嬗变述论》

三等奖（11 名　排名不分先后）

沈惠平　《试析部分台湾民众的"反中"情绪 —— 一种怨恨情绪的视角》

陈忠纯　《绕不开的"中国史"：台湾历史教科书问题之考察——以岛内相关硕士论文为中心》

陈　超　蔡一村　《以"互动"为中心的社会运动演化分析：对中国台湾的个案观察》

李　非　林子荣　《ECFA 背景下台湾中南部的经济情势——兼析 ECFA 在台湾的成效》

林子荣　《当前海峡两岸围绕"九二共识"的博弈分析》

何卓恩　《台湾大学接收改造中的"国界"与"省界"》

汪曙申　《"共识赤字"及其对台湾政治发展的影响》

王　敏　《两岸经贸关系转型方向与路径创新——基于"一带一路"建设视角的分析》

信　强　《战术性"三不"政策："双重战略困境"下的美国两岸政策》

尚红娟　张一平　《"大陆经历"对台湾青年的影响——基于实证研究的分析》

段　磊　《"两岸间"：一种特殊交往形态下的两岸共同决策模式》

编　者

2017 年 7 月

目　录

台湾地区司法判决中的两岸政治定位
——以台湾地区"宪法"第四条的援用为中心

彭　莉　马　密

一、研究缘起：从"宪法"规范到司法实践

　　两岸政治定位是两岸关系研究的核心议题，对此，两岸学界已有大量的探讨。在台湾地区，规范层面的两岸政治定位主要见诸"中华民国宪法"（以下简称"宪法"）第四条及相关条文中。1946 年制定的"宪法"第四条明确规定："中华民国"的领土依其固有的疆域，未经"国民大会"的决议，不得变更。毋庸置疑，这里"固有疆域"的范围包含大陆和台湾地区。20 世纪 90 年代以后，台湾宪制性规定中"本土化"特征日益明显，连接海峡两岸的元素被不断弱化，"宪法"第四条成为台湾地区坚守"一个中国"的核心法律依据，也是论证两岸同属一中的重要法理基础。

　　虽然一直以来台湾"宪法"第四条及相关规范始终坚持"一个中国"的底线，但是 1994 年"司法院大法官释字 328 号解释"使得台湾"宪法"的"一中性"留下了"模糊的空间"。1993 年 8 月，陈婉真等部分"立法委员"在审查"大陆事务委员会"预算时，声请"大法官"解释"宪法"第四条固有疆域的具体意涵，意图通过"大法官解释"限缩固有疆域的范围，进而达到"法理台独"的目的。1994 年 2 月台湾"司法院""大法官"作成"释字 328 号解释"，认为对于"领土"的规定，根据政治以及历史的理由，"宪法"第四条并没有采用列举方式而是做出"依其固有之疆域"的概括规定，并设定限制领土变更的程序。其中所称"固有疆域"范围的界定是重大的政治问题，不应该由行使司法权的"释宪机关"予以解释。[1] 这一解释文根据政治问题不解释的理论回避了对"固

有疆域"的阐释，一方面摒弃了"独派"分子试图通过"释宪"将"固有疆域"范围限缩为台湾地区的企图，从而使得领土的变更回归到遵循"宪法"规定的程序轨道之上；另一方面，却也罔顾当时之立宪者的意志，回避了"固有疆域"包含大陆地区的基本事实。进而言之，"释字328号解释"为台湾政治人物的两岸政治定位论述提供了开放的解释空间，造成了两岸政治定位的解释困境。台湾现任"大法官"许宗力在"释字644号解释协同意见书"中表示：由于特殊历史、政治因素使然，"中华民国"与台湾这两个符号的关系，是等号，或包含，不同政治立场者有不同解读，且均各自引经据典，从"宪法"本身寻获其立论依据。[2]据此，2016年10月许宗力在接受台湾"立法院全院委员会"审查时，竟公开宣称两岸是"特殊国与国关系"。制定法和习惯法，可谓只是半制成品，它们只有通过司法判决及其执行才趋于结束。法律由此继续不断地重新创造着自己的这一过程，从一般与抽象走向个别与具体。它是一个不断增加个别化和具体化的过程。[3]由于"释字328号解释"的暧昧不明，若要深入探寻"宪法"文本下的两岸政治定位问题，司法判决无疑是一个重要的观察面向。在台湾，虽然"解释宪法"的任务主要由"司法院""大法官"承担，普通法院的法官不能对"宪法"进行有权解释与直接适用，但从普通法院法官在解释法律时援用"宪法"第四条或规避援用"宪法"第四条的态度中，可以展现其对两岸政治定位的理解。因此，本文拟通过从"宪法"规范到司法实践的研究视角的转换，即以台湾"司法院法学资料检索系统"中所收录的台湾地区法院援用"宪法"第四条的司法案例为中心进行类型化的分析，以考察两岸政治定位问题。

二、"一个中国"：台湾地区司法判决中两岸政治定位的核心

台湾地区司法判决案例库中涉及大陆的案件众多，每一案件都是反映两岸关系的微观镜像。两岸政治地位有其特定内涵，该问题的提出虽然源自20世纪80年代后期两岸交流的逐步展开，但其多元化、复杂化的态势是在20世纪90年代后期形成的，加之基于判决数据完整性的考虑，本文主要选取2000年以来台湾地区相关司法判决为分析依据。

以"宪法"第四条为关键词，就台湾"司法院法学资料检索系统"进行全面检索得知，自2000年以来，台湾地区法院援用"宪法"第四条的案例共741

个，^[4]其中，刑事类案件725件，行政类案件23件，民事类案件12件，公务员惩戒委员会仅1件。就所收集的案例逐一分类，741件案件中，法官在判决书中通过援用"宪法"第四条解释法律的案例共674件，占案例总量90.9%；当事人主张援用而法官回避的案件66件，占8.9%；主张"两国论"的1个案例。进一步分析，台湾地区司法判决援用"宪法"第四条的741件司法案件，在程序部分通过适用"宪法"第四条以确认管辖权案件共576件案件，占案件数量的77.7%，主要集中于台湾地区司法判决中对大陆刑事管辖权的认定，这部分案件明确承认了大陆属于"中华民国"的固有疆域。在实体部分，通过援用"宪法"第四条的共有98件，占案件数量的13.2%，这部分案例从实体层面否认了两岸属于"国与国"之间的关系。由此可见，现阶段台湾"宪法"第四条视野下的台湾地区司法判决，其核心部分始终坚守着一个中国原则。

（一）程序维度："大陆"领土主权"的确认

程序维度的大陆"领土主权"确认主要体现在刑事管辖权方面。刑事管辖权的行使，事关国家主权，各国法律对此都有明文规定。大陆和台湾同属一个国家内的两个不同法域，同样会产生刑事管辖冲突问题，刑事管辖权的确定由此成为考察台湾地区司法判决是否坚持"一个中国"的重要面向。长期以来，台湾当局始终将台湾人民在大陆犯罪的行为纳入其管辖范围，2000年以后依然如此，相关案件多达数百件，体现了遵守"宪法"第四条关于领土"固有疆域"的立法原旨。台湾"最高法院89年台非字第94号刑事判决"乃具有代表性的案例之一。该案件的情况是：台湾地区的被告人甲在福州犯应处三年以下有期徒刑的欺诈罪，经台湾地区检察官起诉，一审法院认定，大陆属于"中华民国"领域之外，故判处被告无罪。公诉人不服判决诉至二审，二审法院未予以改判，此案进而诉至"最高法院"。

"最高法院"判决认为，"宪法"第四条规定"中华民国"固有疆域的变更必须经"国民大会"的决定。自1947"中华民国宪法"颁布至今，"国民大会"并未曾变更领土，就此可见"中华民国""领土的范围包括大陆"从未更改。"宪法增修条文"第十一条明确规定，两岸间事务依据特别法律处理。所谓的特别法"两岸人民关系条例"第七十五条明确规定，在大陆或在大陆船舰、航空器内犯罪，虽在大陆曾经受过处罚，仍可以依法处断，但可以免其刑之全部或一部之执行，这一规定加强了"大陆属于'中华民国'固有疆域"的观点。^[5]因此，法官根据形式法律推理方式得出"大陆属于'中华民国'的领土，在大

3

陆犯罪应该受到惩罚"的结论。该判决强调说明了"宪法"第四条固有疆域的具体内涵，确立了相关案件的裁判标准。这一判决作出后，后续许多类似案件均依照这一判决的论证，作出了台湾地区人民在大陆犯应处以三年以下有期徒刑的罪行必须受到处罚的判决。[6]

综上所述，从程序维度看，主流台湾地区司法判决的两岸政治定位观认为，大陆和台湾地区同属"中华民国"，"中华民国"从未对大陆放弃"主权"，大陆和台湾地区之间的关系并非"国与国"关系。

（二）实体维度："国与国"之间关系的否定

除程序方面体现了以"一个中国"为原则的两岸政治定位的司法论证逻辑外，台湾地区的司法判决在实体方面总体上也延续了程序部分的论证逻辑，坚持了"一个中国"的底线。就所收集案例进行类型化分析，可做以下归类：

首先，就涉及出入境方面的罪名做出特殊的处理。此类案件主要指法官通过援用"宪法"第四条，对大陆人或物在出入境方面做出有别于其他国家的处理。早期的典型案例为1982年"台上字第8219号判决"，该案情况为：被告人甲自大陆地区输入管制药品到台湾地区，被台湾地区检察官抓获后起诉至法院。法院根据大陆地区属于"宪法"上规定的固有疆域予以证成："大陆属于'中华民国'领土"，因而非属国外。从大陆运送伪药、禁药至台湾地区，若没有经过其他国家的转口港，不能将它与国外运输进入的情形同等看待而处以输入罪。[7]这一判决做出后成为判例，援引该判例者众多。2000年以后这一判例继续被采用，相关案例共89件，占案件总量的12%。2002年台湾屏东地方法院2002年易字第683号刑事判决就同样的案件事实，根据上述逻辑做出判决并发展了这一判例的精神。该判判例指出，"国家之统治权"是以独立性与排他性行使于其领土之内，此不因领土之一部分由于某种事实上之原因暂时未能发挥作用而有所不同。[8]在该判决书中，从大陆输入的管制药品，未使用自外国药品输入时命名"伪药"的名称，而是重新命名为"禁药"。

2013年台湾地区法院第1次刑事庭会议决定1982年"台上字第8219号判例"不再援用，即便如此，台湾大部分法官依然会先援用"宪法"第四条表明，两岸属于"中华民国"固有疆域后才以进出口论出入境相关的罪名。以桃园地方法院2005年诉字第212号刑事判决为例，该判决首先指出：依"宪法"第四条，"中华民国"领土依其固有之疆域，非经"国民大会"之决议，不得变更，"宪法"增修条文第十一条、"两岸人民关系条例"第二条第二款等规定，皆认为"大陆地区仍属'中华民国'之领土",进而认为:"'药事法'等所称之'输入',固系指自外国进口而言,惟输入或携带进入台湾地区之大陆地区物品,以进口论,'台湾地区与大陆地区人民关系条例'第四十条第一款前段定有明文,则被告自大陆地区输入粉末一包,仍该当'药事法'所称之输入无误"。[9]1982年"台上字第8219号判例"不再援用只是表明这一判例对于类似案件不再具有拘束力,在涉及相关案件时,台湾地区法官是否援用"宪法"第四条表明"大陆属于'中华民国'固有疆域"则享有自由裁量权。

其次,认定在大陆居住不属于"中华民国无居所"的情形而无需缴纳相关费用。这类案件共4件,案例之一为台湾高等法院2008年"声字第3号民事裁定"。该裁定认为,定居在大陆的台湾地区人民不予适用"民事诉讼法"第九十六条第一款的规定,[10]因而不要求原告提供诉讼担保。裁定书指出,"大陆属于'中华民国'领土",故台湾地区人民居住在大陆,不属于在"中华民国"无住所的情形,所以,该案原告不用提供诉讼担保。这一案件通过确定在大陆居住不属于"在中华民国无住所"的情形,从而间接认定大陆不属于国外。又如,台中地方法院2009年"诉字第2026号民事裁定"也基于同样的理由裁定:"广东省系'中华民国'固有之疆域",当为公众周知的事实,依"两岸人民关系条例"第二条第二款规定,应属"中华民国"领土;何况相对人于起诉之初,亦已缴纳裁判费,声请人声请命相对人提供诉讼费用的担保,与"民事诉讼法"第九十六条第一款前段规定的要件不符。[11]

再次,认定香港居民不属于外国人而不适用"驱逐出境"的规定。2012年的台湾高等法院2012年"上诉字第1286号判决"明确指出,香港居民不是外国人,因而不适用"驱逐出境"的规定。该判决书指出,被告为香港居民,而香港已于1997年7月1日回归,依"宪法"第四条领土条款、"宪法增修条文"第十一条规定,及"香港澳门关系条例"第一条规定的立法意旨,被告并非外国人,自然不宜依据"刑法"第九十五条的规定,即不适用外国人受有期徒刑以上刑罚宣告,应该在刑罚执行完毕或赦免后驱逐出境的规定。[12]值得特别说明的是,在2000年以来的741个案件中,有100多个判决明确认定"大陆人民属于'中华民国'构成人员"。这些判决均指出,虽然"国家统治权"在实际行使上发生部分的困难,司法权之运作也因此存在其事实上的窒碍,但"大陆仍属'中华民国'固有的疆域",其上的人民仍属"国家"的构成人员,自然不能以其暂时的"沦陷"而变更其法律上的地位。[13]这些判决严格依据规范的意涵,坚守了"宪法"第四条的立法宗旨。

最后，否定台湾地区人民建立"台独"团体的申请。1998年11月原告申请建立以"推进台湾独立建国"为宗旨的"台北市'外省人'台湾独立促进会"，该申请被台湾行政部门核定不予批准，原告认为结社自由权属于"宪法性"权利，以分裂领土的理由作为审查人民结社的条件，实属限制人民自由权利表现，进而提起行政诉讼。2001年台湾"最高行政法院判字第349号判决"认为，根据"宪法"第四条领土条款规定以及"人民团体法"第二条规定，人民团体的组织与活动，不得主张共产主义，或主张分裂国土。所以，人民不能以主张分裂领土为宗旨结社，[14]并据此裁定，台湾地区行政部门"不予批准结社"的决定符合法律规定。通过这一判决的裁判可以看出，台湾地区法院严格依据规范否定台湾地区建立"台独"团体的申请，坚持了"宪法"第四条的基本精神。

三、一个值得关注的流变："宪法"第四条援用的式微

虽然从总体上看，台湾"宪法"第四条视野下的司法判决核心部分始终坚守一个中国原则，但一个值得关注的现象是，近些年来台湾地区司法判决援用"宪法"第四条呈现式微趋势，这种趋势按照类型化的方法可以分为基于规范解释的变化、基于主权和治权的区别，以及基于"两国论"论调而弱化了援用三种类型。

（一）基于规范解释变化的式微

法律并非一成不变，法律既可以通过修改和废止发生变化，也可以通过法院不同的解释导致法功能的实际变化。纵观台湾相关司法判决，规范解释的变化是导致"宪法"第四条援用式微的主要因素之一。

台湾地区法院对大陆物品是否适用"输入罪"所做出的前后不同的认定乃典型例子。如前所述，1982年台湾"台上字第8219号判决"认定"从大陆运输物品来台非属输入罪"，之后这一判决成为判例。数十年来，以这一判例的法律理由进行判决的案例总量众多，2000年以后依然如此。但是，2013年台湾地区法院"第1次刑事庭会议"决议"台上字第8219号"不再援用，其理由为："'台湾地区与大陆地区人民关系条例'第四十条第一项另有明文，本则判例不合时宜，不再援用。"此后，相关判决开始将自大陆货品输入台湾地区等同于自他国输入的情形处理。实际上，"两岸人民关系条例"第四十条第一款[15]有关"输入或携带进入台湾地区的大陆物品，以进口论；其检验、检疫、管理、关税

等税捐的征收及处理等，依输入物品有关法令办理"的规定制定于1992年10月，迄今未曾被修订，为何经过21年后台湾地区法院才将这一判例废止？不难看出其中蕴含着对规范理解的变化。1982年"台上字第8219号判例"不仅承认了"大陆属于'中华民国'的领土"，而且确认了"大陆人民属于'中国民国'法律上的人民"。因而，这一判例的废止削弱了台湾地区"两岸一中"的司法拘束力。1982年"台上字第8219号判例"被停止援用至今，"宪法"第四条援用的范围限缩在台湾人民在大陆犯罪或者犯罪结果地在大陆的刑事案件中属地管辖权的确认。涉及出入境的罪名界定时，虽然部分案例依然在表明"大陆属于'中华民国'固有疆域"后，才引用"两岸人民关系条例"第四条论以输入罪，如台湾桃园地方法院2015年"诉字第212号刑事判决"等；然而，大部分案例不再援用"宪法"第四条明示"大陆属于'中华民国'固有疆域"，直接以进出口论之，如台湾高等法院2015年"上诉字第3038号刑事判决"等。

2008年6月"释字644号解释"的做出是式微的另一表现。在"释字644号解释"中"大法官"提出，"人民团体法"第二条的规定与同法第五十三条前段规定，使得主管机关在许可设立人民团体以前，可以审查人民"主张共产主义，或主张分裂国土"的政治言论，并以此作为不予许可设立人民团体之理由，明显已经逾越必要的程度，与"宪法"保障人民结社自由与言论自由之意旨不符，在此范围内，应自此丧失效力，[16]并宣布以违反"不得主张共产主义和分裂领土"为理由而不予批准设立社团无效。"大法官"在理由书中进一步阐述到，组织政党既无须事前许可，须等政党成立后发生其目的或行为危害"中华民国"的存在或自由民主的"宪政"秩序，经"宪法法庭"做成解散的判决后，始得禁止。[17]"大法官"的这一解释对"宪法增修条文"第五条第五款"政党的目的或其行为，危害'中华民国'的存在或自由民主的宪政秩序是违宪"的规定进行了限缩解释，即"大法官"将组织政党的条件全部放开，而将审查政党放置到政党成立后。这一解释推翻了前述台湾地区行政法院2001年"判字第349号判决"关于行政部门不能根据"人民团体法"第二条以及同法第五十三条的规定审查社团成立的前例。"大法官"的解释使得规范的意涵发生变化，从而排除了"宪法"第四条的援用。

（二）基于主权与治权区分的式微

20世纪90年代初，台湾当局提出了"一个中国"应指"1912年成立迄今的'中华民国'，其主权及于整个中国，但目前的治权，则仅及于台澎金马"的论调。马英九当选地区领导人后更多次提出"主权互不承认，治权互不否定"是两岸和平发展的基础。主权与治权的区分一定程度上也导致台湾地区司法判决中"一个中国"的式微。

基于主权与治权区分而式微的典型案件类型之一是赠予税类案件，台湾地区法院在这一类案件中根据主权与治权区分的理念排除了"宪法"第四条的援用，并在 2006 年将此类判决中的"判字第 569 号判决"上升为判例。2003 年台北高等行政法院"简字第 590 号判决"是 2000 年以来此类案件中的第一例。该案件基本情况为，台湾地区的原告捐赠款项于大陆公立学校而被征税，原告主张，依据"遗产及赠与税法"第二十条第一款第一项的规定，捐赠各级政府及公立教育、文化、公益、慈善机关之财产的情形，不应计入赠与总额，因为根据"宪法"第四条的规定，"大陆属于'中华民国'的领土"，因此，台湾人民捐赠钱款于大陆地区可以享受税收优惠政策。法院判决对此观点予以了否定，其理由为："遗产及赠与税法"第二十条第一款所谓"各级政府或公立教育机关"指的是"'中华民国'的政府及其所设立的公立学校"，目前管辖权力只及于台、澎、金、马，并不包括大陆。原告所赠对象是大陆的公立学校，非属台湾当局所管辖的"各级政府或公立教育机关"，而大陆的各级政府并非属于"中华民国的政府"，其设立的公立学校亦非"中华民国政府"所设立，故对各该学校捐赠的财产，非属"遗产及赠与税法"第二十条第一款所规定不计入赠与总额的财产。[18] 这一判决并未否认"大陆属于'中华民国'的固有疆域"，但以主权与治权相互区分为由，认定大陆公权力部门以及公立机关为非"中华民国"的公立机关。这一判决作出后，台湾地区行政法院接连做出了多件类似判决，排除"宪法"第四条的适用。2008 年 6 月，台湾地区行政法院 2008 年 6 月份第 2 次庭长法官联席会议决议通过，将其中之一的 2006 年"判字第 569 号判决"上升为判例。该判例的要旨为，"遗产及赠与税法"第二十条第一款对捐赠公立教育机关的财产为不计入赠与总额的租税优惠，是基于税收本即须挹注作为公立学校等公立教育机关的经费，而透过民间捐赠亦可达到相同施政目的的考量；故该款所称公立教育机关自是指"中华民国政府"依法令须挹注经费的公立教育机关，而不及于大陆地区的公立教育机关。[19] 自此，这一判决具有了司法拘束力，今后此类判决只能根据这一判例进行审理，对相关案件产生了较大影响。

（三）基于"两国论"论调而导致的式微

20 世纪 90 年代以后，台湾当局"去中国化"步伐不断加快。李登辉、陈水扁先后抛出"两国论""一边一国"的反动论调。这些论调不仅对两岸关系产生了重大的冲击，也在一定程度上对台湾相关司法判决产生了影响。

这种影响从台湾地区法院对伪造文书类案处理方式的变化中可见一斑。在2001年台湾地区法院"台上字第2282号刑事判决"中，甲、乙与大陆人丙共同伪造文书并携带至台湾，后被台湾地区高等法院以"伪造文书罪"论处，被告人不服判决上诉至"最高法院"。"最高法院"判决指出，"宪法"第四条规定"中华民国"领土，依其固有的疆域，非经"国民大会"的决议，不得变更之。"国民大会"未曾为变更领土之决议。"中华民国宪法增修条文"第十一条、"两岸人民关系条例"第二条第二款明确规定，"大陆地区仍属'中华民国'的领土"，结合条例第七十五条规定，"大陆地区现在虽因事实上的障碍为'我国主权'所不及"，但在大陆地区犯罪，仍应受"我国法律"的处罚。[20]2007年对这类判决出现不同的声音，例如，针对大陆人甲在大陆地区伪造文书到达台湾地区后被抓获一案，2007年"福建金门地方法院易字第21号刑事判决"以大陆非属"中华民国"泫领域为由，回避了"宪法"第四条的援用。该判决书竟称："固有疆域的内涵并非一成不变，如今固有疆域内涵已经限缩在台湾，大陆非属我国法领域，大陆人民在法律上之地位也非属本国人民。"[21]

四、"宪法"第四条的援用式微原因及其影响

"宪法"第四条援用的式微既是两岸关系不断发展的客观反映，又是台湾岛内政治发展的现实反映。在一些案件中，"宪法"第四条援用的式徵客观上顺应了两岸关系的发展，如管辖权的确定问题；在另一些案例中，"宪法"第四条援用的式微却消减了"宪法"第四条援用的规范功能，为两岸关系的顺利发展埋下了隐患。

（一）两岸关系发展的客观需求对司法判决的影响

基于特殊的历史因素，长期以来，台湾岛内关于"主权""法统""两岸定位"等问题一直存在着所谓"理想"与"现实"的冲撞，由此导致了两岸交流的法理结构有主观主义与客观主义之分。[22]所谓绝对主观主义即主张"一个国家""一个主权"，并从根本上"否定"大陆的存在，在这一法理结构下，两岸间的交流居于"法律上的不可能"状态。这种大一统法制观显然无法适应20世纪80年代后两岸关系由"隔绝"走向"松动"与"开放"的需要。20世纪90

年代初，台湾岛内政治生态发生了巨大变化。1990 年李登辉正式就任台湾地区领导人后，开始"寻求一个崭新的大陆政策，这个政策的内涵定位便是替两岸找到适当定位的解释"。[23]1991 年 2 月，台湾"国家统一委员会"第三次全体会议通过了被视为"大陆政策蓝本"的"国家统一纲领"，将"一个中国"表述为"主权一中而治权相互区分"两个部分。1992 年 7 月的"两岸人民关系条例"则明确以"一国两区"的定位处理两岸交流交往中衍生的法律问题，台湾地区由此进入"相对客观主义"法理结构主导时期。"相对客观主义"虽然主张"一个国家"，但不判决否定大陆之客观存在。[24]换言之，在两岸互动关系中，以"一个中国"为原则，以"一国两区"作为处理两岸互动的法理基础；[25]在司法层面则表现为承认大陆客观"管辖权"的现实存在，这在一定程度上导致了"宪法"第四条援用的式微。

就这一面向而言，这种式微化解了既有"宪政体制"下两岸交流交往的法律困境，客观上为两岸交流提供了法制的空间。在国家统一前的特殊阶段，"一国两法域"下人民来往利益冲突的解决之道，既不能求助于"国际法"之法理，也不得将"国际私法"或"涉外民事适用法"直接适用，从而唯有在不违背"一中框架"的前提下认可台湾当局的部分"治权"。这是化解"一国两区"所形成的特殊法律现象——两岸既有法律规范对于"对岸人民"的"虚效"效应的有效方法之一，在一定程度上顺应了两岸关系发展的客观要求。

（二）法官政治意识形态对司法判决的影响

在两岸关系议题被高度政治化的台湾地区，司法判决中的两岸政治定位难以避免受到政治因素的影响，并主要表现为通过对法官意识形态的渗透进而影响法官司法判决中的论证逻辑选择。自国民党退居台湾至 1987 年以前，台湾地区政治层面坚持以"一个中国"为原则的两岸政治定位，此时的台湾地区司法判决是通过实质推理的方法展现出以"一个中国"为原则的两岸政治定位，[26]即法官从法的价值、目的、作用、法的基本原理、"国家"和执政党的政策、社会公共道德准则等考虑出发，选择或创立一个恰当的规范填补法的空隙。[27]如上述"台上字第 8219 号判例"，该判例有关的"大陆被'共匪'所占据"的论述，清晰地展现了法官受到政治意识形态的影响。20 世纪 90 年代末以后，随着"特殊的国与国关系""一边一国论"论调的发酵，台湾岛内政治层面的两岸政治定位呈现多元化的态势，"宪法"的"一中性"逐渐成为持不同统"独"观点的人都可以获取政治资源的工具，这种态势不可避免对法官裁判观产生或多或少的影响。在部分案件司法判决中，政治人物做出的关于两岸政治定位的论述并未直接影响台湾地区司法判决中"事实与规范之间往返流转关系的确定"，另一部分判决则相反。前者如 2008 年的台中分院"上诉字第 2140 号刑事判决"。在该判决中，被告人因在大陆吸食毒品，被台湾地区检察官提起诉讼。被告主张，台湾地区领导人常常向岛内同胞及国际媒体称两岸属"一边一国"，在国际上分属"两个主权不同之国家"，故台湾地区人民在大陆犯三年以下刑罚的罪行，不应该被处罚。[28] 法院的判决直接否认了政治人物"两国论"主张对司法判决的拘束力，并依据"宪法"第四条固有疆域的规定、"宪法增修条文"第十一条以及"两岸人民关系条例"第二条第二款的规定，明确认定"大陆属于'中华民国'的领土"，并确立了对该案的刑事管辖权。后者如前述 2007 年福建金门地方法院"易字第 21 号刑事判决"，该判决直接抛出了"固有疆域的内涵并非一成不变，如今固有疆域内涵已经限缩在台湾地区""大陆非属我国法领域，大陆人民在法律上之地位也非属本国人民"的论调，明显违背"宪法"第四条的原旨。司法的合理基础在于其产生的裁判约束力的正当性，而非权力的事实性。[29] 基于政治因素而引发的"宪法"第四条进一步之式微直接导致了其规范效力的不断消减。在近代世界，法律成了社会控制的主要手段。[30] 法律控制社会的手段主要是通过法律的适用以实现。法律的内容取决于法官在个案中的裁判。[31] 宪法具有最高的法律效力，宪法通过法律具体化，通过司法判决的法律适用最终实现规范的实际效能，完全回避规范则等同于规范的废止。除了冲击"两岸一中"的规范基础之外，台湾地区"宪法"第四条规范功能的消减最重要的法律后果即是影响两岸民众权利的合理保护，不仅是大陆人民在台湾所受到的"歧视性待遇"通过政治手段处理后形塑成"规范的正当化"，而且导致在大陆地区有住所的台湾地区人民的权利得不到平等保护。例如台北高等行政法院 2014 年"诉字第 1941 号判决"通过"中华民国"的"统治力"不及大陆的理由，将旅居大陆的老年农民排除出领取老农津贴的范围。

五、结　语

台湾地区司法判决中援用"宪法"第四条的判决是认识司法视野中两岸政治定位的关键，这部分案例的主流虽然迄今总体上依然坚守"一个中国"的两岸政治定位观，但近年来呈现逐渐式微的趋势。台湾地区司法判决中"宪法"第四条援用的式微是以"一个中国"为原则的两岸政治定位观弱化的表现，进一步的式微甚至可能会冲击"两岸一中"的规范基础。进而言之，若是将"宪法"第四条束之高阁，法官的价值判决取代了立法者的价值判决，最后的终点是"宪法"的变迁。司法判决是"宪法规范"的具体表达，我们不仅要关注"独派"启动"修宪"达到"法理台独"的目的，也应该警惕台湾当局在司法判决中否定"一个中国"的两岸政治定位的可能。

注释：

[1] 台湾地区"大法官释字328号解释"。

[2] [16] [17] 台湾地区"大法官释字644号解释"。

[3] [奥] 凯尔森著：《法与国家的一般理论》，沈宗灵译，北京：中国大百科全书出版社，1996年，第152页。

[4] 司法判决资料来源于台湾"司法院法学资料检索系统"，http: //www. judicial. gov. tw /Index. htm。

[5] 见台2000年台湾地区法院"台非字第94号刑事判决"。

[6] 如2001年台湾地区法院刑事判决"台上字第705号判决""台上字第2282号判决"、"台上字第4247号判决"，2008年度"台上字第6412号判决"、2015年度"上诉字第742号判决"等。

[7] 见1982年"台上字第8219号判决"。

[8] 见屏东地方法院2002年"易字第683号刑事判决"。

[9] 见桃园地方法院2015年"诉字第212号刑事判决"。

[10] 台湾"民事诉讼法"第九十六条第一款规定："原告于'中华民国'无住所、事务所及营业所者，法院应依被告声请，以裁定命原告供诉讼费用担保；诉讼中发生担保不足额或不确实之情事时，亦同。"

[11] 见台中地方法院2009年"诉字第2026号民事裁定"。

[12] 见台湾地区高等法院2012年"上诉字第1286号判决"。

[13] 见1982年"台上字第8219号判决"、1984年度"台上字第4653号判决"、1994年度"台上字第5509号判决"。

[14] 见台湾地区行政法院2001年"判字第349号判决"。

[15] 与台湾地区"条项款"的顺序不同，大陆的习惯用法为"条款项"。本文除原文引用外，统一采用大陆用法。

[18] 见台北高等行政法院2003年"简字第590号判决"。

[19] 台湾地区法院2004年"判字第569号判例"。

[20] 见台湾地区法院2001年"台上字第2282号刑事判决"。

[21] 见金门地方法院刑事判决2007年度"易字第21号刑事判决"。

[22] [24] 尹章华：《论两岸交流之法理结构》，《法令月刊》（台湾），第45卷第1期。

[23] 陈安主编：《海峡两岸交往中的法律问题研究》，北京：北京大学出版社，1997年，第28页。

[25] 彭莉：《法理结构的改变和台湾当局的两岸经贸立法》，《厦门大学学报（哲社版）》，2005年第3期。

[26] [27] 张斌峰：《实质法律推理研究》，北京：中国政法大学出版社，2013年，第44页。

[28] 见台中分院 2008 年"上诉字第 2140 号刑事判决"。

[29] 雷磊:《规范理论与法律论证》,北京:中国政法大学出版社,2012 年,第 158 页。

[30] [美] 罗斯科·庞德:《通过法律的社会控制》,沈宗灵译,北京:商务印书馆,第 9 页。

[31] [德] 卡尔·拉伦茨:《法学方法论》,陈爱娥译,北京:商务印书馆,2015 年,第 3 页。

彭莉,两岸关系和平发展协同创新中心成员,厦门大学台湾研究中心、
台湾研究院教授,厦门大学台湾研究院副院长;
马密,两岸关系和平发展协同创新中心、厦门大学法学院博士生。

两岸经贸交流合作对台利益分配状态分析

邓莉娟　马士伟

2008 年以来，两岸经济交流合作取得一系列历史性突破，两岸经济关系进入到制度化合作的新阶段。理论与实践均充分证明，日益密切的两岸经贸关系给两岸尤其是台湾方面带来了巨大经济利益。但是，在岛内部分政治人物与媒体刻意扭曲与渲染下，一个时期以来台湾社会流行一种说法，两岸经济交流合作的利益"独厚特定阶层与大财团"，民众"无感"，造成台湾社会贫富差距扩大。这种以偏概全、背离事实的错误认知引发岛内部分民众对两岸经济合作进一步发展的疑虑与恐慌感，严重阻碍两岸经济关系的健康发展。本文拟就两岸经济交流合作给台湾带来哪些利益、这些利益在台分配的状态及其成因、改善利益分配的途径等几个相关问题做初步分析。

一、两岸经贸交流合作的对台利益

两岸经贸关系不断向前发展的强大动力主要在于，两岸经济处于不同的发展阶段，自然条件及资源状况等也不相同，双方经济合作不仅互补互利，而且发展空间巨大。同时，世界经济全球化与区域化加速发展的时代潮流也要求两岸加强经贸合作，以提高两岸经济的竞争力。这就决定了两岸经贸往来的结果必定是利于两岸经济的共同发展，互利双赢。而因两岸经济规模悬殊等因素，两岸经济交流合作的利益对台湾相对更显得重要与突出，主要体现以下几方面：

（一）两岸贸易投资带来的整体经济宏观利益

1.大陆市场成为台湾经济增长的最大动力来源

进入 21 世纪后，由于内外环境的巨大变化，台湾的消费与投资，均疲弱不

14

振，总体经济增长的内需动力极其不足，外部需求因此成为台湾经济中低增长需求面的主要动力来源。自 2000—2012 年间，除 2004、2010 年外，外部净需求对台湾经济增长贡献所占的比重由 2000 年的 33.8%，大致逐年上升到 2012 年的 71.36%，[1] 而台湾的外贸市场，特别是出口市场，进入 21 世纪后大陆逐渐取代美国成为台湾最大的出口市场，并且是台湾贸易顺差最大来源地。换言之，大陆市场是台湾经济增长最大的动力来源。观察 2014 年台湾出口地区构成，台湾对大陆（含香港）出口所占比重为 39.7%；台湾自大陆（含香港）进口所占比重为 18.1%，[2] 不论是出口还是进口，大陆（含香港）均为台湾最大市场。

2. 促进台湾产业的转型与升级

早期伴随着台商对大陆投资，大陆先是成为台湾转移劳力密集产业的最主要基地，20 世纪 90 年代中后期大陆又开始承接台湾较为成熟的电脑及半导体等产业。在这种产业持续调整与转移过程中，台湾产业结构较顺利地从以劳力密集产业为主向以技术及资本密集产业为主转变。进入 21 世纪后，已经成为台湾产业结构中主导产业的服务业，开始布局大陆市场，特别是自 2008 年两岸关系明显改善后，台湾服务业在大陆市场获得越来越大的发展空间。

3. 保障台湾维持雄厚的外汇储备

自 2001 年以来，台湾对大陆贸易年年呈现巨额顺差，这不仅使台湾总体贸易维持顺差局面（自 1993 年起台湾对大陆贸易顺差额每年均超过其总体贸易顺差额），也远超过台商对大陆投资的金额，因此，在两岸经贸的交流中，台湾是资金净流入地区，对大陆贸易顺差成为台湾外汇储备增加的最大来源。据台湾"陆委会"的统计资料，1992 年至 2014 年，两岸进出口总额为 11789.2 亿美元，其中，台湾对大陆出口额为 7688.9 亿美元；自大陆进口额为 4100.3 亿美元；台湾对大陆累计实现贸易顺差 3588.6 亿美元。[3]

（二）大陆惠台政策产生的对台直接利益

尽管两岸经贸关系本质上是互利互惠的经济行为，但基于两岸同胞是一家人的理念，为了积极促进两岸经济交流合作，充分展现善意与诚意，大陆长期坚持对台"让利"，实施了一系列对台单方面优惠政策，从而使台湾社会获得许多包括经济利益在内的直接利益。例如，自 2005 年 8 月起，大陆对原产于台湾地区的菠萝等 15 种鲜水果实施零关税（原关税约 15%），自 2007 年 3 月起，又增加对原产于台湾的甘蓝等11种蔬菜和鲳鱼等8种水产品实施零关税。这些惠台政策刺激了台湾对大陆水果、蔬菜和渔产品贸易，2007年大陆和香港一跃超过日本成为台湾农产品最大输入地。再如，自2009年起实施的大陆"对台采购"政策，更是一种促进台湾货物出口大陆的一种独特优惠方式。多年来，大陆对台采购主要集中于液晶面板和农产品两方面，对台湾相关产业领域带来明显的直接经济利益。

（三）大量两岸人员往来衍生的对台经济利益

2008年以来，随着两岸关系明显改善，特别是两岸全面"三通"及大陆居民赴台游政策的实施，两岸人员往来日益频繁。据台湾"交通部观光局"资料，自2008年7月开放大陆游客赴台旅游至2015年6月止，累计赴台观光团体陆客数达953.54万人次。按来台旅客消费及动向调查结果等数据估算，赴台观光团体陆客累计带来新台币4901亿元（约161.9亿美元）的外汇收入。[4]若再加计陆客"自由行"部分，陆客为台湾带来的外汇收益就更大。陆客来台观光人数的大幅增长还大大促进了岛内交通、住宿、餐饮等关联产业的加快发展。据统计，自2008年下半年至2014年底，台湾总共新增766家旅馆，投资金额为新台币1691亿元，若加计更新改建设备部分，则投资总金额将高达新台币2000亿元。[5]大量陆客为台湾带来的经济效益显而易见。

总之，两岸关系的改善与两岸经贸交流合作的日益深化使台湾经济从大陆市场获得巨大利益，但由于岛内对深化两岸交流合作的阻力依然不小，对大陆仍一直维持高度的保护主义心态，同时，2008年以来爆发的国际金融危机的负面影响也在一定程度上弱化了两岸经贸开放政策的效应，因此，两岸经贸交流合作并未给台湾带来应有的更大利益。这是台湾岛内民众感觉两岸经贸交流合作带来的利益不够明显的一方面原因。

另一方面，两岸经济交流合作在台利益对台湾大众的影响还取决于这些利益的分配状况。从宏观经济层面来看，两岸贸易投资活动促进台湾整体经济增长，然后通过台湾岛内收入再分配机制将这些利益传递给民众，这种再分配机制功能的强弱会影响两岸经贸利益分配的公平与合理性，[6]但这种再分配状态并不容易用数据直观表达出来。因此本文拟从产业、区域、群体等视角，比较直观地考察两岸交流合作利益在台的初次分配状态，这样有助于了解部分台湾民众对两岸经贸交流合作的利益"无感"的原因。

二、对台利益的产业分配状态分析

迄今为止，两岸经贸交流合作仍是以台商赴大陆投资与两岸贸易为主体，而主要运营模式则是"台湾接单、大陆生产、欧美销售"，因此投资拉动贸易的特征十分突出。在此背景下，从台商投资的产业分布构成可基本上了解两岸经贸往来对台利益的产业分配状况。

（一）制造业在产业间利益分配中占明显优势

台商投资大陆自 20 世纪 80 年代初期起步，投资产业经历了劳力密集型产业、资本及技术密集型产业、以电子信息业为主的高科技产业等几个阶段，整体而言，高度集中于制造业。据统计，1991—2013 年期间台商对大陆的累计投资，79.7% 集中在制造业。[7] 进入 21 世纪以来，虽然台商投资大陆制造业所占比重呈逐渐下降趋势，但总体上仍然超过 7 成（参见表 1）。由此可见，制造业在两岸经贸往来对台利益的分配上占有绝对优势地位。

表 1　近年台商投资大陆产业分布

单位：百万美元

	2007	2008	2009	2010	2011	2012	2013	2014	总额	百分比（%）
制造业	8757.00	8761.19	5392.08	10840.82	10375.39	7518.80	5120.52	6579.16	63844.96	71.70
农林矿	20.42	24.07	7.19	22.00	18.10	17.33	33.98	20.60	163.69	0.18
服务业	1069.41	1644.20	1169.14	3629.47	3969.86	5255.94	4035.59	3648.06	24421.67	27.43
未分类	114.71	261.94	74.19	125.58	13.27	0.00	0.00	28.75	618.44	0.59
合计	9961.54	10691.39	7142.60	14617.87	14376.62	12792.08	9190.09	10276.57	89048.76	100.00

资料来源：依据台湾"陆委会"大陆台商经贸网整理：http://www.chinabiz.org.tw/Envstat/。

台商投资大陆服务业所占的比重虽然远低于制造业，但从表 1 可见，近年台商服务业投资发展明显加快。2007 年服务业投资总额约合 10.69 亿美元，2014 年上升至 36.48 亿美元，所占比重也从 2007 年的 10.74% 大幅提升至 2014 年的 35.50%，可见，台商投资大陆的产业重心已逐渐从制造业向服务业转移，服务业在两岸经贸往来对台利益的分配上的地位不断提高。

台湾制造业在两岸经贸往来中之所以会占据明显优势，首先是与台湾产业结构密切相关的。大致在 20 世纪 90 年代以前，制造业在台湾产业结构中占据主导地位，是台湾经济增长的主要动力来源。90 年代以后，尽管台湾逐渐形成以服务业为主干、制造业仍占举足轻重地位的经济体系，但台湾服务业总体上仍发展水平相对较低，竞争力较弱。2014 年，占 GDP 的比重 64.05% 的服务业，对经济增长贡献为 1.53 个百分点；而占 GDP 比重 29.08% 的制造业，对经济增长贡献则为 1.80 个百分点。[8] 其次，两岸服务业交流合作仍受到较多政策因素制约。最典型例子便是，原本有利于台湾服务业拓展大陆市场及深化两岸服务业合作的《海峡两岸服务贸易协议》，在签订了 2 年多后至今仍搁置在台湾地区立法机构而无法生效实施。

（二）大企业在产业内利益分配中强于中小企业

而在产业内，资本规模大实力强的大企业获利能力强于中小企业，这是市场经济运行的必然结果，台商投资大陆情况也不例外。根据各年台湾《工商时报》与"中华征信所"合作调查出版的报告《大陆台商 1000 大》，在大陆投资的大型台资企业的财富积累快速。2015 年，进入前 1000 大排名的大陆台商，2014 年营收总额高达 39789.9 亿元人民币（约合 6477.5 亿美元），而同时期台湾 GDP 仅为 5283.61 亿美元，其中，鸿海科技、金仁宝、明基友达、和硕、广达电脑、群创光电、纬创资通、英业达、统一、润泰等年营收前 10 大企业，2014 年总营收 25719 亿元人民币，约占台湾 GDP 八成。另外，2014 年千大台商企业整体获利达 1397 亿元人民币，其中，鸿海科技、金仁宝、群创光电、纬创资通、润泰、裕隆、光宝、正新国际、统一、和硕等获利前 10 大企业，获利总额超过 850 亿人民币。[9]

但是，若仅以大型台资企业获利能力强，就得出两岸经贸交流只有大企业获利的结论便明显有失偏颇。事实上，由于两岸关系的特殊性，整体上赴大陆投资的台湾中小企业恰恰是获利较大的群体。

其一，从台商投资大陆发展过程来看，早期是以中小企业为主体。20 世纪

80 年代初期台商赴大陆投资起步，以轻纺工业为代表的传统劳力密集型产业为降低经营成本纷纷转移到大陆投资设厂，这时期台商投资的主体是中小企业，他们是两岸经贸政策开放的最先获利群体。据商务部统计资料，90 年代中期以前，平均单项台资项目投资额为 100 万美元以下，2003 年以前 200 万美元以下，至 2004 年才突破 200 万美元。[10]20 世纪 90 年代初期以后，为了"追随客户"保住下游市场，以石化业及电力业等为代表的资本密集型产业开始赴大陆投资，台商投资开始大型化。21 世纪后，以电子信息产业为代表的技术密集型产业加快对大陆投资，大中型台资企业才逐渐成为台商投资的主流，台商投资规模超过千万美元甚至超过亿美元的逐步增多。

其二，从大陆台资企业成长阶段来看，许多现在的大中型企业正是从当年的中小企业发展起来的。近年因"问题油"危机重创顶新国际集团在台湾的声誉，但不可否认的是，顶新集团正是凭借大陆市场由小企业成长为大型集团企业的典型。原本在台湾默默无闻的顶新油厂，1988 年开始投资大陆，先在北京设厂，后转战天津，1992 年成功开发"康师傅"品牌，1998 年回台并购"味全"，到 21 世纪初期顶新集团在大陆投资总额已达 12 亿美元，成为拥有 64 家子公司、38 家工厂、26 家连锁量贩店、317 家速食店的大型综合食品集团。[11]灿坤集团通过在大陆投资经营，由一个生产电熨斗有底盘的小加工厂发展成为以小家电制造和电子产品销售为主业的大型国际化企业集团。宝成企业集团从传统的制鞋业成长为当今全球最大的制鞋企业集团，也主要得益于从 1998 年起通过香港投资布局于大陆各地。此类例子不胜枚举。

其三，两岸经贸政策特别关注相对弱势的台湾中小企业。2010 年签订的两岸 ECFA 就十分关照台湾中小企业等基层民众的实际利益，大陆方面采取了明确而具体的"让利"立场，在"早期收获"安排中，不仅开放项目远多于台湾，而且不涉及台湾弱势产业等问题。在 ECFA 第 6 条"经济合作"中还专门规定了"推动双方中小企业合作，提升中小企业竞争力"的条款。此类政策安排显然有助于促进台湾中小企业开拓大陆市场。据台湾"经济部工业局"统计，2010 年—2013 年，台湾中小企业对大陆出口增加 1576 万美元，其中毛衣、内衣，袜子，箱包等出口增长幅度均超过 20%，家用过滤设备增长高达 97%。[12]

三、对台利益的区域分配状态分析

长期以来，由于历史背景、产业布局及当局政策等因素的影响，台湾经济社会发展水平与资源分配存在较明显的南北差距，*在此格局下，南、北部因参与两岸经贸活动的程度不同，也导致两个区域在两岸经贸交流中利益分配的不均衡。

（一）两岸投资与贸易活动主要集中于北部地区

伴随着两岸经济与产业的转型发展，自20世纪90年代起，以电子信息业为主的高科技产业逐渐成为台商对大陆投资与两岸贸易的主流，据台湾"国贸局"统计资料，2014年台湾出口大陆主要产品产值总额821.19亿美元，其中，电子、电机产品等为300.33亿美元，所占比重达36.57%；光学、仪器等为133.70亿美元，占16.28%。[13]而观察台湾南、北部的产业空间分布可见，北部地区主要为电子科技产业集群和精密机械产业集群；南部地区则是传统的农业重镇及重化工业区，主要为钢铁、石化及机械产业集群。据台湾"行政院主计处"《2006年工商及服务业普查资料》计算，台湾电脑电子制造业的90.9%、电子零组件制造业的72.81%集中于北部地区；南部的石油及煤制品业产值占全台的78%，基本金属制造业占63%、食品业占32%。[14]因此，北部地区显然在两岸投资与贸易活动中扮演主要角色，并从中获取较多的经济利益。

（二）陆客人流的区域分布明显北多南少

如前所述，自2008年台湾开放大陆游客赴台旅游以来，大量陆客人流为台湾社会带来了明显的经济效益。但是，陆客人流的区域分布状况也决定了不同区域所获经济利益的大不相同。

据台湾"交通部观光局"台湾旅宿网的统计资料，自2008年至2014年陆客入住地区的选择如表2所示，台北地区所占比重高达37.92%；桃新苗地区约占13.38%；而南部的高雄只约占11.66%；东部花莲地区约占8.41%；遍布全台的各风景区约占8.20%；台中地区占5.95%。这说明虽然台湾各主要地区均能从大陆游客消费中获益，但各地区获益明显不均，北部地区获益机会与获益能力显然高于南部地区。

---

    * 台湾本岛（东部除外）通常以浊水溪为界分为南、北两个区域，北部地区有台北市、新北市、基隆市、新竹市、新竹县、桃园县、宜兰县、苗栗县、南投县及彰化县等，南部地区包括高雄市、台南市、嘉义市、嘉义县、云林县和屏东县等。

表2   2008-2014年陆客入住台湾各地分布情况

地区	台北地区	高雄地区	台中地区	花莲地区	风景区	桃竹苗地区	其他地区
人数（万人）	432.43	132.99	67.82	95.94	93.47	157.67	160.08
百分比（%）	37.92	11.66	5.95	8.41	8.20	13.83	14.04

资料来源：台湾"交通部观光局"台湾旅宿网：http://taiwanstay.net.tw/TouristStatistics。

（三）两岸直航点南部数量少、客运量小

陆客人流区域分布明显集中于北部地区，相当程度与两岸直航点分布及空港基础设施能力密切相关。

2009年以前在台湾对大陆开放的8个直航点中，南部只有高雄机场，2011年增加了台南机场，2012年再增加嘉义机场为两岸直航点。相比于北部，南部地区只有3个直航点，数量少，客运量也较低。如表3所示，2009年至2014年两岸直航的客运量方面，桃园机场客运量累计为3331.82万人次，占总运量的73.05%；台北机场累计客运量699.49万人次，占总运量的15.34%；高雄机场累计客运量为358.16万人次，占总体运量不足1成；台南机场因直航点开放较晚，运量不足4万人次，仅占总量的0.8%，嘉义机场虽然于2014年5月实现了两岸直航首航，但基础设施不足，难以满足两岸直航航班的补给。大陆旅客入台登陆地的选择，直接影响该地区的餐饮，住宿，交通、购物等等产生的经济利益的空间分配。

表3   两岸直航台湾岛内各主要机场客运量

单位：万人次；%

年别	总计	桃园机场	高雄机场	台北机场	台中机场	台南机场	花莲机场	台东机场	马公机场
2009	311.61	237.15	13.08	57.72	3.62	0.00	0.00	0.00	0.04
2010	584.53	446.16	32.19	88.22	15.93	0.00	1.22	0.69	0.11
2011	717.37	525.88	46.92	116.13	26.69	0.11	1.12	0.52	0.00
2012	896.15	648.10	77.18	133.56	31.41	0.00	2.88	0.96	2.05
2013	922.05	665.30	79.21	139.49	29.45	1.14	5.76	0.79	0.89

续表

2014	1129.51	809.22	109.58	164.37	40.03	2.62	3.12	0.00	0.51
合计	4561.22	3331.82	358.16	699.49	147.14	3.87	14.10	2.97	3.61
比例	100.00	73.00	8.00	15.00	3.00	0.00	0.00	0.00	0.00

资料来源：台湾"交通部"统计查询网：http://stat.motc.gov.tw/mocdb/stmain.jsp?sys=100。

注：因金门机场只统计两岸直航岛内机场客运量、嘉义机场于2014年5月才实现两岸首航，故未列入表内。

四、对台利益的群体分配状态分析

两岸经济交流合作利益对台湾社会群体的分配状态是最引人关注的，若不考虑宏观层面台湾收入再分配机制对岛内民众分配的影响的话，两岸经贸交流合作利益对台湾社会群体的初次分配状态与两岸经贸往来的开放进程与特点密切相关。

（一）直接参与两岸投资贸易的台商群体

自20世纪80年代初期台商开始对大陆投资发展，30多年过去了，日益壮大的台商群体作为两岸经济交流合作的直接参与者与推动者，同时也是最大受益者。据商务部统计资料，截至2015年9月底止，大陆累计批准台资项目94417个，实际使用台资623.6亿美元。尽管有部分台商在大陆市场竞争大潮中相继退出，但一般估计目前有超过100万的台胞常年在大陆经商与生活。这30年正是大陆实施改革开放战略时期，大陆通过大量引进资金与技术，依靠要素红利、人口红利与全球化红利，以低成本为出口竞争优势，实现了经济持续的高速增长。这个大发展背景为持续进入大陆的台商提供了一个全新的市场与发展机会。那些因劳动成本上升与新台币升值压力下在岛内不具竞争力或已失去优势的企业，在大陆寻找到了生存新机会，获得发展的"第二春"。在此过程中，如前所述，许多中小企业快速成长为大中型企业，财富快速积累与扩大。大陆市场日益成为台湾许多企业营收的重要支撑。以2013年资料来看，鸿海科技的总营收为新台币41890.55亿元，大陆（含港澳）营收为33259.96亿元，大陆营收占比为79.40%；税后纯益1204.47亿元，大陆税后纯益470.22亿元，大陆税后纯益占比39.04%。纬创资通的大陆营收占比为83.23%；大陆税后纯益占比51.08%。裕隆的大陆营收占比为47.18%；大陆税后纯益占比78.40%。[15]

（二）受惠于两岸全面直接"三通"的台湾民众

大陆早在1979年就提出两岸实现"三通"的倡议，但在随后的30年中，两岸间通商与通邮逐步实现，两岸通航却迟迟未实现，两岸商品运输及人员往来须假道第三地，不仅徒增商业成本费用与风险，人员往来也十分费时不便。直至2008年12月，两岸实现全面、直接、双向"三通"，直接通商除了大大降低两岸经贸往来的交易成本，还大大促进了两岸空运和海运的发展，加速两岸人员的交流与货物的往来，每年往来两岸的数百万民众都从中享受到快捷便利。2014年两岸定期客运航班总班次每周增至840班，货运航班总班次从每周68班增至84班，大陆客运航点增加至55个，货运航点增加至10个。两岸人员往来规模持续扩大。2014年两岸人员往来总量941.1万人次，其中，台湾居民来大陆536.6万人次，大陆居民赴台404.6万人次。

（三）受惠于大陆对台优惠政策特定对象的群体

如前所述，为了促进两岸经济交流合作，大陆长期坚持对台"让利"，实施了一系列对台经贸优惠政策，这使台湾社会特定群体从中获得许多直接经济利益，比较典型的如，农渔业群体、旅游业及相关行业群体等。尽管由于两岸关系的复杂性，造成某些大陆对台优惠政策的效益在多环节传递过程中有所折损，甚至有些特权人士可能利用两岸经贸往来制度性规范的漏洞进行"寻租"，但这些都无法掩盖大陆惠台政策确实给台湾相关群体带来真切利益这一事实。

其一，农渔业群体。自2005年以来，大陆对台农渔业者采取了诸多优惠政策，如，不断扩大台湾产水果、蔬菜、捕捞及养殖水产品的市场准入，台湾农渔产品零关税项目大幅增加。同时，大陆还通过紧急采购台湾过剩水果机制，对台湾应季滞销水果实施大批量采购，以减少台湾果农相应损失。2011年6月大陆出台"建立台湾农产品销往大陆的稳定、专业、高效的贸易平台，实现对台农产品采购的常态化"的政策，福州超大现代农业发展有限公司分别在云林与高雄设立公司，常态化采购台湾农产品。有效运作的大陆水产公司收购台南学甲虱目鱼契作模式，产生积极良好示范效应，给当地农渔民带来实在好处。

其二，对台采购政策受惠企业。除了组织对台采购农产品外，自2009年5月起陆续有大陆的企业与行业协会等组成采购团，赴台采购台湾的工业消费品、日常生活用品、食品深加工产品和特色工艺商品等，促进台湾商品出口大陆市场，其中，液晶面板企业应是这种独特优惠方式的最大受惠群体，从2009年至2015年，大陆每年赴台采购面板金额均在50亿美元左右。

其三，旅游业及相关行业群体。自 2008 年 7 月开放以来，赴台大陆游客人数稳步快速增长，据台湾"交通部观光局"统计，自 2008 年 7 月至 2015 年 6 月止，陆客入台人数总数已高达 1213.91 万人次，其中通过"团进团出"方式入台旅客 953.54 万人次，"自由行"入境旅客 260.37 万人次。[16]持续大幅增长的大陆游客，有力地促进了岛内交通、住宿、餐饮等关联产业发展。近年来台湾社会各行各业景气低迷不振，旅游业及相关行业成为少数因两岸交流合作景气持续较好的行业。

其四，赴大陆职场就业的群体。受岛内整体经济低迷的影响，近年台湾就业形势较为严峻，尤其是青年人失业率高达两位数。大陆本着"两岸一家亲"的理念，采取多项鼓励台湾民众到大陆就业的优惠政策，一是持续扩大向台湾居民开放专业技术人员资格考试，目前已开放报关员、医师、统计、审计、价格鉴证师、社会工作者、国际商务等近 30 个项目。二是不断扩大开放台湾民众到大陆就业的范围，如准许大陆企业自主招用在大陆毕业的台生及其他台湾居民；扩大大陆台湾居民到大陆事业单位工作的试点城市，准许在大陆毕业台生通过公开招聘到试点地区事业单位就业等。三是积极拓宽渠道鼓励台湾青年到大陆创业与发展。大陆各地陆续设立了海峡两岸青年创业基地 21 个，如厦门在自贸区内设立"两岸青年创业创新创客基地"，以优惠政策吸引台湾青年企业家入驻。

五、改善对台利益分配状态的思考

综上，日益密切的两岸经贸关系对台湾产生了巨大经济利益的事实是显而易见的。不过由于种种原因，两岸经贸交流合作未给台湾带来应有的更大利益，并且在已实现的经济利益的初次分配中也明显存在着产业、区域、群体等方面的不均衡。改善这种格局进而真正提升台湾民众福祉的途径应是，摒弃意识形态的偏见，在理性与正确的观念下，采取有效的针对性弥补措施。

（一）把"蛋糕"做大是改善利益分配状态的根本

2008 年以来尽管两岸经贸交流合作迅速发展，但受制于岛内保护主义心态与意识形态影响，扩大和深化两岸经贸交流的阻力依然很大，利益"蛋糕"因此无法充分做大。两岸 ECFA 的"早期收获"安排给台湾相关行业及群体带来立即明显的益处，但受惠范围十分有限，真正有利于台湾整体经济与民众福祉的 ECFA 后续协议《两岸服务贸易协议》与《两岸货物贸易协议》却被人为搁置。此外，陆资入台对台湾的就业、产业发展均有明显的经济利益，台湾方面却是设置重重障碍。因此，岛内有人一方面反对扩大两岸经贸交流合作，一方面又抱怨两岸经贸交流合作对台利益不大，这在逻辑上是十分矛盾的。

需要说明的是，在经济全球化大背景下，收入差距扩大化趋势在全世界具有普遍性，而台湾自身税收制度缺陷、经济持续低迷不振等内在因素更是其社会贫富差距扩大化的重要原因，将台湾贫富差距扩大归咎于两岸经贸交流合作毫无学理与现实的依据。实际上，如果失去大陆市场作为支撑台湾经济发展的动力来源，更加低迷的台湾经济将会进一步恶化台湾社会的收入分配状况。

（二）加强两岸服务业领域合作，改善产业间利益分配的不均

要改变两岸经贸交流合作的对台利益过于集中在制造业的格局，除了台湾要致力于提升自身服务业竞争能力外，唯有加强两岸服务业领域的交流合作。近年随着两岸开放政策的扩大，台商赴大陆投资的产业重心已逐渐转向服务领域，遗憾的是已经签署的《两岸服务贸易协议》迟迟无法生效，让两岸服务业领域合作的许多商机可望不可即。与制造业相比，台湾服务业中小企业的比重明显较高，由于两岸服务业合作进程的滞后，也影响了中小企业在两岸往来中利益分配不利局面的改善。

（三）提高台湾南部对两岸经贸合作的参与度，促进区域间利益分配的均衡

如前所述，两岸经贸交流在台区域间利益分配不均衡有其长期形成的结构性原因，但通过加强大陆与台湾南部交流合作，提高南部对两岸经贸合作的参与度，将有助于促进区域间利益分配的均衡。

其一，加强台湾南部地区与大陆的产业联系。台湾南部具有良好的资源禀赋，特别是旅游业、农林渔业、重化工等传统产业以及生物、医药、新能源等新兴产业等具有良好产业基础和发展潜力，可以通过区域对接合作、城市对接合作等模式，加强与大陆的产业交流合作，如厦门与高雄的对接合作、闽南地区与台湾南部地区的对接合作等。

其二，加强南部地区与大陆之间的交通联系。针对南部高雄机场、台南机场及嘉义机场三个两岸直航点，相比于北部航班较少、客运量较少的情况，除了需要加快提高空港基础设施能力外，加大宣传诱导力度也十分重要。积极宣导大陆游客改变以往"北进北出"的习惯，推动"北进南出"或"南进北出"

旅游路线。同时，积极拓展南部地区与大陆的海运交通，吸引往来两岸的人流与物流。

其三，引导陆资向台湾南部地区投资。陆资对当地的产业发展与就业改善均会有明显效益，台湾当局应当减少对陆资入台的种种限制，并诱导有意愿的陆资到南部地区发展，在改善交通基础设施与两岸产业合作方面发挥陆资的应有作用。

（四）提高大陆惠台政策效益，促进群体利益分配的平衡

总体上两岸经贸往来应遵循市场规律，平等互惠地交流与合作，但基于两岸关系的特殊性，针对某些特定群体尤其是弱势群体实施一定优惠政策亦是合情合理，并有助于促进两岸往来利益在群体分配上的平衡。大陆方面应立足于提高惠台政策效益，认真梳理与调整相关惠台政策。[17]

1. 减少中间环节，让政策优惠落到实处。以所谓"三中群体"（中南部、中下阶层、中小企业）为代表的台湾社会基层民众是大陆惠台政策的特定对象。但现实中大陆往往无法直接面向台湾基层民众，需要借助多重"中间环节"，造成优惠政策效益在传递过程中相当程度的折损，如，台湾水果等农产品零关税进口的利益，直接惠及农渔户较少，更多的是中间贸易商受益。因此在相关政策执行上，应设法尽量减少中间环节，建构直达台湾基层民众的"通道"，把政策优惠落到实处。台南学甲镇的虱目鱼契作模式、福州超大公司在当地设置机构常态化采购台湾农产品等方式均值得推广。

2. 加强制度规范，防范特权人士"寻租"行为。大陆出于善意与诚意，陆续出台了许多对台优惠政策，但因相关政策制定机制不尽完善，一方面在政策的制定中规范严谨、公开透明不足，另一方面在政策的执行中也存在不少体制及制度建设方面的问题，特别是缺乏有效的政策监督机制，不仅影响了惠台政策运行效率，还为特权人士"寻租"行为、特别人群垄断利益创造了空间。以陆客赴台旅游为例，由于在开放陆客人数规模、授权旅行社家数、"团客模式"规定与"自由行"开放等方面的政策限制，使得陆客赴台旅游政策的应有效应受到一定程度的弱化。

3. 淡化官方色彩，充分发挥社会平台与民间渠道的作用。在大陆对台采购政策实施中，不少大陆省、市政府官员纷纷率团赴台进行"访问式"采购，这种官方推动模式并不太适合两岸关系的特殊环境，成效不尽理想。实际上，若能充分发挥社会平台、民间渠道的作用，推进"团体对团体""行业对行业""基层对基层""区域对区域"的交流格局，可能会收到更好的效果。"面板采购"

受到两岸业界的普遍欢迎，主要就是因为采取行业对行业的合作机制，即时掌握供需动态，降低交易成本，达成两岸业者双赢。

注释：

[1] 台湾"行政院主计总处"："生产毛额—依支出分"，http://www.dgbas.gov.tw，2008 年 2 月 21 日；2015 年 2 月 16 日。

[2] 台湾"财政部统计处"：《海关进出口贸易统计速报》，2015 年 3 月 9 日。

[3] 台湾"陆委会"：《两岸经济交流统计速报》，2014 年 12 月。

[4] 台湾"交通部观光局"：《"海峡两岸关于大陆居民赴台湾旅游协议"执行成效》，2015 年 8 月，http://admin. taiwan.net.tw/public/public.aspx?no=294。

[5] 社评：《陆客经济对台湾影响重大》，台湾《旺报》2015 年 8 月 22 日。

[6] 事实上，21 世纪以来台湾社会贫富差距扩大化的重要原因正是其税收制度不公平合理及"政府"移转收支效果小。参见邓利娟：《试析台湾"均富型增长模式"的改变》，《台湾研究集刊》2005 年第 3 期。

[7] 郭国兴：《两岸经贸市场学理与分析》，台北：三民书局，2014 年第 4 版，第 3 章 2—3 页。

[8] 台湾"行政院主计总处"："国民所得统计及台湾经济情势展望"，2015 年 2 月 16 日，http://www.dgbas.gov. tw。

[9] 台湾《工商时报》：《2015 年大陆台商 1000 大》，台湾商讯文化事业股份有限公司 2015 年 8 月。

[10] 石正方：《台湾企业集团大陆投资现况与策略研究》，《台湾研究集刊》2006 年第 2 期。

[11] 刘震涛等：《台资企业个案研究》，北京：清华大学出版社 2005 年，第 1—2 页。

[12] 台湾"经济部工业局"：《ECFA 早收带动中小企业出口成长》，2015 年 1 月 28 日，https://zh-tw.facebook. com/moeaidb/photos/a.301170933380386.1073741828.300923396738473/419239134906898/。

[13] 台湾"经济部国际贸易局"：贸易统计系统，2014/01-2014/12，http://cus93.trade.gov.tw/fsci/。

[14] 熊俊莉：《浅析台湾南北经济、社会发展差异》，《台湾研究》2012 年第 2 期。

[15] 台湾中华征信所：《台湾地区大型集团企业研究》2014 年版，第 52—57 页。

[16] 台湾"交通部观光局"：《"海峡两岸关于大陆居民赴台湾旅游协议"执行成效》，2015 年 8 月，http:// admin.taiwan.net.tw/public/public.aspx?no=294。

[17] 石正方：《大陆惠台政策成效评估》，省级委托项目，2014 年 11 月。

邓莉娟，两岸关系和平发展协同创新中心首席专家，厦门大学台湾研究院副院长、教授、博士研究生导师；

马士伟，厦门大学台湾研究院区域经济学博士研究生。

两岸民间网络政治交流
的内在机制与困境治理

王鹤亭

两岸关系的本质是 20 世纪中国内战遗留并延续的政治对立，虽然当前两岸正式政治协商谈判尚未启动，但两岸民间政治对话已"先行先试"，以各种形式对化解两岸政治分歧、结束两岸政治对立等相关议题展开热烈探讨。在此背景下，随着网络社会、新媒体时代的到来以及两岸新世代的崛起，两岸民间网络政治交流成为一种"新常态"。本文拟借鉴网络政治、政治传播相关理论，分析网络对两岸民间政治交流的影响，探讨两岸民间网络政治交流的过程机制、困境及其治理。

一、网络对两岸民间政治交流的影响

曼纽尔·卡斯特认为网络通过改变生活、空间、时间的物质基础，来构建一个流动的空间和无限的时间，可以跨越时空的限制而创新出更多、更新的结构形式。[1]台湾学者洪敬富则认为网络必然会影响到两岸关系和平发展，互联网是重塑两岸经济与社会文化联结、开启 21 世纪两岸政治关系新纪元的驱动力量。[2]在网络空间，人人都可以是问题发现者、信息提供者、利益诠释者、议程设定者、分歧仲裁者及决策建议者，这为突破两岸政治交流既有局限与困境，为两岸民众之间增进理解、化解歧异、累积互信与生成共识提供了新的可能性。

（一）拓展两岸民间政治交流的渠道与模式

两岸关系经历了从绝对隔绝到开放接触再到深化交流的发展历程，交流的内容与层次不断丰富。但时间限制与空间阻隔仍影响着两岸民众政治交流的深化与拓展，交流渠道相对单一，在很大程度上受到官方、中介团体的管控或引导，通常会避开政治敏感议题或者将其限定在特定范围内。扩大两岸同胞直接往来，尤其是扩大两岸基层民众和青年交流，是未来两岸交流的发展方向。而网络则为两岸民众提供了一个跨越时空限制的新型互动空间，开放性、无中介性的特点使其具有吸纳两岸民众尤其是青年群体进行政治交流的无限潜能，其平等性使得两岸民众能够自由表达自己的观点与情感，其动态性具有改变两岸民众观念与认同的可能性。随着网络生活的深化，两岸网民尤其是青年网民的规模将越来越大，也使得两岸民众在网络空间的政治交流互动必将会成为两岸大交流的重要构成部分，更将在政治交流互动中占据越来越大的比重。两岸民间网络政治交流正逐步从传统交流互动的附属部分发展为一种独立或互补性甚至替代性的渠道与模式。

（二）营造两岸民间政治交流的民主空间

知识化、扁平化、分散化和去中心化的网络空间成为充分彰显个体的言论自由权、政治参与权、知情权、监督权的开放平台。在两岸政治对立的宏观结构下，两岸公权力的交流互动未能常态化，政策壁垒、财富鸿沟、身份界限也阻碍了现实民间交流的平等性与民主化，而网络政治空间中个人身份相对单一，政治参与变得更加便捷、廉价、民主，传统政治金字塔型的权力结构在网络中被网状权力关系所解构，两岸民间政治交流具有空前的平等性。此外，两岸青年可以在网络空间中直接表达自己的政治情感、立场和主张，进行沟通，展开公共讨论，甚至形成共识，在渠道和程序上无须借助第三者。两岸民众自发、自主地进行无障碍的网络政治交流，他们不仅是信息主体，更是权利主体和政治行动者，其互动程序与形式具有明显的"直接民主""大众民主"特征。

（三）改变两岸民间政治交流的信息生态

"权威基于信息控制。高地位角色通常依赖于对当时主要信息渠道的接触与控制"，[3]传统交流模式下，官方曾扮演着信息生成、发布、过滤者的权威性角色，甚至成为两岸民间交流互动中真伪、善恶、利弊的裁决者，在两岸交流的信息生态系统中居于中心的控制地位；而大众媒体如纸媒、电视、电台等则成为信息的主要加工者和生产者，以"微型权力"的形式塑造或引导着受众，尤其是台湾媒体长期操弄民意，凭借其资源优势和规模效应获得了舆论霸权，在两岸信息生态系统中居于重要的主导地位；而两岸民众则是信息系统中的受众与客体，相互之间缺乏横向联系与沟通机制，其信息结构较为单一；官方、媒体与民众的信息关系多是一种控制型、支配式的直线型传递模式。而在新媒体时代，"去中心化"、低门槛、开放性的网络使得网民更容易成为信息的传播者、生产者和能动主体，分众式的信息发现机制能够犹如拼图般快速揭示事情的全貌。官方、媒体与个人之间的信息关系从点状、线状过渡到网状，网络的交互性使得公众意见甚至可以左右政策决策的倾向。

（四）重塑两岸民间政治交流中的议题生成路径

网络政治空间中的权力与舆论导向密切相关，"新的权力在于信息的符码与再现的意象，社会据此组织其制度，人们据此营造其生活并决定其行为。这个权力的基地是人们的心灵"。[4] 网络使得两岸民间政治交流能够及时地整合来自官方、大众媒体乃至分散的个人信息，经由个体自发行为如回帖、转发、点赞等遴选产生"热点""焦点"（如热门话题、热帖等）；而对于"焦点"问题，也会经由网络的聚焦和共振，吸引更多民众参与交流互动，也会影响到大众媒体和官方的舆论导向，如台湾媒体新闻经常取材自网络；网络还使得意见表达的主体结构从精英主导走向大众分享，观点的评价主要依据交流个体心中的"真实性"与"合理性"标准，传统政治精英让位于或演化为网络舆论领袖。相比于传统议程设置和认同构建那种由上至下的集约管控模式，两岸民间网络政治交流产生舆论市场，其流动性瓦解着信息垄断与统一舆论，再加上网络空间中的信息传递时效远超过传统媒体，使得两岸民间网络政治交流中的议题和舆论生成展现出一种"自发秩序"的特点。

二、两岸民间网络政治交流的内在机制

网络为破解两岸政治僵局、深化两岸关系提供了可能性，其原因在于两岸民间网络政治交流互动，归根到底是网络媒介与政治活动的联动，是虚拟空间与真实世界的结合，既受两岸政治对立现实的制约，又有其较为独特的权力生成与作用机制，更是一个解构与重构相伴而生的螺旋上升过程。

（一）"实—虚—实"空间交互下的主客角色循环

两岸民间政治交流是一个促成现实社会与虚拟空间相互影响、公民与网民身份转换以及主客体角色循环的过程。与一般网络政治行动的过程[5]相似，两

岸网络政治交流大致可以分为三个阶段：一是实——虚转化启动阶段，现实两岸关系中的事件如"反服贸学运"诱发两岸民众在网络政治空间进行政治利益表达、情感抒发、信息发布等，由现实政治空间中的客体转换为虚拟政治空间中的主体；二是虚——虚互动阶段，即两岸民众以网民的身份在虚拟空间进行即时或者延时政治交流，某种信息、情感或观点能够迅速传播、联结，并拓展形成一个临时的舆论空间或结构，相应的观点、认同与身份也会被审视、反思，这也是一个两岸民众互为主客体、网民与虚拟政治空间结构相互建构的过程；三是虚——实转化完成阶段，即两岸网民回归现实政治空间以公民身份按照网络政治交流互动中所形塑的观点、情感、认同等来认知、诠释、评价现实政治，甚至采取相对应的政治行动，所形成的舆论等也会对既有政治系统形成压力，这也是交流民众再度发挥主体功能的过程。

（二）"私—公—私"场域转换中的权力流变

两岸民众在网络政治空间进行利益诉求、情感表达、政策建议也是将平等的个人权利转化为个人权力的过程，但因资源禀赋、个人能力等差异，个体在网络政治交流中的观点和行为所产生的影响力却是不同的，例如网民在微博、脸书、论坛等发布的言论所受到的关注度越高，表明其影响力越大，个体所拥有的即时权力也就越大。当个体在网络空间的相互交流、沟通、辩论等行为而产生密切联结时，个体网民之间构建了一个公共空间，在此平台之上的多元交流逐步产生若干代表性舆论观点、情感倾向、组织集群等，而这些多元力量之间的充分自我展示、相互交锋与博弈可能产生出交往理性和共识，也可能会固化原有的歧异。而在公共空间的力量逐渐影响私人空间的过程中，代表性的观点、情感倾向等会继续扩散，例如微博上的"热门"论点会被其他网民转发到个人空间或是诸如微信这种较具私人属性的次级网络中。而"随着公共空间的私人化与私人空间公共化的同步进行导致网络环境中的公与私之分成为一个动态的、辩证的妥协过程"，[6]网络政治交流中的权利与权力、私与公之间的转换界限渐趋模糊。

（三）"对立化—分众化—群体极化"的集体行动秩序生成

受现实两岸政治对立结构的影响，两岸民众在网络交流前常会预设"我群""他群"概念，交流初期也会存在一种"先天性"的对立倾向。但因为影响传统政治交往方式的社会资本、真实身份等在虚拟空间中暂时无法产生直接的影响力，网络空间的开放民主使得"对立化"的集体行动秩序会受到冲击，对不同政治议题的关注以及价值倾向性使得两岸网民的集群分布呈现出"分众化"态势，"大陆人"与"台湾人"的初始身份界限在很大程度上被消解，网络社群向小群体发展，个性特征明显，对同一事件产生不同的意见聚落。然而随着交流互动的深入，经由热帖、跟帖、转帖构成的草根投票机制，由话题、词语、故事构成的怨恨表达机制，由人肉搜索、恶搞、山寨构成的消费权力机制，[7]会逐渐催生出以观点、情感为分界线的"群体极化"行动秩序，少数的"声音"会消失，"分众化"的小群体之间会产生联结并聚合为更大的群体，个体原本所承受的多元的"交叉压力"转变为高度重合的压力，"群体极化"和"沉默螺旋"效应使得持不同意见的个体网民不得不"选边站"或者退出。在"反服贸学运"期间的两岸网民论辩中，初期有关于"服贸"内容、性质和影响的客观分析、理性争辩逐步被情绪宣泄、立场宣示所遮蔽，各自内部的意见分歧被掩盖，逐步形成观点对立、情感冲突与身份边界高度重叠的两个阵营。

（四）"树状—根茎状—树状"的知识生产

两岸政治对立不仅是权力斗争的僵局，更是政治理念与知识的僵局，网络政治交流为重塑两岸关系知识体系提供了可能。德勒兹和加塔利以"树状"来比喻现代知识带有庞大的、中心化的、统一的、层级化的特点，树状结构限制和控制了知识的各方面的联系，而"根茎状"知识生产则具有信息非中心性、发散性、异质性和多元性等特质，能破除"树"对思想和现实的主宰，[8]是一种解构"政治僵局"和"话语霸权"的革新路径。而没有中央权威的网络，提供了另一种治理经验（即没有治理）、时间和空间、意识形态（信息自由和免费进入）与认同多样性，并且反对监控与管制、边界和组织，[9]使其成为较理想的"根茎状"知识生产平台。两岸网络政治交流空间中的个体都可以是知识（观点、理念、映象、舆论等）的生产者，呈现出"根茎状"的形式特征和知识生产态势。但同时由于网络空间中个体生产力的分化、话语竞争力的失衡依然会导致意见领袖、舆论精英的出现，层级化的舆论结构会再度形成；现实知识体系的潜移默化，使得网络政治论述依然会趋向中心化、体系化。"众声喧器"之后"尘埃落定"，两岸民间网络政治交流的"根茎状"平台依然会生成"树状"的结果，只不过"树状"的知识体系会不断地被重构、"解域"和"再结域"。

（五）"弱化—冲突—再造"的政治认同变动

一般而言，跨境的政治交流会弱化固有的传统政治认同，促进人们形成较为趋同的价值认同或制度认同。在两岸民间网络政治交流中，民众之间的认同交融与冲突并存，如两岸民众对于民主价值有着共同的坚持，但对于民主模式却存在一定的认同分歧；同时，还存在着交流个体内在的多重认同冲突，例如部分台湾民众认同两岸同属一个中国、同属中华民族，但并不认同大陆官方、政治制度等。两岸交流主体先经由各自想象而建构相应的政治认同，如大陆民众对台湾民众的"同胞"认同，台湾民众对大陆官方的"敌意"认知等；在深入到网络空间交流之后，逐渐经由个体亲身体验而自发构建"新"认同或校正"旧"认同，这种认同往往面向未来而非立足于过去。在冲突、理解、沟通与调适的过程中，两岸民众的政治认同会被再造，既可能因多种认同分歧的高度重叠导致原有认同的强化或异化，如认为两岸是"两个国家、两个民族、两种制度、两种模式"，形成两岸认同对立；也可能因多重认同的交叉压力而产生包容局部歧异的认同融合，如认可"一个中国、一个民族、两种制度、两种模式"。

三、当前两岸民间网络政治交流的困境

前述分析也表明，跨境的两岸网络空间既具有成为两岸民众"融合新平台"的巨大潜力，也有着演化为"内战新战场"的风险。综观当前两岸民间网络政治交流，一方面是两岸民众之间自由、开放、多元且直接的理念激荡与观点碰撞，但另一方面则是现实中的某些政治分歧、情感对立及认同歧异在网络空间里的再生产与强化。当前网络政治交流的"热火"尚未能融化两岸民众之间的心理"坚冰"。

（一）"自发秩序"濒临失序

2014 年的大陆网民规模达 6.49 亿，网络行为中即时通信、社交网站及微博应用比例分别为 89.3%、61.76% 和 43.6%；[10] 台湾网民规模约为 1600 余万，其网络行为中即时通讯、社交网站及网络论坛的比例分别为 83.8%、81.4% 和23.9%。[11] 两岸关系和平发展大环境以及便捷的技术条件，使得两岸网民交流规模日益扩大，比较有代表性的包括两岸网民在天涯论坛、凯迪社区、微博、豆瓣、PPT、雅虎奇摩、无名小站、脸书、QQ、微信等上的交流，在中文维基百科上共同编辑条目，以及在境外网站如 YouTube 上的留言讨论等，这其中

最容易引起争鸣"火花"的莫过于两岸政治议题。网络空间的两岸政治交流虽然更加全面、直接与开放，但相比于现实中的人际交流，更容易产生"语言暴力""情绪性民主"以及"网络民粹主义"。从个体行为来看，信息简单化、选择性论证、以偏概全、人格损毁、抹黑、情绪化等是较为常见的行为模式。从群体层面而言，理性、中道及客观的讨论的吸引力要低于某些激进言论，网络的放大效应使得现实中偏激的非主流"意见"与情绪能够演进为"网络主流民意"，如PTT里的"逢中必仇"，扭曲了民主政治的精神实质和实现途径。两岸民间网络政治交流的"自发秩序"濒临"失序"使得虚拟公共领域并未成为理想中的"电子乌托邦"。

（二）"交往理性"不足

"一种以相互尊重、平等对话和交流为核心的两岸交往伦理的建立，必定会对两岸的平等对话和两岸关系和平发展作出积极的贡献"，[12] 而且"对于参与两岸虚拟公共领域交流的民众而言，应认识到其自身作为两岸交流的理性创造者"，[13] 但这正是两岸民间网络政治交流中所缺失的。哈贝马斯将交往理性界定为人与人之间交往行动的（合）理性，交往行动指的是两个以上的行动者通过语言理解的共识力量来协调相互间关系的互动行为，"合理性归根结底就是通过论证演说促使自愿联合和获得认可的力量的中心经验"。[14] 论证需要以语言作为三种相互关联的（外在世界、社会世界和内在世界）的媒介物。交往理性首先要求语言同时满足四种有效性："真实性"——对于外在世界而言事实之呈示；"正确性"——对于社会世界而言建立合法的人际关系；"真诚性"——对于内在世界而言表达言说者的意向；对于语言本身的"可领会性"，[15] 对于当前的两岸民间网络政治交流而言，"真诚性"与"可领会性"条件基本满足，但"真实性"与"正确性"难以达到。交往理性的生成还需要相应的规范前提，然而当前两岸网络政治交流空间中缺乏最低限度的开放论证、平等对话、求同存异等程序性文化，"统一/独立""民主/专制"的二元对立话语体系阻碍了两岸民众的有效沟通，交流者视自己与对话者的关系为"主客体"关系而非是"主体间性"的关系，网络政治交流中的"对话"更似"独白"，其中的策略行动远多于交往行动，目的理性的权重远超过"交往理性"。

（三）"协商民主"乏力

去中心化的两岸网络政治交流空间常被视为理想的"网络协商民主"试验

场，然而网络交流虽然能够促进两岸民众更加了解对方，却无法通过对话（商谈）、论证来实现相互理解，不同利益和立场之间难以达成基于信息和理由的妥协或共识。一个值得观察的典型案例是两岸网民共同参与编辑中文维基百科条目。维基百科奉行"去中心化"的平等原则，人人皆可编辑、思考、沟通和共享，已成为世界最大的免费百科全书。百科的中文版章程阐述了充分沟通、善意推定、理性合作等"共识"精神，期待像古希腊城邦的"公民"们那样自由辩论讨论，从混沌中建立秩序。然而自 2002 年维基中文百科上线以来，两岸网民之间的"编辑战"从未停歇，理想模式演变为现实中冗长、激烈而无果的争论与对垒，很多时候只能寻求第三者——管理员的仲裁，而管理员只有权力以封禁用户、锁定或删除编辑页面等方式搁置或压制分歧，却无法提供共识，并且在大陆管理员与台湾管理员之间存在着同样的权力纷争格局，如仅"平型关战役"条目就被修改超过千次，最后管理员不惜违背维基百科的宗旨，将此条目设为"不可修改"，"编辑战"陷入"封了就停，解了就打"的尴尬局面。[16]中文维基百科的经验说明，在形式上去中心化的网络政治空间中，沟通交流会复制现实中的政治分歧，仍然会产生甚至依赖层级结构，即便是最理想的两岸网络协商民主情境也无法在某些敏感议题上产生共识。

（四）公权力相对"失语"

两岸民间网络政治交流面临着多重治理困境，形成了观点意见"自由竞争"与舆论"宏观调控"之间的关系"失衡"，而在网络交流内在的"自发秩序"失灵的同时，公权力则处于相对"失语"的不利境地。首先，网络政治交流过程中自发秩序与自组织结构并没有衍生出理性共识，"自由市场"式的民主机制也未能将各种价值、利益、意见等妥善协调配置，网络民主的数量外延和质量内涵之间存在着严重的张力。其次，传统管控规则与结构失灵，科层管理和官僚组织的合法性和有效性遭受"去中心化"网络的冲击，网民身份的虚拟性使"硬权力"约束失去了着力点，更面临两岸纵向权力结构转型与横向权力结构对接的双重难题。在网络空间中两岸民众政治交流"自由竞争"的"自发秩序"失灵的情况下，而基于理性以构建和谐秩序为目标的"善治"就显得十分必要。但就目前而言，公权力机关还在逐步探索自身在两岸网络政治交流空间中的应有地位、角色和作为等问题，其话语权的构建仍处于转型期。相对于两岸民众在网络政治交流中的"众声喧哗"，当前公权力机关在真相发布、消除谣言、议程设置、引导舆论、优化环境、构建规则等方面的话语权较为薄弱。

四、两岸民间网络政治交流的治理

长远来看，两岸关系和平发展不能忽视两岸民间网络政治交流的动能，更不能因暂时存在的问题与困境而无视其增进两岸民众心灵契合、推动"两岸一家亲"的潜能，必须顺应时代发展的潮流和两岸世代交替的趋势，以发展的眼光持续加以推动。

（一）空间治理：推动现实交流与网络交流的协同共进

相对而言，现实交流较为理性有序，网络交流则更具活力和延展性。当前两岸官方与民间均大力倡导扩大两岸交流规模、丰富交流内容与形式。在此有利背景下，以交流民众为联结点，促进两种交流之间的协同共进，推动现实空间与虚拟空间的融合，可以有效防止交流者在虚实空间转换过程中的主客体角色异化以及分歧的强化。首先应将现实交流的理性有序与情感纽带拓展到网络空间，借助于新媒体建立起既有现实交流民众之间的网络联结与互动，有利于消除网络政治交流中的"非理性"。以笔者亲身经历为例，笔者参加多次两岸学术研讨会、民间论坛、驻点研究、交换生、夏令营等交流活动，通常交流者之间在网络空间相互关注甚至建立如微信群、QQ群、脸书群组等网络共同体后，不仅现实交流的议题会被理性、客观、有序地深化讨论，而且后续的网络政治交流气氛也较为融洽，交流者在其个人空间中的情绪化、非理性言论也明显减少。其次应积极将网络交流空间中的代表性人物包括"舆论领袖"等吸纳到两岸现实交流渠道中来，如交流主办单位可邀请他们参加活动，为两岸网民提供更多面对面的机会与平台多交流多交心，以真实丰富多元的交流情境去消融单一网络舆论环境对网民的"裹挟"。

（二）话语治理：促进官方话语与民间话语的优势互补

福柯曾说过"话语即权力"，而在网络空间中也可以说是"权力即话语"，如何掌握网络话语权对于引导两岸民间政治交流至关重要。需要注意的是，对于公权力机关而言，掌握话语权不仅仅是借助于新媒体进行宣传形式创新，而是要根据现代传播规律，发掘自身优势，循序渐进地从真相发布、谣言消除到议程设置、环境优化再到舆论引导、规则构建分层次构筑自己的话语阵地。在当前的两岸网络政治空间中，公权力机关在引导舆论、构建规则方面暂时处于劣势，但它却是事实与真相的权威信息来源，在真相发布和消除谣言上公权力不能"失语"，而民间话语的优势则在于其传播速度和放大效应。如果官方忽视了权威信息源这一核心优势的话，则更高层次的话语权构建将成为无本之木。如在尼泊尔地震撤侨期间"持中国护照免费登机"的谣言引发了两岸网民相互攻讦，然而最大受害者却是"躺枪"的中央政府，其保障台湾同胞利益的努力也被遮蔽。当事件突发、真相不明以及谣言四起引发"信息饥渴"时，公权力应通过客观、权威和公正的声音抢占先机，并借助民间话语快速传播而正本清源，有效压制敌意与虚假信息。官方虽不能决定人们想什么，但能够通过提供真实信息而有效影响人们关注哪些事件，间接获得议程设置的话语权，再经由民间话语的"发酵"，可以逐步化解认同对立，凝聚民意，生成新共识。

（三）触媒治理：引发情感激励与理性论辩的良性共振

两岸民间网络政治交流需要真实而充分的信息来消减误解与不确定性，需要理性地探讨两岸政治分歧。与此同时，正如习近平总书记所言，两岸交流"归根到底是人与人的交流，最重要的是心灵沟通"，需要积极的情感激励。迥异于"理智与情感分离"的理想协商模式，中国人社会行动思维注重"面子""人情""关系"等，基于"自己人／外人"的"差序格局"建立社会信任关系，[17]决定了情感是网络政治交流中的重要驱动力和催化剂。如果缺乏积极的情感激励，即便存在着足够的真实信息和充分的理性论辩，两岸民间交流也未必能够相向而行，甚至会出现"分歧越辩越明，人心越辩越冷"的局面；而不当的情感控制和情绪宣泄，将直接加剧两岸网络政治交流互动中的非理性化、敌对化倾向。情感催化与理性论辩对于两岸民间网络政治交流的积极发展缺一不可。在某种意义上，"交往情感"的重要性要先于且高于"交往理性"。官方与主流媒体应加大力度在网络空间中弘扬中华文化，强化两岸同胞同根同源、"血浓于水"、"同文同种"的原生性情感纽带，更应渲染善意与宽容的交流氛围，杜绝"语言暴力"，通过个体交往间的情感激荡与磨合而引发连锁反应，构建"两岸一家亲"的交往情感，进而引发情感激励与理性论辩的协调共振。

注释：

[1] 〔美〕曼纽尔·卡斯特：《网络社会的崛起》，夏铸九、王志弘等译，社会科学文献出版社 2001 年版，第 576-577 页。

[2] Chin-fu Hung, *The Internet and the Changing Beijing-Taipei Relations: Towards Unification or*

Fragmentation? in Francoise Mengin (ed.), *Cyber China: Reshaping National Identities in the Age of Information*, New York：Palgrave Macmillan, 2004,p.127.

[3]〔美〕约书亚·梅罗维茨：《消失的地域：电子媒介对社会行为的影响》，清华大学出版社 2002 年版，第 152 页。

[4]〔美〕曼纽尔·卡斯特：《认同的力量》，夏铸九、黄丽玲等译，社会科学文献出版社 2003 年版，第 415。

[5] 刘力锐：《基于网络政治动员态势的政府回应机制研究》，东北大学出版社 2012 年版，第 83 页。

[6] 胡泳：《众声喧哗》，广西师范大学出版社 2008 年版，第 235 页。

[7] 李永刚：《中国互联网上的民意表达》，香港《二十一世纪》2009 年第 4 期。

[8]〔法〕德勒兹 (Gilles Deleuze)、加塔利 (Félix Guattari)：《资本主义与精神分裂（卷 2）：千高原》，姜宇辉译，上海书店出版社 2010 年版，第 23-34 页。

[9] Athina Karatzogianni, *The Politics of Cyberconflict* , New York:Routledge, 2006,p.88.

[10]《2014 年中国社交类应用用户行为研究报告》，中国互联网络信息中心，2014 年 7 月，第 7 页。

[11]《个人 / 家户数位机会调查报告》（2014 年），台湾"国家发展委员会"，2014 年 11 月，第 199、161 页，http://www.ndc.gov.tw/dn.aspx?uid=40487，2015-5-16。

[12] 唐桦：《两岸关系中的交往理性初探》，《台湾研究集刊》2010 年第 3 期，第 52 页。

[13] 连子强：《传媒语境、公共领域与两岸民间交流》，《现代传播》2015 年第 3 期，第 73 页。

[14]〔德〕哈贝马斯：《交往行动理论》第 1 卷，重庆出版社 1994 年版，第 25 页。

[15]〔德〕哈贝马斯：《交往与社会进化》，重庆出版社 1989 年版，第 67、70 页。

[16]《封禁一个维基人 中文维基百科"编辑战"背后》，《南方周末》，2014-3-14，http://www.infzm.com/content/98858。

[17] 周晓红：《社会心理学》，高等教育出版社 2008 年版，第 279—289 页。

王鹤亭，两岸关系和平发展协同创新中心博士后研究人员，河南师范大学政治与公共管理学院副教授。

利益相关者视域下两岸南海政策比较分析

郑碧强　许　川

一、引　论

南海主权既是中国的国家核心利益所在，[①] 也是中华民族伟大复兴的动力所在。前者体现为领土与主权完整是一个国家存在与发展的根本基石；后者表现在领土与主权完整是一个民族兴盛与繁荣的重要保障。"中国最早发现、命名并开发经营了南海诸岛，中国历代政府对南海诸岛实施了持续有效的主权管辖"。[1][2] 不言而喻，南海争端攸关国家尊严和民族情感，因此，长期以来，党和国家领导人高度重视南海问题。2015 年 11 月 7 日，习近平总书记在新加坡进行国事访问期间就南海问题发表了重要讲话，他强调："南海诸岛自古以来就是中国领土，维护自身的领土主权和正当合理的海洋权益，是中国政府必须承担的责任。中国南海政策的出发点和落脚点都是维护南海地区和平稳定。"[③] 这一表态充分表达了中国对南海争端的基本看法和立场。同时，台湾当局也相当关注南海主权，马英九指出："无论就历史、地理及国际法而言，南沙群岛、西沙群岛、中沙群岛、东沙群岛及其周遭海域均属'中华民国'固有领土及海域，'中华民国'享有国际法上的权利，不容置疑。"[④] 对此，蔡英文回应表示："立场一致，坚持南海主权，确保相关地区自由飞行、航行的权利，各方主张的争议，应循国际法与国际公约，以和平手段解决，并负起共同责任，维持区域和平稳定。"[⑤] 由此可见，尽管两岸对南海主权具体归属的主体存在异议，但双方对南海属于中国的历史性水域或历史性权利没有根本上的分歧。

然而，由于两岸双方特殊的政治关系，以及区域外次利益相关者（如美国、日本、印度等）的加入，使得南海情势更加复杂多变，进而导致两岸之间的南海政策，呈现出了明显的差异性。这种差异性既是历史遗留问题的必然结果，也是现实主义盛行的必然选择。因此，分析两岸南海政策的差异性，对认识甚或促进两岸海洋合作⑥有着重要的指导意义。目前，在南海问题研究领域，国外学者着重从区域安全、中美关系、外交战略、海洋资源等视角分析中国大陆的南海政策，也有少数学者关注台湾在南海争端中的适当角色和作用。⑦中国大陆学界集中在对历史性水域、南海断续线、美国南海政策、两岸南海合作等⑧方面的研究，台湾学界则以太平岛的法律地位、海洋安全及南海域内外大国对台湾乃至两岸的影响⑨等方面为重心。综观既有文献，鲜有学者把海洋政策主体本身作为研究对象，使得过去的研究大多停留在海洋政策的客体框架的分析层面上。于此之故，本文拟从利益相关者⑩的视角出发，对两岸南海政策做一比较分析，以期更全面地研判南海争端的走向及两岸南海合作的可能性与操作性。

二、两岸南海政策的内容及其异同

（一）两岸南海政策总体概述

当前，中国大陆针对南海局势主要是本着"和平共处五项原则"以及睦邻友好的外交政策作为应对南海争端的基本思路和政策出发点。通过外交宣示、声明、照会、遵循国际法、颁布法律等多种方式和途径积极与南海各声索国展开沟通和交流，力求避免事态进一步恶化。其政策主要可以归结为以下4个方面："维护主权权益的坚定立场，和平解决争端的真诚愿望，推动共同开发的务实主张，反对外来干涉的坚决态度。"[2]用官方文件的表述来讲，其基本立场即是：主权归我，搁置争议，共同开发，和平解决。台湾的南海政策则主要是通过在岛内颁布海洋法律、实践海洋政策和发表海洋倡议来维护和体现所谓"主权"，其论述主张着重集中在对所谓"宪法"之"固有领土"的坚持、对历史性水域的坚持以及对台湾"主体性地位"的坚持。尽管因执政党的不同导致其海洋政策略有差异，但总体上讲，台湾南海政策的主线和基调即维护"主权"、守护和平始终没有改变。马英九当局将其高度概括为："主权在我，搁置争议，共同开发，和平互惠。"

（二）两岸南海政策内容的异同点比较

1. 相同点

（1）两岸均坚持南海主权属于广义中国或整个中国。台湾依据的是所谓

"中华民国"及其所谓"中华民国宪法""事实存在"的实体逻辑。换句话说，他们认为"中华民国"以及"中华民国宪法"自始至终一直存在，且皆发挥着有效的作用。现今，台湾当局通过所谓的"宪法修正案"，仍将大陆领土视为"中华民国"的既有疆域，并以"大陆地区"和"自由地区"作为彰显其"法统地位"的象征和标志。除此之外，台湾还以"中华民国"的名义与世界上二十余个国家维持着"邦交"关系。诚然，尽管台湾民进党并不认同国民党当局"一国两区"的两岸政治定位，但它在捍卫所谓海洋权益时也不得不诉诸既有的政府架构和法律条文。简言之，"中华民国"的标签和符号既是国民党的立党之魂，也是民进党的上台阶梯。

大陆凭借的则是政府继承理论[11]，即：既然中华人民共和国是对过去中华民国的政府继承，那么中华人民共和国政府继承过去中华民国的领土范围和主张就是顺理成章。因为前后之间只是政府继承不是国家，而政府的主张代表国家，只要国家没有被颠覆或者被吞并，作为这个国家之下的任何政府皆有维护其主权和领土完整的责任和义务。即便是当前行使台湾管辖权的是所谓"中华民国政府"，但它仍是属于中国框架下的管理机构。如此，它所宣称的、维护的必然是"国家主权"即广义中国或整个中国的主权。另外，"由于两岸对南海主权的主张都是基于同一种合法性（legality），为此，尽管存在政治分歧和敌意，但他们似乎并没有不同意相互的南海主权的主张"，[3] 可以看出，虽然两岸南海政策出发点不一样，但最终落脚点却在同一线上，即维护广义中国或整个中国的主权和领土完整。

（2）两岸都建议搁置争议共同开发南海资源。在各方皆不让步、相持不下的情势下，如何避免将事态进一步扩大和升级，两岸均提出了"搁置争议、共同开发"的政策主张。虽然"搁置争议"只是一种解决问题的临时措施，但在主权争端一时还难以尘埃落定的状态下，"搁置争议"用来化解各方冲突未尝不是可行之道。维持现状尽管不能使各声索方实现自身利益最大化，但至少可以保证既有利益不受损害，甚至还有增大的可能。而共同开发则是在搁置争议的基础上，实现自身利益的合理化和有效性。"搁置争议、共同开发"是基于历史事实和现有状态的前提下，强调南海主权属于中国的同时，不仅充分考虑其他利益相关方的利益要求，而且给有关国家维护和平、避免战争提供了极大的可能性。[4] 因而它不仅在两岸之间取得了高度共识，而且也获得了国际社会的高度赞赏和认同。坚持这一政策思维，对于两岸而言，都是有利无害。

（3）两岸皆主张利用和平方式解决南海争端。和平方式是解决南海主权或领土争端的最大公约数，它是所有利益相关方乃至国际社会的共同呼声。对大陆，和平解决南海问题能够为维护和巩固南海主权提供坚实的合法性基础；对台湾，和平解决有利于避免因战争导致的经济崩溃和社会分裂；对东盟，与中国大陆抗衡，恐将丧失搭乘中国大陆发展经济快车的机会，因为"东盟当前的根本目标是加快东盟一体化进程，推动经济社会发展"；[5] 对美国，一旦爆发战争，因战线太长，恐会陷入泥潭而得不偿失。两岸都主张利用和平方式解决南海争端有以下益处：一是避免内耗，有利于营造和平氛围。倘若两岸在南海争端上兵戈相向，那么台海和平发展的态势亦恐将不保；二是坚持和平方针符合国际社会的共同诉求，它符合美国和东盟的战略需求。如此，南海问题就不会因声索方各执一端而无解；三是有利于发展现今各方的经济关系，增强相互之间往来的融合程度。

2. 不同点

（1）两岸对"主权"主张的意图与主体的理解不同。一方面，大陆主张"主权归我"，台湾倾向"主权在我"，尽管两者仅有一字之差，在含义上却可能有诸多不同。首先，大陆的"主权归我"强调的是无论现在是否完全归属于我，南海的主权都始终归属于我；台湾的"主权在我"即是说南海的"主权"在"我"手中。进而言之，即，无论往后南海情势如何发展，在台湾看来，占据了南海之最大岛屿——太平岛似乎就拥有了与其他周边国家叫板的资本，至少可以宣誓"中华民国"在该争端上无疑是不能缺席和不容忽视的。至于事态如何发展，再见机行事。换言之，"主权归我"是一种政治立场的表态，而"主权在我"表达的是一种事实持有的宣示。另一方面，他们也存在对"主权"主体认知的不同。即大陆的"主权归我"与台方的"主权在我"中"我"的所指对象不同。不言而喻，大陆政策中的"我"显然指的是中华人民共和国（政府），而台湾当局的"我"则说的是"中华民国（政府）"。这里有两种情况需要说明：一种是倘若两者都指的是行政主管机构，而对国家——"中国"没有异议，那么所谓的南海主权争端，实际上就回到了中国的法统之争，两岸在南海议题中不存在根本性的分歧；一种是假如两者都或者台湾欲表达的是"国家"的含义，那么，所谓的两岸南海主权之争的实质就被偷换成了两个"国家""领土"之争的概念了。到底台湾指的是哪种含义？恐怕得待到两岸政治定位解决后才有答案，但在此之前，大陆应尽量避免落入台湾当局所设的政治圈套和法律陷阱。

（2）两岸对"共同开发"的对象的理解不同。大陆的"共同开发"毫无疑问是包括台湾在内。既然台湾是中国固有领土且不容分割的一部分，就应当享有权利与大陆共同行使南海主权；加之，考虑到两岸关系的复杂形势，大陆也有必要将台湾的整体利益也考量在内。倘若将台湾拒之门外，就会给台湾尤其是民进党趁机争取"一边一国"的政治口实。而台湾当局的所谓"共同开发"似乎仅仅局限在台湾地区与东盟之间，以避免给国际社会造成一种两岸共同维护南海权益的观感。因而，一直以来，台湾当局在回应两岸南海合作问题上都立场明确、态度坚决，宣称不会与大陆合作声索南海主权。

事实上，两岸南海合作，并非像民进党所抹黑的那样具有极强的政治意图。两岸南海合作是经过两岸相关领域专家学者多次探讨和论证后得出的结果。大陆提倡两岸携手合作，也并非是基于所谓"统战"的需要，而是充分考虑到台湾的实际情况，也是在为其参与南海共同行动架桥铺路。可是，台湾仍旧固执己见，或许主要是因为：一方面台湾内部欠缺共识，主流民意对两岸海洋合作并不看好；另一方面，台湾在所谓的"国家安全"上有求于美国，而美国对两岸海洋合作并不赞同。因此，台湾当局在多个场合均明确表态不会在南海问题上与大陆合作。两岸在"共同开发"上既不同调也不同步，无疑会给东盟和美国抵抗或围堵中国大陆提供方便。不过，被台湾忽略的是，倘若台湾完全割舍与大陆的关系，那么其宣称在南海问题上拥有"主权"也是站不住脚的，反倒是解除了东盟向其讨价还价的后顾之忧。

（3）两岸对"和平解决"的方式的理解不同。和平方式是指包括除战争之外的一切方式，其中主要有外交谈判方式、法律方式、协商方式等。外交谈判是指具有主权性质的政治实体就双方或多方共同关心的议题进行正式的、官方的、政治性质的会晤和商谈，一般不涉及第三主体，达成的文件具有决定性效用。法律方式主要是某一问题存在争议的双方或多方借助于法律（视问题性质分为：国内法或国际法）手段，就争议性问题提请第三方（一般是国际法院）进行裁决，且一旦该问题经裁定后，利益相关方就必须加以执行。协商方式是指涉及争议性问题的利益相关方甚至非直接相关方基于共同意愿，探讨该问题的处理方式和办法，无论其是否具有主权身份皆可以参与到事务的讨论中来，对于协商所达成的一致看法，各方没有必须遵从的义务，故它具有时效差和不稳固性的弱点。就3者的异同点而言：其一，外交方式、法律方式的参与主体必须是既具有主权身份又要保有国际法主体地位的利益相关方，而协商方式则不受制于这一前提；其二，凭借外交方式所达成的政治性文件对参与谈判的主体均具有牵制力，经法律方式达成的法律条文对所有利益相关方均具有约束力、含有一锤定音的性质，各方必须遵守和服从，而通过协商方式达成的共同意见则不具有决定性、也不具有法律性，它仅仅作为参与各方制定内外政策的参考；最后，外交谈判与协商方式的主体皆具有行使最终同意权的权力，而法律方式则没有。

　　显然，对于台湾来说，似乎只剩下"协商方式"才与自身的地位和角色相一致。因为国际社会中的绝大多数成员并不认为台湾是"主权独立的国家"，故而也就不可能承认其在南沙拥有专属经济区，甚至也不相信其有足够大的能力来应对周边国家开发南沙资源。[6]换句话说，台湾既不具备主权国家的身份，也不是国际法下的法律主体，自然也就失去了在外交和法律上的发言权。故此，台湾希望借助区域外即美日的力量以增强其实力，期冀将南海问题转向多方化、由区域化导向国际化，以使自己有更多发挥作用的舞台，进而达到所谓"中华民国事实存在"的政治目的。大陆则不然，其一直致力于以外交谈判和法律途径来和平化解南海利益冲突，对协商方式一向不太提倡，原因在于南海问题已经被无形地多边化、国际化了，这并不符合大陆解决南海争端的初衷。假若同意通过多边协商来达成共识，其结果恐怕不但有可能是莫衷一是，甚至还有可能弄巧成拙。

　　（4）两岸对"搁置争议"的内容的理解不同。南海问题的主权争议可划分为领土归属争议与海洋权益争议两个方面。[7]为此，大陆与台湾不约而同地提出了"搁置争议、共同开发"的南海政策方针。然而，问题是"搁置争议"到底是要搁置什么争议，要搁置多长时间以及如何搁置，两岸似乎皆未表达清楚。如果说搁置争议的内容是主权问题，那么这就有可能把有关争端无限期延长。它不仅不可能从根本上解决领土和海权争议，甚至还可能为共同开发的具体实施埋下隐患。[8]这样看来，搁置争议似乎只能是搁置有关权利和资源的争议。当然，从大陆角度出发，"搁置争议"必定不是指搁置南海主权争议，南海主权不论是从历史上还是在法律上都属于中国，但对于南海资源，各方可以搁置资源利益之争，由利益相关方共同享有、共同开发。相反，台湾当局的"搁置争议"似乎既包括了搁置主权争议，也涵盖了资源争议。台湾作为中国的一个地区，其当局却一再以"台澎金马"来彰显"主体性地位"，这似乎就推演出了台湾欲以新的"国家角色"（即"中华民国/台湾国"）参与到南海主权和资源的分配中来。台湾变相"主张南海诸岛主权属台湾领土主权所及，并且长期有效占领南沙太平岛与东沙岛"[9]似乎就说明了这种意图。换言之，大陆的"搁置争议"是维护中国主权，是为了未来更好地维护主权，是实质性的权宜之计，而台湾的"搁置争议"不仅（基本）可能导向长期搁置，而且也可能是其借以走向"独立"的重要步骤。

表 1　两岸南海政策之异同点比较

异同点 ＼ 地区		大陆	台湾
相同点		两岸均坚持南海主权属于中国（广义）或整个中国 两岸都建议搁置争议共同开发南海资源 两岸皆主张利用和平方式解决南海争端	
不同点	关于"主权"主张的意图和主体	政治立场的表态 中华人民共和国	事实持有的宣示 "中华民国"
	关于"共同开发"的对象	明确包括台湾在内	强调不与大陆合作
	关于"和平解决"的方式	外交谈判方式、法律方式、协商方式	协商方式
	关于"搁置争议"的内容	不是搁置主权争议，而是搁置资源争议	包括搁置主权在内的一切争义

图表来源：作者自制。

三、两岸外利益相关者对两岸南海政策的立场

（一）东盟、美国对中国大陆南海政策的反应

东盟方面：《联合国海洋公约》的出台以及对岛屿的强制占有，给东盟声索国的主权和利益伸张提供了某种法律上与事实上的依据，故而其对中国大陆的南海主张一般都采取"冷处理"，回避有关主权和利益的呼吁。在东盟看来，"南海争端的症结在于中国的'九段线'主张"。[10] "尽管所有南海利益相关方都接受共同合作开发的原则，但他们并没有将其广泛的付诸实践"。[11] 更重要的是，资源的使用权必须依附于对主权的拥有权，因而对其存有疑虑，担心愈发被动。近年来，为了在南海争端中夺得发言权，东南亚各国加快了一体化进程，逐渐欲以"集团"的名义和力量与中国大陆抗衡，诸如发表"东盟南海宣言"，探索"南海各方行为准则"以及签署《联合公报》，等等。不过，"由于对和平与稳定的期望程度是每个国家战略利益考量的结果，它又因国家的不同而不同，因时间的变化而变化。"[12] 故而东盟内部对中国大陆的立场又分成两派：

一方是马来西亚、越南、印尼、文莱、菲律宾等与中国大陆有直接南海利益争端的声索国，均主张借助东盟以及区外大国对中国大陆采取强硬立场；一派是缅甸、老挝和柬埔寨等非直接利益方，皆认为有必要与中国大陆保持稳定和平关系。如此，不仅削弱了东盟整体的凝聚力和向心力，而且也使得东盟在对中国大陆的政策上采取更加柔和中性的南海立场。大体上，面对中国的崛起，东盟面临着三大挑战：选边困境、过度焦虑以及热点危机。为了应对上述挑战，东盟内部通过区域论坛、"东盟 +3"、东亚论坛、参与 RCEP 及 TPP、建立东盟共同体等形式不断强化自身战斗力。[13] 换言之，出于保全整体利益的考量，壮大自我、刚柔并济、两面下注的政策走向在很长时间内仍有活力。美国方面：众所周知，美国属于南海问题的外来者，并没有主权利益要求，其地位显然不成为声索国。"就亚太安全而言，南海在美国的战略框架中似乎并不占据重要的位置，因此介入南海问题是出于重视海上航线安全和航行自由的需要"，[14] 其所谓的"自由"包括了特别是监视和军事在内的进行和平军事行动的自由。[15] 关于"自由"的定义是中美的分歧所在，也是美国进行干预的说辞。出于"平衡战略"的考量，美国倾向于保持在南海的大国存在感，认为："主权归属模糊，越是模糊，东南亚相关国家就越是愿意与美国合作进行开发以制造既成事实；南海形势，形势越稳定，商业合作就会越顺利。"[16] 也就是说，维持现状是美国南海政策的目标，因为这能保持它在这一区域内的霸权地位。

不过，中国大陆所提倡的"主权归我、搁置争议、共同开发、和平解决"似乎并不与美国核心利益冲突。当前，"主权归我"表现为只是一种政策宣示，并不全然是一种政策执行，故在美国看来，这似乎可以容忍，何况其他声索国皆在"各自表述""各行其是"，倘若剥夺某一国家的这一权利似乎就会使得现有格局出现某种不稳定；"搁置争议"可以使南海爆发大面积冲突的几率降到最低，对于欲获取更大利益好处的美国来说势必是乐观其成的；"共同开发"意在表明中国大陆并不排斥美国参与到南海资源的开发中来，反倒是给予了美国某种合理性的承认；"和平解决"意味着中国大陆并不主张使用非和平方式化解争端，这表明了中国大陆愿意就南海争端与各利益相关方保持弹性沟通。换而言之，"和平解决"既是手段也是目标。维持稳定与和平局面无疑符合美国的战略利益。

（二）东盟、美国对台湾南海政策的反应

因台湾缺少"主权国家"的身份和法律地位，故在捍卫南海主权上或多或

少显得有些无能为力。东盟抓住台湾当局这一政治软肋，使得台湾当局少了与东盟谈判的筹码。"东南亚国家承认中美在南海是战略竞争对手，而且东南亚不可能在这一竞争中置身事外"，[17]显而易见，东盟并没有把台湾当作主要利益相关方看待。一是台湾在名义上和事实上皆不是中国在国际上的代表，因而也就没有参与南海主权争端的单独的国家主体身份；二是台湾经济实力无法与东盟抗衡，也就是说，只有台湾向东盟让步的可能，东盟内部没有向台湾妥协的空间；三是台湾没有地缘优势，尽管其仍有效占领着太平岛，但这并不足以说明台湾就拥有了防卫南海主权的实力；四是台湾南海政策大致与大陆类似，东盟担心两岸有联手的可能。既然对中国大陆的善意都低调处理，那么对台湾的做法也就不会积极以待。此外，倘若东盟对两岸任何一方的政策感兴趣，某种程度上就会使得南海局势变得更加诡谲。因此，东盟对台湾南海政策的态度基本上介乎于不理会到消极对待的区间。

由于"自上世纪末以来，东南亚就已经取代北美成为台湾最重要的出口目的地，并且台湾还欲拓展与东盟国家在非传统安全领域的合作"，[18]这让东盟觉得大可不必担心台湾会在南海问题上采取实质性作为。不过，也应该看到，鉴于台湾地区与东盟各国在经贸上有着不同程度上的依存关系，因此，虽然东盟可能不理会台湾的倡议，但又不可不考虑台湾对东盟发展经济的作用。换言之，倘若台湾与整个东盟抗衡很有可能是螳臂当车，然如果台湾要对东南亚某一国家实施经济制裁还是轻而易举的事情，2013年菲律宾公务船枪杀台湾渔民事件就是例证。不难看出，东盟对于台湾的关系十分具有矛盾性：一方面欲想把台湾排除在南海主权争端之外；另一方面又想借助台湾经验发展本国经济。那么，十分清楚，在目前的情势下，东盟的南海政策并未直接针对台湾，而是中国大陆，实际上就是给了台湾某种正面的回应。简而言之，表则以刚制柔，实则以柔融刚。

相较于中国大陆，美国对台南海政策的关注点明显不同：美国在意的是台湾是否与大陆联手合作的问题，并期望得到后者谨慎的保证。[19]对于主权宣示把握的尺度，美国政府对台湾声称的南海主张，也保持一定的警惕性。假若台湾提法较为模糊，即不明确主权范围，美国或可默认；但假如台湾依"中华民国宪法"来作为法律依据，美国似乎就不太满意台湾当局这一做法。据媒体报导，一些前美国官员批评台湾依循"U形线（九段线）"来主张对南海拥有主权，称这种主张既不合法，也不实际，且毫无理性基础。[20]因为这一提法与中国大陆的南海政策几无差别和不同。纵使两岸没有联手的实际行动，但如此异口同声的政策宣示，难免不给美国带来政治上和军事上的顾虑。

　　相形之下，美国在对待东盟的态度上则表露出了偏袒的意向。很明显，支持任何利益相关者拥有主权，都会损及包括中国大陆和台湾在内的中国南海主权的合法性与完整性。[21] 也就是说，美国反对台湾当局的南海主权主张，是与"重返亚太"战略相辅相成的。反之，倘若美国支持台湾当局完整的主权论述，似乎就间接认同了中国大陆的南海主张，也就无异于承认了南海诸岛主权属于中国，只是大家对"一个中国"的理解不一致而已，这必然会引起东南亚有关国家的不满，进而影响到美国在该地区的战略利益。此外，假若美国默许台湾的"主权"论述，无疑与其长期奉行的一个中国原则也相悖。因而，在三强争霸的战略格局中，台湾自身次要利益相关者的角色或更显孤立。

　　除了"主权"主张以外的其他表态，美国没有表现出过敏反应，"搁置争议、共同开发、和平互惠"符合美国政策走向。为此，美国对台湾当局自我克制的做法表示赞赏，美国在台协会前理事主席卜睿哲就持肯定态度：马英九的南海政策采取和平理性、自我克制的立场，既没有放弃"主权"宣示，也对稳定南海情势乃至中美关系都有帮助。[22] 可见，美国并不是完全反对台湾声称拥有南海"主权"，但只是希望台湾将该论述限缩在"维持现状"的范围内，"美国的条件是台湾不改变现状，包括不宣布独立"。[23] 唯有如此，对美台双方才是两全其美的。

四、主要和次要利益相关者的南海政策比较

（一）两岸的南海政策与两岸外主体的台海政策

　　大陆的南海主张始终以"主权归我"作为政策导向，任何背离这一指南的言行，都将被视为对中国主权地位的挑衅。诚如前文所述，大陆主张"搁置争议、共同开发"并不是针对主权而言的，而是关于区域内资源所提出的解套措施。这意味着南海主权属于中国的政策重心和决心没有动摇与改变；台湾方面宣称南海主权属于"中华民国"，大陆亦没有通过渠道进行抗议和反对。在外部，由于和中国大陆建交必须放弃与台湾的"外交关系"，故而东盟各国皆是承认一个中国。因此台湾欲以历史性水域或权利作为其"主权"主张的支撑实难得到周边国家的认同。[24] 所以，台湾的"主权"论述必须回归到一个中国的立场上来。至于美国，其台海政策和南海政策的最大不同在于，"前者有《台湾关系法》以保护台北，而后者则没有类似法案来帮助周边国家对抗中国"。[25] 可

见，虽然美国反对台湾全部拥有南海"主权"，但又使其不能放弃南海主张，前者似乎是支持了一个中国政策，但后者又有制造"两个中国"的意图。

（二）四大利益相关者对南海问题的定性

目前，对南海争端的性质及其解决存在 3 种看法：国际化、区域化、双边化。[26] 中国大陆的南海政策是立足在南海问题的本质之上，即是中国与直接利益相关方的双边问题。因而，起初中国大陆的立场是希望以双边协商的方式化解南海争端。因为牵涉的利益相关方越多，协调起来的难度就越大。另外，在中国大陆看来，南海问题不存在主权归属争议，故一旦倾向于采用外交谈判或法律方式无异于是将其再度国际化、模糊化。不过，在南海主权被越来越不清晰之际，中国大陆也不排除交付于外交和法律手段，以此捍卫一个主权国家的权利。然而，东盟却一味地将南海问题引向多边化以及区域化，多边化可以使美国等大国介入南海变得水到渠成，区域化又可以使东盟以集团身份参与到南海的博弈中来。当然，国际化并不是东盟所期待的，东盟的目的在于"通过各种多边机制形塑自己在制定区域交往规则和规范中的强大地位，但美国永远都不可能会容忍东盟在地区主义中的领导权"，[27] 如此一来，东盟势必将陷入作茧自缚的境地。美国则强调南海的国际化及开放性，2016 年 2 月，美国总统奥巴马表示："美国将会继续在该区域执行国际法所允许的飞行与航行权利，并将支持所有国家获得这样的权利，而且也将继续帮助盟友和伙伴加强他们的军事能力"。[28] 而台湾，长期对美俯首帖耳，支持南海问题国际化似乎是唯一出路。

（三）大陆、台湾地区、东盟对美国介入南海问题的态度

本着南海争端是中国与南海声索国之间的双边问题的立场。中国大陆一贯反对区外势力插足南海纷争。对于美国等次要利益相关者，中国大陆坚持"共同开发、和平解决"，采取温和、克制的态度。与美国在南海问题上既竞争又合作。2016 年 3 月底，习近平主席在华盛顿会见美国总统奥巴马时再次重申，"中国坚定维护在南海的主权和相关权利。希望美方恪守在有关主权和领土争议问题上不选边站队的承诺，为维护南海地区和平稳定发挥建设性作用。"[29] 然而，东盟对美国的介入似乎并不排斥，他们根据"诚信中间人"（honest broker）逻辑，"试图积极拉拢美国以及鼓励其他大国尤其是日本、印度参与到对付中国的过程中来，其动机是确保其在该区域的军事化与非军事化能力，并保持在区域稳定与合作倡议中的领导地位"。[30] 从这一利益角度出发，东盟定然欲借助美

国的涉足而使其快速整合，进而提升整个集团在博弈中的实力。另外，美国的介入对台湾来说，也是一个利好消息。美国视台湾为围堵中国大陆崛起的极其重要的盟友，而台湾又需要倚靠美国的支持来获得更多的政治资源。美国重返亚太，一来可以使台湾缓解在两岸政治谈判上的压力，二来也可以借靠美国的影响力提高其在区域事务上的能见度。相较于中国大陆，美国似乎能够给予台湾更多的参与机会。其关键就在于前者是坚决反对其以任何主权名义参与国际活动，而后者则有可能给予其在一定程度上的官方认可。

（四）主次利益相关者在南海问题的目标各异

毫无疑问，南海主权属于中国，中国大陆之所以要参与到解决南海争端的问题中来，既是保全主权所需，也是迫不得已。中国大陆南海政策不是以武力抢夺南海资源，而是以和平姿态护卫主权。换句话说，中国大陆对其主权的保护大于对其资源的需求。美国南海政策主要有两个目标："一是维持南海海域多边安全协商；二是建立美国阻止任何单方面的军事行动的信心。"[31] 诚然，中国大陆的政策表态并未直接涉及其在南海的航行自由与经济利益，但美国仍不安心，企图以捍卫国家利益之名，行围堵中国崛起之实。对东盟而言，应对能源供应、人口增长和气候恶化问题，以保证经济的发展，[32] 或许才是最为主要的目标。换言之，竭尽所能开发南海丰富的油气及生物资源以提升经济实力才是东盟南海政策的当务之急，拉拢美国也仅仅是出于抗衡中国大陆、维护所谓"既得利益"的战略需要。作为非主权参与方的台湾，对南海资源的争夺战，尽管领有太平岛，但由于距离较远，应变能力、补给能力弱，也只能是画地自限，然又不能一言不发。于是，在国际上"发声"便成了当局的主要诉求，进而凸显其存在性。

（五）两岸及两岸外主体化解南海争端的实际行动

中国作为区域内的大国，在解决南海争端中往往能够高瞻远瞩、与时俱进，在南海仲裁对中国十分不利的情势下，仍"愿继续与直接有关当事国在尊重历史事实的基础上，根据国际法，通过谈判协商和平解决南海有关争议"。⑫ 同时，东盟为取得战略上的优势，也加快步伐建立各种沟通，以扭转不利的地位。因为"美国的加入在一定程度上弱化了东盟在该争端中的作用以及在解决该问题与中国谈判中的能力"。[33] 也就是说，虽然南海问题还牵涉到非主要利益相关方如美日等区外大国，但东盟采取的措施是欲将其放置在中国——东盟的二元互动结构之中，这似乎是东盟仅仅将中国大陆视为直接利益相关者，通过整个东盟的力量与中国大陆竞争。

而美国在上述的棋局中，似乎只是东盟用来与中国大陆谈判的砝码，并无多少直接性参与权利。"相互借重的东盟和美国并不希望成为实现对方利益的工具"。[34] 即便是受到某种"排挤"，美国仍然欲通过 3 种方式持续介入南海问题，即"强化与周边国家的经济联系；强化美国在南海区域的军事存在；将南海问题多边化、国际化，"[35] 以增强其"协调人"或"仲裁者"角色的分量。在各方皆依凭多种管道自谋出路的情势下，台湾被边缘化的趋势不言而喻，除了太平岛的正常防务外，并未与其他利益相关者就南海争端展开任何正式的协商。根本原因就在于：台湾既没有主权国家身份，又不愿与大陆合作，"基于国际政治之现实，以及国与国外交关系之运作实践，台湾没有太多可有效运用之筹码"。[36] 显见，东盟各国自然不愿与台湾分享南海资源。

表 2　中国大陆、台湾、东盟及美国南海政策比较

国家／地区　政策内容	中国大陆	台湾地区	东盟	美国
南海政策与台海政策是否一致	一致	不一致	一致	不一致
对美国介入南海问题的态度	竞争	拉拢	拉拢	
关于南海争端的性质	双边化	"多边化"	区域化	国际化
政策的主要意图	捍卫主权	凸显"国家主体"地位	夺取南海资源发展本区经济	航行自由经济利益围堵中国大陆
主张的主要来源	历史性权利、国际法、《联合国海洋法公约》	历史性权利	国际法、《联合国海洋法公约》	国家利益
针对对象	利益相关方	利益相关方	中国大陆	中国大陆
参与身份	主权国家	非主权国家	超国家联合体	主权国家
是否支持两岸联合维护南海权益	支持	不支持	不支持	不支持
是否直接参加与主要利益相关方的协商	有	没有	有	没有

政策内容 　　国家/地区	中国大陆	台湾地区	东盟	美国
介入方式	行政管辖 收复岛礁	占有宣示 增强防务	掠夺资源 占领岛礁	开发资源 军事演习
政策效果	有效	无效	有效	有效

图表来源：作者自制。

五、两岸南海政策的影响与评析

（一）两岸南海政策对其他利益相关者缺乏有效的牵约力

依据前述分析，当前四大利益相关者只有中国大陆才将主权问题置于首位，台湾对其有心无力，其余各方均各行其是。主权作为现代民族国家权力的一种制度性保障，具有排他性。没有主权，就类似于没有独享资源开发的权利。[37]特别是在东盟内部，一旦各声索国将主权问题摆上台面，似乎就会影响到东盟整体的团结与合作。美国方面似乎也不愿触动敏感神经，来协调各方在主权争端上的矛盾，其目的只想以此为借口维持在南海乃至西太平洋中主导地位，实现"国家利益"最大化。如此，在主权问题上，一是，其不是各方均关注的焦点；二是，各方皆没有意愿处理。

毋庸置疑，将"主权"问题冻结起来会为各方所乐见：第一，有利于东南亚声索国毫无牵绊地掠夺资源，而不受主权归属问题的规约；第二，有利于美国继续参与南海问题的"协调"；第三，有利于继续维持台海现状，保持美台的特殊关系；第四，有利于稳定南海局势，避免引爆攸关各方核心利益的导火索。换言之，只要在主权问题盖棺定论之后，那么各方争端就会随之迎刃而解；相对地，只要主权问题悬而未决，那么四大利益相关者乃至区外大国任何一方也就不能肆无忌惮，采取单边主义行动，这样就达到了围堵中国大陆的政治目的。"美国在南海冲突的立场是南海'地位未定论'，其核心思想就是尽量拖延南海问题的解决，防止南海为某一大国控制"。[38]比较得出，唯有后者才是东盟及美国等国的政治意图所在。不言自明，两岸南海政策势必难以遏制其结盟的基本走向。

（二）南海争端将发展为中国大陆、东盟、美国的三角博弈

随着中国大陆综合实力的不断增强，东南亚各国明显意识到仅凭一己之力难以与中国对话，时而久之，会渐次丧失在南海争端中的话语权。于是，进一步强化南海问题"东盟化"似乎是周边国家内部的大势所趋，也是其意所向。倘若以单个国家或松散集体的面目出现，在南海博弈中无疑是以卵击石、自灭威风。"纵使东盟并不是真的乐意看到美国大规模插足南海纷争，但在无法取得一致行动之前，又认为其是一种有效的权宜之计。"[39]由此可见，东盟拉美国下水亦属顺理成章之举。

何况，"从中美关系的角度来讲，中国崛起使美国的忧虑逐渐增强，并使两国关系的竞争性多于合作性"。[40]站在美国的视角上看，无论有没有南海问题，美国以巩固第一岛链围堵中国大陆的战略任务都是势在必行的。现在，既然有了东盟的"搭台"，美国是求之不得、也是当仁不让。于此，情势将发生两方面的变化：其一，之前，东盟与美国的相互借用、心照不宣的暧昧关系很有可能演化为平起平坐、身份对等的契约/同盟关系；其二，过去，南海问题处于"春秋战国"一盘散沙的时代，而如今，因为美国的涉入，势必会演变为"三足鼎立"的相对均势格局。换言之，中国大陆、东盟、美国任何一方的倒戈都必将会给第三方带来致命一击。或许，唯有在南海保持相对平衡的局面，才有可能会创造"三赢"甚或"多赢"的结局。

（三）两岸在南海的合作空间相对有限

原本，无论是涉及海洋政治领域的合作还是非政治意义上的经济与技术合作，对两岸都大有益处。不仅可以增强两岸在坚持历史性权利主张上的凝聚力，而且也可以对其他利益相关者起到一定的威慑作用。[41]在影响力不断攀升的作用下，两岸尤其是台湾的身价或许会呈直线上涨之势。这样，其余各方就不会对两岸特别是向台湾要价太高。然而，由于以下理由，导致两岸南海合作空间相对有限：一是台湾南海政策的出发点并非是要守住"家产"。也就是说，它并不认同抑或共建"一个中国"。目前，在国际现实中，尽管中国大陆一再凸出"一个中国"就是指"中华人民共和国"，但在日常生活中，世界上大部分国家和民众普遍将"一个中国"与"中华人民共和国"画等号，这就使得初期两岸皆有意保持的模糊和弹性空间失去了存在的土壤。如此一来，假若台湾与大陆合作，势必会给国际社会造成台湾回归的错觉，这对于一再强调"主体性地位"的台湾当局来说，是极其不愿看到的。

二是两岸南海合作的动机不一样。大陆倡导南海合作的目的是维护国家主权和领土完整，而台湾则是想扩大"国际参与"，彰显"主体性地位"。不过，在两岸政治关系尚未确定之前，大陆是不乐见台湾以"国家"名目出现在国际场合的。换言之，通过海洋问题也隐射了两岸政治关系的基本矛盾，即"首先是两岸进行相关维权合作时的身份定位问题；其次是两岸对于各自在维权中的目标选择问题"。[42] 这种情况下，两岸南海合作问题似乎必须以两岸政治关系为依据。简言之，两岸南海合作与台海政治关系不宜脱钩处理。

三是美国要求台湾不能与大陆联合。出于维护台湾安全的需要，岛内当局对美国在南海政策的表态形同于前倨后恭、亦步亦趋。在两岸政治互信不足，且美台军事、安全联盟稳固的情势下，台湾不可能抓小放大。

四是出于维护其在东南亚经济利益的顾虑，有必要与大陆保持距离。岛内朝野均担忧其经济发展过度依赖于大陆，从而失去"独立性"。为此，台湾不可能冒着政治风险而放弃经济主动权，进而引起其他利益相关者的紧张甚或疏离。

（四）台湾在南海争端博弈中的边缘性危机难以化解

伴随着中国大陆、东盟、美国三边组队逐步完成。诚然，台湾被排斥在三方角逐之外，既没有主导权，又少有发言权，但其"何去何从"仍备受关注，毕竟台湾还实际控制着太平岛和东沙群岛等。然而，事实上，台湾在南海争端中的"影子化"趋势似乎又难以扭转。

首先，台湾既缺少主权国家的法律身份，又受困于"一个中国"的担忧，于是，自然失去了争取南海权益的正当理由。当前参与南海竞逐的各方，尽管东盟是以"集团"名义入列，但该集团依然要求其成员具有主权国家的身份。也就是说，一旦将南海问题诉诸法律途径时，台湾的利益诉求便是投靠无门。主权国家是当前国际法的唯一主体，国际法是主权国家之间的法律。台湾不具备国际法主体的资格，也就不能享有国际法规定的权利与义务。

其次，近年来，"中国—东盟自由贸易区"的渐次推进，东盟对台湾的经贸依赖程度有所降低，出现了"负相关"走势。尽管台湾欲挽回颓势，但由于自由贸易谈判一般是由具有主权国家的政府主导，在政府组织之间进行的，所以当其他利益相关者经济整合完成之时，台湾所期待的经贸合作的外溢效应恐或很快落空。政治诉求便更加没有支撑。

最后，倘若两岸关系在未来的发展中生变，势必会致使台湾可论述的空间受到挤压。目前，大陆默认台湾的南海主张毫无疑问是基于两岸同属一中的政治考虑。假若未来民进党当局并不主张或刻意掩盖其南海主权是缘于对中国的历史性权利的承袭，那么，台湾在南海争端中势必会因两岸关系的折返而备受包括大陆在内的其他三方利益相关者的共同夹击。

结　语

综上所述，以下结论可供参考：第一，两岸南海政策具有实质性差异，大陆旨在守住"祖产"，台湾则意欲瓜分"遗产"，大陆应谨慎审视台湾当局在有关南海问题中的表态；第二，大陆的南海政策，应以和主要利益相关方（东盟）的对话与协商为首要考量，与次要利益相关方的关系（美国和台湾当局）应从属于与主要利益相关方的关系；第三，南海问题的位阶应高于台海问题，台海问题的好坏不必然决定着南海问题的走向，但南海问题的解决势必会影响到台海问题的解决；第四，大陆应继续加强两岸在南海的事务性合作，以期为双方在南海的政务性合作奠定基础。唯有如此，大陆在南海争端中的主导权才会逐步确立并得以巩固。

注释：

①　参见新华社：《吴胜利会见美国海军作战部长就南海问题深入交换意见》，新华网，2016–07–18，http://news.xinhuanet.com/mil/2016–07/18/c_1119238489.htm。

②　民国时期国内兴起对"南洋"研究的热潮，参见易淑琼：《民国南洋华侨文献出版热及"南洋"观辨析》，《华侨华人历史研究》2016年第2期。

③　参见新华社：《习近平在新加坡国立大学的演讲（全文）》，新华网，2015–11–07，http://news.xinhuanet.com/politics/2015–11/07/c_1117071978_2.htm。

④　参见马英九：《太平岛绝非岩礁而是岛屿》，"中央社"，2016–01–28，http://www.cna.com.tw/news/firstnews/201601285006–1.aspx。

⑤　参见蔡英文：《坚持南海主权共维和平稳定》，"中央社"，2016–01–29，http://www.cna.com.tw/news/firstnews/201601290273–1.aspx。

⑥　两岸海洋合作是指两岸在中国周边海域尤其是指在南海海域、东海海域的双边合作，其内容主要包括捍卫海洋权益与开发海洋资源两个层面。任一海域的两岸合作都会对另一海域或更大海域的合作起到示范或指导效应。本文所指涉的两岸海洋合作侧重于两岸在南海海域中的合作。相关研究可以参见赵念渝：《"两岸海洋合作前景"学术研讨会综述》，《国际展望》2013年第5期；翁明贤：《建构两岸海洋合作的集体身份路径分析》，《台海研究》2014年第3期；王芙津：《两岸南海合作的空间与路径探析》，《太平洋学报》2015年第3期。

⑦　具体参见 Choon ho Park, "The South China Sea disputes: who owns the islands and the natural resources?", *Ocean Development & International Law*, No. 1, Vol. 5(1978); Christopher C. Joyner, "The Spratly Islands Dispute: Rethinking the Interplay of Law, Diplomacy, and Geo-politics in the South China Sea", The *International Journal of Marine and Coastal Law*, No. 2, Vo. 13 (1998); Ian James Storey, "CreepingAssertiveness: China, the Philippines and the South China Sea Dispute", *Contemporary Southeast*

Asia, No. 1, Vol. 21(1999); M. Taylor Fravel, "China's Strategy in the South China Sea", *Contemporary Southeast Asia*, No. 3, Vol. 33 (2011); L Buszynski, "The South China Sea: oil，maritimecl aims, and US–China strategic rivalry", *The Washington Quarterly*, No. 2, Vol. 35 (2012); Kristen Nordhaug, "Explaining Taiwan's policies in the South China Sea," *The Pacific Review*", No. 4, Vol. 14 (2001).

⑧　具体参见李金明：《南海断续线的法律地位：历史性水域、疆域线、抑或岛屿归属线？》，《南洋问题研究》2010 年第 4 期；李国强：《中国南海诸岛主权的形成及南海问题的由来》，《求是》2011 年第 15 期；何志工、安小平：《南海争端中的美国因素及其影响》，《当代亚太》2010 年第 1 期；林红：《论两岸在南海争端中的战略合作问题》，《台湾研究集刊》2010 年第 1 期。

⑨　具体参见陈欣之：《南沙主权纠纷对台海两岸关系的意义与影响》，《问题与研究》1999 年第 3 期；宋燕辉：《东协与中共协商南海区域行为准则及对我可能影响》，《问题与研究》2000 年第 2 期；刘复国：《国家安全定位、海事安全与台湾南海政策方案之研究》，《问题与研究》2000 年第 4 期；宋燕辉：《南海仲裁案与太平岛法律地位——台湾观点》，《中华国际法与超国界法评论》2015 年第 2 期。

⑩　本文所借助的"利益相关者"视角是源于企业管理决策理论中弗里德曼有关"利益相关者"的概念及其分析框架。文章认为：中国与东盟对南海皆有直接的主权与资源利益诉求，美国有捍卫区域领导权的政治利益诉求，台湾有争取参与区域事务的政治利益诉求。前者涉及南海争端的核心问题，后者属于南海争端核心问题的外延问题。故此，根据利益相关者的重要性、实力及其利益诉求，并结合南海主权问题的实质和特征，我们将中国大陆、东盟视为主要利益相关者，美国、台湾当局为次要利益相关者。具体参见 James A.Stie, "Assessing Freeman's Stakeholder Theory", *Journal of Business Ethics*, No.3, Vol.87(2009), pp.401–414; Paul Littau, Nirmala Jyothi Jujagiri and Gerald Adlbrecht, "25years of stakeholder theory in project management literature (1984–2009)", *Project Management Journal*, No.4, Vol.41(2010), pp.17–29.

⑪　具体参见 Robert Jennings, Arthur Watts, *Oppenheims*, *Oppenheim's International Law*: *Volume 1 Peace (Hardback)*, London: Longmans, 1992；郑振清、巫永平：《海峡两岸特殊政治关系的法理解释——国际法"政府继承"理论与两岸政府继承特殊形式探析》，《公共管理评论》第 11 卷，第 16—25 页；李秘：《两岸政治关系初探：政府继承理论》，《台湾研究集刊》2010 年第 1 期。

⑫　参见新华社：《中华人民共和国政府关于在南海的领土主权和海洋权益的声明》，新华网，2016–7–12，http://news.xinhuanet.com/2016–07/12/c_1119207706.htm。

参考文献：

[1] 邢广梅：《中国拥有南海诸岛主权考》，《比较法研究》2013 年第 6 期，第 2—7 页。

[2] 冯梁、王维、周亦民：《两岸南海政策：历史分析与合作基础》，《世界经济与政治论坛》2010 年第 4 期，第 8 页。

[3] Fu-Kuo Liu, "Dilemma and Domestic Uncertainty：Taiwan's Insecurity in the South China Sea", *China Report*, Vol.49, No. 4 (2013), p. 386.

[4] 李国强：《对解决南沙群岛主权争议几个方案解析》，《中国边疆史地研究》2000 年第 3 期，第 86 页。

[5] [34] 曾勇：《国外南海问题研究述评》，《现代国际关系》2012 年第 6 期，第 62 页。

[6] [21] 王公龙：《美国南海政策调整与两岸南海合作的空间》，《国际论坛》2011 年第 6 期，第 3、2 页。

[7] 鞠海龙：《和平解决南海问题的现实思考》，《东南亚研究》2006 年第 5 期，第 59 页。

[8] 杨泽伟：《"搁置争议、共同开发"原则的困境与出路》，《江苏大学学报（社会科学版）》2011 年第 3 期，第 71 页。

[9] "行政院海洋事务推动委员会"：《海洋政策白皮书》，台北："行政院研究发展考核委员会"，2006 年，第 206 页。

[10] Sheldon W.Simon, "Conflict and Diplomacy in the South China Sea–The View from Washington", *Asian Survey*, Vol.52, No. 6 (2012), p. 1001.

[11] [26] David Scott, "Conflict Irresolution in the South China Sea", *Asian Survey*, Vol. 52, No. 6 (2012), p. 1040, 1020.

[12] Rodolfo C. Severino, "ASEAN and the South China Sea", *Security Challenges*, Vol. 6, No. 2 (2010), pp. 37–38.

[13] [27] Kai He, "Facing the Challenges：ASEAN's Institutional Responses to China's Rise", *Issues & Studies*, Vol. 50, No. 3 (2014), pp. 142–161, p. 162.

[14] [25] Lee Lai To, "China, the USA and the South China Sea Conflicts", *Security Dialogue*, Vol. 34, No. 1 (2003), pp. 32–34.

[15] Michael McDevitt, "The South China Sea and U.S. Policy Options", *American Foreign Policy Interests*, Vol. 35, No.4 (2013), p. 176.

[16] [35] 江宏春：《美国对南海问题的介入及其政策演变》，《太平洋学报》2013 年第 12 期，第 75、78 页。

[17] Liselotte Odgaaed, "The South China Sea：ASEAN's Security Concerns About China", *Security Dialogue*, Vol. 34, No. 1 (2003), p. 22.

[18] Zhao Hong, "Taiwan-ASEAN Economic Relations in the Context of East Asian Regional Integration", *International Journal of China Studies*, Vol. 2, No. 1 (2011), pp. 48, 53.

[19] Shirley A. Kan, Wayne M. Morrison, "U.S. –Taiwan Relationship：Overview of Policy Issues", *Current Politics and Economics of Northern and Western Asia*, Vol. 22, No. 1 (2013), p. 26.

[20] 孙诚：《台湾提南海主权遭美批评：台湾不是大陆别凑热闹》，《环球时报》2014 年 9 月 15 日。

[22] 曹郁芬：《卜睿哲：美偏好台湾自制做法》，《自由时报》（台湾）2012 年 8 月 23 日。

[23] 高圣惕：《论南海争端与其解决途径》，《比较法研究》2013 年第 6 期，第 35 页。

[24] 戎振华、邹珲：《现实困境与未来调整——台湾南海政策评析》，《舰载武器》2004 年第 1 期，第 79 页。

[28] The White House, *Remarks by President Obama at U.S. –ASEAN Press Conference*, February 16, 2016, https：//www.whitehouse.gov /the–press–office /2016 /02 /16 / remarks–president–obama–us–asean–press–conference.

[29] 杜尚泽、章念生：《习近平会见美国总统奥巴马》，《人民日报》2016 年 4 月 2 日，第 1 版。

[30] Vibhanshu Shekhar, "ASEAN's Response to the Rise of China：Deploying a Hedging Strategy", *China Report*, Vol. 48, No. 3 (2012), p. 263.

[31] 卢芳华：《试析南海问题中的美国因素》，《东南亚南亚研究》2009 年第 4 期，第 8 页。

[32] Zhao Hong, "Energy security concerns of China and ASEAN：trigger for conflict or cooperation in the South China Sea?", *Asia Europe Journal*, Vol. 8, No. 3 (2010), p. 413.

[33] Leszek Buszynski, "The South China Sea：Oil, Maritime Claims, and U.S. –China Strategic Rivalry", *The Washington Quarterly*, Vol. 35, No. 2 (2012), p. 144.

[36] 宋燕辉：《东协与大陆协商南海区域行为准则及对我可能影响》，《问题与研究》（台湾）第 39 卷，

第4期，第26页。

[37] 钟飞腾：《国内政治与南海问题的制度化——以中越、中菲双边南海政策协调为例》，《当代亚太》2012年第3期，第109页。

[38] 郭渊：《冷战后美国的南中国海政策》，《学术探索》2008年第1期，第57页。

[39] Ang Cheng Guan, "ASEAN, China and the South China Sea Dispute", *Security Dialogue*, Vol. 30, No. 4 (1999), p. 427.

[40] 刘雪莲：《奥巴马政府积极介入南海问题的层次性动因分析》，《国际观察》2013年第4期，第40页。

[41] 李金明：《海峡两岸在南海问题上的默契与合作》，《台湾研究集刊》2010年第5期，第9页。

[42] 郭震远：《海峡两岸加强海洋事务合作的主要障碍分析》，《中国评论》（香港）2013年第10期，第6页。

郑碧强，福建师范大学海峡两岸文化发展协同创新中心博士研究生、公共管理学院副教授；

许川，福建师范大学闽台区域研究中心兼职研究员。

台湾"台湾史"研究谱系及其史观嬗变述论

张　萌　刘相平

2014 年 2 月 10 日，台湾教育主管机构正式公布新的普通高级中学语文及社会领域课程纲要（以下简称"课纲"），在台湾引发广泛争议，其背后影响因素众多，包括政治因素、社会因素等。其中，历史科课纲引发的争议最大，之所以如此，除了上述因素外，台湾的"台湾史"学界内部"中国史观"与"台湾中心史观"的分歧与斗争是重要原因。

本文拟从台湾历史课纲的嬗变过程入手，探析台湾的"台湾史"学界的谱系及其史观变迁，并剖析其产生变化的原因。

一、台湾历史课纲变迁中的历史学者

历史教育是形塑民族认同和国家认同的重要手段，尤其在年轻人的教育中，发挥着不可替代的作用。由于处于特殊的政治环境，战后台湾历史课程和历史教科书更是扮演尤为重要的角色。1945 年台湾光复后，国民党在台湾实行"去日本化"、全面中国化的政策，历史教科书成为官方掌握意识形态、构建国族想象的必要工具。1987 年台湾解除"戒严"以前，各地均采用台湾编译馆统一编修的教科书，以"中第 9 期张萌等：台湾'台湾史'研究谱系及其史观嬗变述论国"为叙述主体，希望学生能够通过学习以"明了中华民族之演进及各宗族间之融合与相互依存关系"，[①]倡导"国家主体性"和民族精神。蒋经国去世、李登辉上台后，台湾"课纲"的调整成为常态化工作，也因此成为各种学术立场展现、各种学术观点博弈的平台。

（一）李登辉时期"课纲"调整中的历史学者

台湾"解严"以后，台教育主管机构提出"一纲多本"的教育政策，并于 1990 年开始主导修订"课程纲要"。1995 年，台"高中课程纲要"修订完成并发布，拟于 1999 年秋季学期开始实施。其中历史组由吕实强和王曾才担任召集人，小组成员包括王仲孚、王寿南、李国祁、周樑楷、张元、张玉法、黄秀政、黄俊杰等历史学者。② 这些人员中，多为战后大陆赴台的"中国史"研究者，周梁楷、张元、黄秀政三人则出生于光复前后的台湾，具有强烈的"本土意识"，专门研究"台湾史"的学者则只有黄秀政。最后，在这份修订后的历史"课纲"中，"台湾史"首次从"中国史"中独立出来，形成单独的单元，但仍附属于"中国史"的"课纲"之中。③

1996 年 10 月，杜正胜接受台编译馆的邀请进行教科书编纂工作。他认为 1995 年"课纲"不符合台湾现状，因而提出"同心圆理论"，要求在建立"台湾国家认同"的基础上重新解释历史，以取代"中国史观"下的民族主义，将台湾的历史课程分为"乡土史""台湾史""中国史""亚洲史""世界史"等五个同心圆。④ 该理论并未被台教育主管部门和其他编纂学者接受。

1997 年，台湾出版《认识台湾》教材，分为社会、历史、地理三册，"台湾史"首次独立成册出版，杜正胜担任社会篇编审委员会主任委员，许雪姬、黄秀政、吴文星、张胜彦等台湾史学者则负责"历史篇"的编写。《认识台湾》一经出版即受到许多历史学者的反对，被认为是教育台湾年轻人"脱离中国人的意识"，"显然是为李登辉修宪的配套作业"，⑤ 因应了李登辉的"本土化"理念，涉及"台独"和日本"皇民"史观。⑥ 王仲孚召集陈映真、蒋永敬、黄丽生、王晓波等历史学者在内的各界人士，撰写数十篇文章，汇集成《〈认识台湾〉教科书参考文件》，对《认识台湾》教科书展开批评。 这些学者，多为具有较强民族情感的中国历史文化研究者。

（二）陈水扁时期"课纲"调整中的历史学者

2001 年 9 月，台湾开始试行"九年一贯"课程，整合小学和中学的所有课程，随即重新修订"高中课程纲要"。历史科"课纲"的修订由张元和周樑楷担任召集人，委员包括林丽月、邢义田、黄富三、周婉窈、黄清连、廖隆盛、李孝悌、吕芳上、陈国栋等人。⑦ 这份"课纲"按照杜正胜的"同心圆理论"编排，高中一年级第一学期学习"台湾史"，第二学期学习"中国史"，二年级学习"世界史"，⑧ 从而将"台湾史"从"中国史"的教学中彻底分离出来，并且把明朝中后期开始的"中国史"列入"世界史"中；在具体史实的用词上，也进一步"去中国化"，从而建构"以台湾为主体"的意识形态，以潜移默化的方式建构台湾人新的"国家认同"。参与这次"课纲"修订的委员中，前六位均为"台湾主体意识"较为浓厚的历史学者，其中黄富三和周婉窈的专长是台湾史研究，均十分推崇曹永和的"台湾岛史观"；林丽月积极推动把"课纲"中'我国'的表述全部改换成"中国"；⑨邢义田则主张从世界史的角度重新思考台湾历史研究。⑩该"课纲"因受到台湾各界的猛烈抨击而暂停修订，张元也因此辞去召集人。

2004年，时任教育部门负责人的杜正胜再次推动这份"课纲"，宣布于2006年开始使用，并要求成立历史科"课纲"修订小组，对"课纲"继续进行修订，预定2009年开始实施，由周樑楷担任召集人，吴学明、蔡锦堂、廖隆盛、金仕起等台湾"本土化"意识浓厚的历史学者担任修订委员。⑪随后，杜正胜委托认同"台湾独立"的台湾历史学会推动检核教科书用词，以台湾史学者戴宝村为"教科书审核委员会"召集人，改掉其中用词5000余处，使教科书全面"去中国化"。⑫

（三）马英九时期"课纲"调整中的历史学者

2008年马英九上台后，台湾教育主管机构开始成立专案小组，对"国文科"和历史科"课纲"进行调整。2008年10月27日，台教育主管机构召开"普通高级中学课程发展委员会"第十八次会议。会后，在王晓波提议下，台教育主管机构组成研商高中课程"纲要"专案小组，对"国文"与历史"课纲"进行调整。专案小组召集人吴文星，委员包括王晓波、廖隆盛、吕芳上、黄秀政、周婉窈、王文霞、孙若怡、翁嘉声、周愚文等学者，以及李彦龙、蓝朝金、林桂玲、伍少侠、林秀娄等五位高中老师。期间，因为意见不合，在"台湾史"研究领域中具有一定影响力的台湾师范大学历史研究所教授黄秀政中途退出，改由吕春盛取代。

2010年初，台教育部门负责人吴清基改组专案小组。吕春盛和高中老师林桂玲被解聘，此外增聘九位委员，即汪荣祖、林满红、陈永发、黄克武、许雪姬、张胜彦、陈正国、杨国赐、张晓英，增聘委员多数出身中研院历史语言研究所，主要以中国史专家居多。期间，台湾大学历史研究所教授周婉窈宣布退出。

2012年2月，蒋伟宁接任台教育部门负责人。6月，台教育主管机构安排台湾大学政治系教授张亚中参与高中历史教科书的审定，引发"专业性"与"非专业性"之争议。

2012年，"微调课纲"专案小组对外公布了修改后的"101课纲"。2013年，台教育主管机构又以"错字勘误、内容补正及符合宪法之检核"为由，成立检核小组，对"课纲"进行"微调"。⑬由于种种原因，台教育主管机构迟迟不予公布"103课纲"检核小组成员名单，而根据台《自由时报》报道，台"103课纲"检核小组成员包括：世新大学中文系兼任教授王晓波、佛光大学中文系教授谢大宁、台湾大学政治系教授包宗和、台湾中央大学经济系教授朱云鹏、台湾大学中文系教授陈昭瑛、台湾政治大学中文系名誉教授董金裕、台湾师范大学东亚文化暨发展学系教授潘朝阳、台湾高雄师范大学地理系教授吴连赏、台湾海洋大学海洋文化所教授黄丽生、世新大学通识中心教授李功勤，并由王晓波担任小组召集人。⑭"检核小组"之下依据学科又设四个分组，分别是："国文"（陈昭瑛、谢大宁、董金裕）、历史（朱云鹏）、地理（潘朝阳、吴连赏）、公民（朱云鹏、包宗和）。朱云鹏以"中央大学经济系教授"的身份担任检核小组之历史分组召集人，再次引发"专业性"与否的争议。

检核小组历史分组的组成，呈现三个特点：（1）学者的"统派"色彩明显；（2）没有专门从事"台湾史"研究的学者；（3）政治学者、经济学者参与历史课纲的检核。这份名单除了台湾固有的统"独"争议外，"非专业性"也是致命伤。

2014年1月27日，台湾当局尚未公布新"课纲"，台湾政治大学台湾史研究所教授薛化元即发起了"我们反对违背学术专业的微调课纲"的连署活动。连署声明指出，"微调"后的高中历史课纲"违背学术的专业性"，要求教育部门"撤回微调后的新课纲"。⑮截至2015年6月3日，全台共有5390人参与连署，其中历史及台湾史相关系所（含"中央研究院"）共177位教授，包括"中央研究院"的台湾史研究所、历史语言研究所、近代史研究所，台湾政治大学的台湾史研究所、历史学系，台湾大学历史学系，台湾师范大学的台湾史研究所、历史学系等全台历史或台湾史相关系所的学者，⑯是台湾岛内第一次以历史相关学者为主的、参与人数最多的连署活动。

参与连署的学者多认为"微调"后的课纲过于偏向"中国史观"，部分"台湾史"学者认为，"课纲"大规模改写了台湾史教材，是针对"台湾史"而来，"模糊了台湾的角色，使学生错认台湾与中国是一体的"。⑰张素玢指出，"微调课纲将'日治'改为'日据'、郑氏王朝改为明郑，虽看似一字之差，却抹减多年专业研究成果，将导致高中历史出现不符史实的内容"；[18]午雪姬认为，"微调课纲""忍无可忍"，"过去台湾史已是鲜少人研究的'鲜学'，马英九执政后竟变成'险学'，最终就是让中国统一台湾"。[19]周婉窈作为"微调课纲"历史科修订小组2009年度委员，认为"软土深掘已经掘到岛屿的命脉"，是要"消灭台湾史"，为此，她连发多篇文章，批评台湾史"课纲"遭到"黑箱大改"，是"历史教育大复辟"。[20]综上可见，1987年"解严"以后，台湾高中历史"课纲"的调整始终受到台湾历史学者内部的分歧乃至对立的影响。随着台湾"本土化"的发展和"台湾意识"的高涨，历史"课纲"中的"国家认"同及统"独"意识始终成为争论的焦点。而作为历史"课纲"修订的参与者，历史学者为历史"课纲"赋予了价值判断及认同选择。李登辉当局的'88课纲"时期，虽然在"课纲"调整小组中存在大陆赴台学者与台湾"本土派"学者的拉锯，但由于大陆赴台学者人数占优，在他们的主导下，虽然"台湾史"形成四个独立的单元，从"中国史"中脱离出来，但依然附属于"中国史"的框架内，编订在同一册历史教科书中。但是随后，在杜正胜等持"台湾中心史观"的历史学者，尤其是台湾史学者的把持和主导下，从《认识历史》到"同心圆理论"教科书，"台湾史"被一步步完全脱离"中国史"，并且在用词上全面"去中国化"，持有"中国史观"的学者则被"边缘化"。马英九上台后，开始推动"课纲"的调整，宣称要使"课纲"内容回到"宪法"的框架内，避免走向"台独史观"的叙述，但其检核小组却没有办法纳入"台湾史"学者，甚至引入非历史学专业学者来检核历史"课纲"，其捉襟见肘的窘况由此可见。这场台湾历史学界对"103课纲"的纷争，从根本上反映出众多台湾史学者对于意识形态和国家认同的选择，也自然折射出台湾史研究学界的普遍"本土化"。

二、台湾光复后 "台湾史" 研究历程及其史观的嬗变

台湾光复以前，"台湾史"的研究者主要是日本学者，代表作有矢内原忠雄的《帝国主义下的台湾》、竹越与三郎的《台湾统治志》、井出季和太的《台湾治绩志》等。虽然也有台湾知识分子出于民族自觉意识和对殖民统治的反对，开展"台湾史"研究，但影响力较大的成果仅有连横的《台湾通史》。

1945年台湾光复以后，在国民党"中国史观"的强势主导下，台湾历史学界以研究"中国史"为主，"台湾史"是极为边缘的领域，仅有少数学者稍有涉猎。"台湾史"不是真正意义上的学科，而是以"台湾省通志"的形式存在，其

研究领域则多集中于对台湾风土民俗的介绍、研究。1971年台湾被驱逐出联合国、台湾丧失在国际上的中国代表权，台湾历史学者开始思索自我身份的认同，"台湾史"研究才逐步得到发展。1987年台湾"解严"以后，摆脱政治束缚的"台湾史"得以较大发展，同时也不断陷入统"独"史观的交错与挣扎。纵观台湾光复后的"台湾史"研究，大致分为以下几个阶段。

（一）"台湾史"研究"鲜学"期："中国史观"主导学界话语权

1945年至20世纪70年代初期，是台湾"台湾史"研究的"鲜学"期。

1945年台湾光复尤其是1949年国民党政权退台后，许多大陆历史研究机构和知名学者相继迁赴台湾，迅速掌控台湾历史学界的话语权。他们大多擅长中国历史文化的研究，所以长期占据台湾历史学研究的主流，"南港学派"[21]是其杰出的代表。这些大陆学者中虽然也有对台湾史稍有涉猎者，如郭廷以、朱云影等以及他们的"学生辈"李守孔、张朋园、张玉法、李国祁、王曾才、胡春惠、陈永发等历史学者，但他们的研究专长仍然是"中国史"，其研究精力主要在"中国史"。

这一时期，大陆赴台学者的台湾史研究成果主要有：1946年，汤子炳印行了《台湾史纲》，这是战后第一本台湾史研究专著。这部书从两岸民族情感出发，叙述了隋唐时代至光复时期台湾各政权的发展。[22]之后还有张其昀的《台湾史纲》（1950）、方豪的《台湾民族运动小史》（1951）、郭廷以的《台湾史事概说》（1954）、娄子匡的《台湾民俗文艺试论》（1962）、黄嘉谟的《美国与台湾》（1966）等，均是大陆赴台学者对战后早期台湾史研究的贡献。郭廷以在《台湾史事概说》中首次提出"内地化"概念，他认为："台湾的制度建设、文化推广等均是源自中国的系统，阐扬中国与台湾的发展是一脉相承的。"[23]1975年，郭廷以的弟子李国祁提出"内地化"理论，解释清代台湾汉人社会的发展模式。他认为清代末期台湾出现了与中国各省"完全相同的社会形态与文化"，并从实证的角度证明台湾与中国传统社会是融为一体的。[24]台湾的台湾史研究学者首推杨友濂（笔名杨云萍）。虽然他没有留下通史性台湾研究著作，但是作为战后台湾史研究的先行者，他为台湾史研究做出了杰出的贡献。1946年8月，杨云萍接受时任台湾省编译馆馆长、大陆赴台学者许寿裳的聘请，担任该馆的编纂以及台湾研究组组长，开始台湾史的编著工作。同时，他还担任台湾文化协进会机关刊物《台湾文化》以及《台湾风物》的主编，所以常有台湾史研究的文章问世。[25]1947年8月，在许寿裳的推荐下，杨云萍出任台湾大学历史学系教授，并开设全台第一个"台湾史"课程,这也是其后近三十年间,全台唯一的"台湾史"课程。㉖其间,台湾还没有独立的台湾史研究领域及学科,一般被放在中国古代史或近现代史的研究之下。曹永和、王世庆两位自学出身的学者,长期承担台湾文献调查和历史研究的工作,也成为战后台湾史研究的开拓者。戴炎辉、陈绍馨、陈奇禄等台湾学者的成果,也常见于《台湾文化》《台湾风物》等刊物上。这个时期,值得关注的是台湾史研究资料的收集、整理工作具有较大的进展。1948年,台湾省通志馆㉗(后更名为台湾省文献委员会)在台北成立,专门负责台湾文献的收集、整理、编纂和出版,林献堂、黄纯青、林熊祥等人先后担任该会主任委员。㉘文献会不仅负责对原始资料的搜集,还出版了当时官方唯一的台湾研究的季刊——《台湾文献》。20世纪五六一年代,在台湾银行经济研究室主任、大陆赴台学者周宪文的主持下,台湾银行研究室搜集各类台湾史料,出版了《台湾文献丛刊》《台湾研究丛刊》等,为台湾史研究奠定了史料基础,但是研究性文章较少。㉙此外,一些海外"台独"人士开始撰写"台湾史"著作,试图掌握"台湾史"研究领域的话语权。其成果包括:史明的《台湾人四百年史》(1962)、王育德的《台湾,苦闷的历史》(1964)以及黄昭堂的《台湾民主国的研究》(1970)等。

(二)"台湾史"研究"萌动"期:"中国史观"遭遇挑战

20世纪70年代初至80年代后期,是台湾"台湾史"的"萌动"期。

这一时期,大陆赴台历史学者的研究重点仍然在中国史研究领域,他们的研究方法和史观仍然对台湾历史学界包括台湾史研究领域产生深刻的影响。同时,他们培养的学生虽然仍以中国史研究为主,但也有部分开始转向台湾史研究,如张胜彦、温振华、李筱峰、林满红、蔡慧玉等。这一时期,黄大受的《台湾史要略》(1977,后更名为《台湾史纲》)、程大学的《台湾开发史》(1978)可视为代表作。

而一大批台湾的"台湾史"学者也在兴起,如吴文星、黄秀政、陈翠莲、周婉窈、翁佳音等人。新一代的台湾史学者多出生于光复后,对台湾的认同感较强。1971年台湾当局被驱逐出联合国后,这批年轻学者的"本土意识"也逐渐崛起,进一步推动了台湾的"台湾史"研究向"本土化"方向发展。

1972年,在旅美考古学者张光直的推动下,台湾"中央研究院"民族学研究所开展"台湾省浊水大肚两溪域自然与文化史科技研究计划"(简称"浊大计划"),结合人文和自然的各领域学者,探讨浊大流域古今居民的历史及其与自然环境之间的关系。㉚1975年，参与这项计划的陈其南在其硕士毕业论文中展现了"土著化"理论的雏形，由此开始了台湾史学界对于"内地化"和"土著化"的论战。"土著化"理论认为清代汉人移民到台湾后，对台湾产生认同感，同大陆产生疏离，不再以大陆的祖籍作为自我身份认同的标准，并逐步成为一个"土著化"的社会，由此强调台湾与大陆间的断裂性。㉛这场论战掀起了台湾史学界第一次对传统"中国史观"的挑战，在台湾史领域影响甚大。

20世纪80年代以后，台湾的"台湾史"学者开始抛弃"中国史观"，试图"以台湾为主体"展开历史叙述，"台湾史"研究学界开始出现以台湾为中心的历史叙述方式。吴密察的《台湾通史：唐山过海的故事》（1982）最为典型，该书虽然以连横的纪传体《台湾通史》为构架，但强调摆脱过去的中原文化和民族革命的历史叙述，宣称构建了"一部全新的台湾史"。㉜同时，黄富三、吴密察、李筱峰等人开始重新评估日本对台湾的殖民统治，希望从中找到日本对形成台湾现代认同的影响，从而减少对"中国史观"的依赖。

1986年，张光直等人集合"中央研究院"历史语言研究所、近代史研究所、民族学研究所、中山人文社会科学研究所的资源，进行台湾史田野研究工作计划，希望将"台湾史"作为一个独立的学术领域进行研究。

三 "台湾史"研究"快速发展"期："中国史观"被彻底边缘化

20世纪80年代后期至今，是台湾"台湾史"的"快速发展"期。

1987年，随着"解严"后台湾意识形态和言论自由的松绑，众多台湾史研究人员和成果不断涌现，"台湾史"研究成为台湾"本土"人文社会科学的重要组成部分。台"中央研究院"、台湾政治大学、台湾师范大学的"台湾史"研究所相继成立，成为三个"台湾史"研究的重镇，也培养了一大批"台湾史"研究的专业人才。此外，在历史学硕、博士论文中，"台湾史"研究的论文达到三成以上，足见"台湾史"研究在台湾历史学界已经占有举足轻重的地位。㉝

这一时期，老一辈的大陆赴台学者相继退出历史学界，曹永和、王世庆以及许多中生代台湾学者逐渐掌控台湾史领域的话语权。这些中生代台湾学者纷纷跳脱"中国史观"，各类以台湾为中心的史观层出不穷，其中主要包括将台湾史作为"本土史"而不是中国地方史的"后殖民史观""社会史观"等。尤其是1996年地区领导人选举后，李登辉在台湾全面推动"去中国化"，"台独史观""皇民史观""偏安史观"（又称"独台史观"）等"分离史观"，作为"去中国化"的工具，在台湾史学界大行其道。追本溯源，这些史观都是"台湾中心史观"的具体阐释,它们以台湾岛作为历史的起点,认为历史上的治理者都是"进进出出的过客",所有台湾地区领导人选举前的治理者都是外来政权。㉞在"台湾中心史观"中,最为典型的就是"台湾岛史观"。

1990年,曹永和提出"台湾岛史观",他认为:"台湾是一个独立的历史舞台,从史前时代起,便有许多不同种族、语言、文化的人群在其中活动,他们所创造的历史,都是这个岛的历史。""在台湾岛的基本空间单位上,以岛上人群作为研究主体,纵观长时间以来台湾透过海洋与外界建立的各种关系,及台湾在不同时间段落的世界潮流、国际情势内的位置与角色,才能一窥台湾历史的真面目。"㉟

"台湾岛史观"被认为开启了"以地范史"的不同路径,深刻影响了之后二十余年的"台湾史"研究,几乎成为"台湾史"学界的主流史观,成为20世纪80年代以来"台湾史"研究的两项重要特征之一。㊱周婉窈在"台湾岛史观"的基础上,通过台湾岛的山、海、平原三个以人群活动为主的构成要素和空间舞台,"以台湾为主体"思考台湾历史,重新构建台湾历史的研究。她出于"台湾主体意识"的思考,提出"谁的历史"的问题,认为"新的时代要求新的历史;新的族群关系要求新的族群史","一个国家,或一个希冀成为国家的社会,需要'自己'的历史"。㊲将台湾历史与台湾现实政治连接的意图和倾向十分明显。

1997年,杜正胜在"台湾岛史观"的基础上,把"台湾"—"中国"—"亚洲"—"世界"描述成由内而外的几个同心圆,强调由内而外的"台湾主体性",被称为"同心圆理论"。"同心圆理论"对"台湾史"研究影响颇大,甚至被当作编写高中历史教科书的指导性框架,它更进一步地将"台湾史"从"中国史"中独立出来,"去中国化"的政治意味十分浓厚。

随着这种"新史观"的传播,台湾"本土史"逐渐取代中国史成为研究的主流,"台湾史"研究越来越强调"台湾主体意识",台湾各地的乡土史以及地域史成为研究的重点,多族群的研究成为发展的趋势,其中也不乏将"台湾主体意识"导向"台独意识"的学者。1995年,台湾历史学会成立,该会成员均认同"台湾是一个'主权独立的国家'",并以建立"以台湾为主体"的历史观为宗旨,张炎宪、戴宝村、薛化元、温振华、陈君恺等台湾"本土意识"浓厚的"台湾史"学者均担任过理事长一职,李永炽、张胜彦、郑钦仁、吴密察、林明德、周梁楷、李筱峰、王泰升、詹素娟、李福钟、蔡锦堂、李明仁、许雪姬、曾士荣、吴文星、吴政宪、洪丽完、翁佳音、林果显、陈仪深、林呈蓉、

何义麟、施志汶等一大批台湾史学者都曾是该会的通讯撰稿人，足见其在台湾史研究领域的影响力。㊳

这些学者大多越过光复后赴台大陆学者的研究方法、路径和成果，直接接续日据时期日本学者的"台湾史"研究，追随其"殖民地肯定论"，企图将台湾的现代化归功于日本的殖民统治，以贬低清廷和国民党对台湾的统治，从而塑造"脱离中国的台湾认同"。比如吴文星就在《认识台湾·历史篇》中着重介绍了日本殖民统治对台湾的正面意义，包括促成了人口的激增、放足断发的普及、守时观念的养成、守法观念和现代卫生观念的建立等，同时对殖民统治造成的伤痛少有论及。㊴

至此，在台湾的学术研究领域，"台湾史"已完全成为一个单独的学科，"台湾中心史观"及其衍生史观如"后殖民史观"、"社会史观"、"偏安史观"（又称"独台史观"）、"台独史观"等成为该学科的指导史观，"中国史观"被彻底边缘化。

三、台湾"台湾史"研究谱系的流变

1945年光复后，台湾的"台湾史"研究史观、"中国史观"的盛行、衰弱、"边缘化"，"台湾中心史观"从无到有、从"边缘"到占据"台湾史"研究的主流，变化不可谓小，政治环境的变化是其重要原因，而台湾"台湾史"研究谱系的流变则直接影响到史观的变化。

1945年台湾光复以后，为了消除日本殖民统治的影响，国民党政府在台湾推行民族主义教育，以"三民主义"为指导进行文化的重建，宣扬国共对抗"二元对立"的中国国族史观，强调台湾与大陆的关联性。1949年国民党败退台湾以后，蒋介石政权把台湾作为反攻大陆的据点，更是无暇顾及对台湾历史的了解。同时，为了强化统治的合法性，构建"自由中国"的"国族"想象，以凸显其相较于大陆"红色政权"的"正统代表性"，国民党对意识形态的控制极为重视，在历史教育中着力强化"中国史"，将"台湾史"视为"中国史"的延伸。在"戒严体制"下，台湾当局对历史学者查阅的档案资料进行严格的审查，历史学的研究成果和出版受到管制。为了遏制"台湾意识"的萌发，"台湾史"研究受到的制约尤甚，这直接造成了台湾的"台湾史"研究的空洞化。

1971年以后，随着台湾当局被驱逐出联合国，台湾人的"本土意识"逐渐崛起，"台湾史"研究成为学者开始关注的热点。20世纪80年代尤其是"解严"

后，台湾政治环境有所松动，台湾当局对史观的束缚也有所放松，"中国史观"开始受到挑战。李登辉上台后，极力鼓吹"台湾意识""台湾生命共同体"和"文化新中原"，对台湾进行重新定位，为主张"台湾主体性"的"台湾史"学者提供了现实条件。随着 20 世纪 90 年代中期台湾政治民主化的转型和台湾当局"去中国化"的推行，台湾人的"本土意识"迅速提升，很多台湾的"台湾史"学者急于完全跳脱"中国史观"，建立以台湾为中心的史观，重新对"台湾史"进行叙述。

除了上述政治环境的变化外，台湾史学界从"中国史观"向"台湾中心史观""台湾本土史观"的蜕变，与光复后"台湾史"研究谱系的嬗变——继承与断裂密不可分。

台湾光复后"台湾史"研究的谱系大致如下。

（一）大陆赴台学者及其传人

台湾光复后，许多大陆的史学研究机构和学者迁赴台湾，对战后台湾的历史学界产生了深远的影响。原"中央研究院"历史语言研究所悉数迁往台湾，国民党党史馆、"国史馆"相继在台湾复建，"中央研究院"近代史研究所也在郭廷以的推动下正式成立。这几个史学研究机构成为战后台湾史学研究的中坚力量，掌控着台湾历史学界的话语权。许多大陆知名历史学者迁赴台湾，如许寿裳、沈刚伯、郭廷以、傅斯年、胡适、董作宾、朱云影等人，这是战后台湾历史学界第一代学者。他们多采用实证的研究方法，以研究中国历史文化见长，被称为"大陆史料学派"。他们之中也有不少人关注"台湾史"研究，有一些著述（见前文），并培养了一批研究"台湾史"的学生，如郭廷以培养了李守孔、张朋园、林明德、张玉法、李国祁，朱云影培养了郑瑞明、王曾才、胡春惠、陈永发等。这是战后台湾历史学界第二代学者。

20 世纪 80 年代以后，这批怀有深刻民族情感的大陆迁台学者相继退出学术舞台，他们培养的学生大多专注于中国史的研究，但也有一些学生投入"台湾史"的研究。如李守孔的弟子张胜彦、张朋园的弟子温振华、张玉法的弟子李筱峰、李国祁的弟子林满红、王曾才的弟子蔡慧玉、林明德培养的吴文星、黄秀政、戴宝村等。而师从许倬云的杜正胜虽然研究专长是中国古代史，但是涉猎颇广，其培养的学生也有从事"台湾史"研究者，例如曾任台湾历史学会秘书长、理事长的陈君恺。这是战后台湾历史学界第三代学者。

（二）台湾本土学者及其传人

1983 年，作为"台湾史"研究的第一代台湾本土学者杨云萍指导了全台第一位"台湾史"博士研究生——许雪姬，她的博士论文《清代台湾武备制度的研究：台湾的绿营》介绍了清代治台的班兵制，即清廷每三年从福建调兵至台湾，用以加强对台湾的防御。除许雪姬外，杨云萍还指导了黄富三、张炎宪、林瑞明、陈秋坤等"台湾史"学者，这些学者日后都成为"台湾史"研究的重要人物。

同为"台湾史"研究的第一代台湾学者、曹永和、黄富三等人，也培养了一批"台湾史"研究者，如陈翠莲、周婉窈、翁佳音等人。新一代的"台湾史"学者多出生于光复后，对台湾具有强烈的认同感。1971 年台湾当局被驱逐出联合国后，这批年轻学者的"本土意识"进一步崛起和强化。

1987 年，随着"解严"后台湾意识形态和言论自由的松绑，众多"台湾史"研究人员和成果不断涌现，"台湾史"研究成为台湾人文社会科学的重要组成部分。台"中央研究院"、台湾政治大学、台湾师范大学的"台湾史"研究所相继成立，成为三个"台湾史"研究的重镇，也培养了一大批"台湾史"研究的专业人才，如钟淑敏、吴学明、张隆志、李文良、刘士永、詹素娟、林玉茹、张素玢、林文凯、曾文亮、陈君恺、陈佳宏等。

（三）海外"台湾史"学者及其传人

1945 年以后，在"台湾史"研究领域，最早对国民党政府的中国史观提出挑战的，是一些活跃于海外尤其是日本的台湾人，如史明、王育德、黄昭堂等，他们留下了许多"台独"色彩鲜明的"台湾史"著作。许多留学日本的台湾学生深受其思想的影响，其中就包括后来从事"台湾史"研究工作的李永炽、吴密察等人，他们回台以后相继成为"挑战中国国族论述和倡导台湾史研究"的人。⑩

而 1945 到 1980 年间，由于处于"戒严"体制，台湾的历史学研究受到了严格的限制，学术发展出现了断层，致使一大批青年研究者赴海外深造，其中不乏"台湾史"研究者，如林满红、李孝悌、陈秋坤等人。20 世纪 70 年代以后，这批台湾史研究者相继回台任教，他们希望跳脱传统中国史学的框架，寻求台湾史学的建立和体系化。

西方史学传统也对"台湾史"研究产生了较大的影响。1949 年以后，在冷战形势下，许多西方学者将台湾作为"中国社会文化研究的实验室"，他们把社会科学理论、田野研究和历史文献相结合，为台湾的历史学研究提供了新的思路和方法，[41]美国的新史学派、法国的年鉴学派、英国的新社会史学派不断冲击着台湾史研究的理念和方法，对"台湾史"研究的史观变化也起到了推动作用。西方学者还通过基金会的形式与台湾学者展开密切合作，"浊大计划"就是其中的典型代表。

在这个谱系中，不同流派之间经常发生激烈的史观冲突，"内地化"与"土著化"的史观争论，就是其典型代表。

1975年，郭廷以的弟子李国祁提出"内地化"理论。该理论认为，清代以来台湾移民社会的变迁是以大陆的社会形态为目标的，李国祁通过对宗族制度的联结、宗教信仰的统一、经济活动的北移、文化制度的影响、先贤的努力等实证研究，证明台湾与大陆之间的联结。[42]同年，"浊大计划"的参与者陈其南在其硕士毕业论文中则展现了"土著化"理论的雏形。

"土著化"理论认为：清代汉人移民到台湾后，对台湾逐渐产生了认同感，从而与大陆之间产生疏离，不再以大陆的祖籍作为自我身份的认同，并逐步成为一个"土著化"的社会，形成新的对"台湾本土的认同"。[43]此言，众多台湾历史学者不断提出以台湾为中心的史观和研究方法，如"台湾岛史观""后殖民史观""社会史观"等，也都是出于对台湾"本土认同"的史观阐释。

这场争论，使得一些学者的史观转向，如曹永和，早年他也奉行"台湾是中国的一部分，它的历史，在文化上讲，一直是中国历史的一部分的"，[44]后来他则积极提倡"台湾岛史观"。

令人深思的是从大陆赴台历史学者析出的第三代"台湾史"学者，如前文提到的张胜彦、温振华、李筱峰、蔡慧玉、黄秀政、戴宝村等，多为土生土长的台湾人，经历过"二二八事件"和国民党威权统治，见证了国民党政权对党外人士的打压和排挤，以及对学术研究的干涉和管制，对国民党"党国机器"下所灌输的"中国史观"和中华民族主义心存芥蒂，于是开始"迈出史学与正统论述决裂的第一步"，试图抛开国民党政府所传输的意识形态，[45]期望从对台湾历史的研究中寻求自我身份的认同。

这不免导致学生与导师在史观等理念上的矛盾和冲突。2009年"课纲"的修订，由周樑楷担任召集人，吴学明、蔡锦堂、廖隆盛、金仕起等台湾"本土化意识"浓厚的历史学者担任修订委员，[46]"台湾史"被完全从"中国史"中剥离出来。"课纲"修订完成后，周樑楷和黄清连的老师、大陆迁台学者逯耀东先生发表公开信，以儿歌"雪人不见了，雪人没有手也没有脚，雪人为什么不见了？"叹惜"课纲"的修订未能坚持"历史的尊严"，认为该"课纲"是"遵从某人的意旨，闭门造车将历史裁减得柔肠寸断"，[47] 导致师徒反目。由此可见，坚持"中国史观"的学者的"衣钵传承"出现障碍甚至"断链"，已是事实。

四、结　语

1987 年台湾"解严"以前，"中国史观"在台湾历史学界占据主导地位。"解严"后，随着台湾当局对意识形态和言论自由的松绑，"中国史观"受到了严峻的挑战，"台湾中心史观"开始受到关注，但两种史观仍然处于拉锯状态。随着 1990 年代末期台湾"本土化"和"去中国化"的推动，台湾人的"本土意识"迅速提升，台湾的"台湾史"学者急于摒弃"中国史观"，建立以台湾为中心的史观，重新对"台湾史"进行叙述。彼时，"台湾史的研究与教学，已经变成当前台湾政治的一个重要部分，成为呼吁'独立建国'的一个主要论述"。[48] 从大陆赴台的老一辈历史学者逐渐凋零，以及在台湾政治环境的扭曲下，学术谱系传承不继，造成了《认识台湾》的独立成册，2009 年"课纲"的推行，"台湾史"被一步步地完全脱离中国史。2008 年马英九上台以后，为了调整李登辉、陈水扁时期留下的"台独课纲"，召集学者对课纲进行"微调"，试图使其回到"宪法"的框架内，却引发全台众多"台湾史"学者的反对，可见"台湾中心史观"已成为台湾史学界的主流。

"台湾史教学与研究的广泛开展，本身反映了台湾人历史、认同意识的转化，同时这些教学与研究的开展，又促使台湾民众与知识界更深入地考虑认同的问题。"[49] 台湾的"台湾史"学界在史观上的转化，通过学术出版品、"高中历史课纲"和教科书等形式，对如今台湾社会历史记忆、文化认同、民族认同的形成产生了深刻的影响。

台湾的起源并不是一个独立的"岛"的地理概念，台湾人最初也并不是从台湾岛上自发产生的，"台湾史"不应该也不可能独立于"中国史"之外。台湾某些政治人物为了达到推动"台独"目的，在"台湾史"的研究、教学领域兴风作浪。历史学者应通过对历史资料的实证研究，客观地叙述长久以来台湾所处的环境和地位，以免造成研究的偏见与偏执，不但违背自己的良知和学术精神，而且给台湾社会造成巨大的认同错乱和纠葛。

附:"台湾史"学者谱系图(作者自制)

郭廷以

李守孔　张朋园　林明德　张玉法　李国祁

朱云影
郑瑞明　王曾才　胡春惠　陈永发

张胜彦　李孝悌　薛化元　吕芳上　温振华　詹素娟　吴文星　黄秀政　戴宝村　郑丽玲　吴政宪　李筱峰　陈仪深　谢国兴　林丽月　林满红　黄丽生　黄克武　蔡渊絜　吴学明　孟祥瀚

施志汶　蔡慧玉　杜正德　李福钟

许毓良　潘继道　陈景峰　李宗信　赖信真　陈佳宏　吴明勇　吴明勇　李毓岚　许世融　赵祐志

杨云萍

黄富三　张炎宪　林瑞明　许雪姬　陈秋坤　曹永和　三世庆

周婉窈　翁佳音　林于茹　曾品沧　高淑媛　戴文锋　长素芬　范燕秋　李力庸　林兰芳　邱正略　郑安晞　吴奇浩　郑丽榕　陈翠莲　钟淑敏　张隆志　詹素娟　林伟盛　陈宗仁　查忻　唐培德　李毓中　陈鸿图　何凤娇　洪丽完

李永炽　刘翠溶　杜正胜　吴密察　王泰升　柯志明　海外

薛化元　杨典锟　杨翠　刘士永　吕绍理　顾雅文　陈君恺　金仕起　许佩贤　林欣宜　曾文亮　吴俊莹　林凯文　陈培丰　吴叡人　李衣云　李为桢　颜杏如　蔡锦堂　陈梅卿　陈文松　李明仁　林呈蓉　何义麟

林果显

注释:

①　台湾"教育部":"高级中学课程标准",台北:正中书局,1983年版,第89页。

②　台湾"教育部":"修订经过:丙、本次修订高级中学课程标准之说明","高级中学课程标准(84年版,88学年至94学年度高一新生适用)",1995年版,台湾"教育部国民及学前教育署"官网。

③　台湾"教育部":"高级中学历史课程标准",《高级中学课程标准(84年版,88学年至94学年度高一新生适用)》,1995年版,台湾"教育部国民及学前教育署"官网。

④　杜正胜著:《历史教育的改造》,《台湾心·台湾魂》,高雄:河畔出版社,1998年版,第161页,第140—142页。

⑤　蒋永敬:《中日代理战争的危机已在台湾燃起》,台北:《海峡评论》,1997年8月号,第35页。

⑥　王仲孚编:《为历史留下见证:〈《认识台湾》教科书参考文件〉新编》,台北:海峡学术出版社,2001年版,第373页。

⑦　台湾"教育部":"普通高级中学课程暂行纲要修订经过",《普通高级中学课程暂行纲要》,2004年版,台湾"教育部国民及学前教育署"官网。

⑧　台湾"教育部":"普通高级中学必修科目'历史'课程纲要","普通高级中学课程暂行纲要",2004年版,台湾"教育部国民及学前教育署"官网。

⑨　王仲孚:《"高中历史新课程纲要草案"何以如此荒谬》,台北:《海峡评论》,2003年11月号,第27页。

⑩　邢义田:《"世界史"抑中国文化立场的"西洋史"?》,台北:《史学评论》,1981年第3期,第133页。

⑪　台湾"教育部":"普通高级中学课程纲要修订经过:丙、本次修订普通高级中学课程之说明","普通高级中学课程纲要",2009年版,台湾"教育部国民及学前教育署"官网。

⑫ "黄智贤：《扁朝检核教科书制"台独"娃娃兵》，台北：《联合晚报》，2015 年 8 月 3 日。

⑬ 台湾"教育部"："普通高级中学国文与社会领域课程纲要微调之说明"，台湾"教育部"全球资讯网，2014 年 1 月 27 日。

⑭ 邹景雯、黄以敬：《课纲调整案 10 人检核小组操控》，台北：《自由时报》，2014 年 2 月 4 日。

⑮ 《我们反对违背学术专业的微调课纲》，连署活动网址：https://docs.google.com/forms/d/13K MiN1HNv9c2SUrbvi0DqmIMmLC74SYE5v1mKZ7V-F0/viewform?edit-requested=true。

⑯ 参与连署的学者包括："中研院"台湾史研究所所长谢国兴、副所长刘士永及黄富三、林玉茹、许雪姬、翁佳音、吴叡人、詹素娟、张隆志、钟淑敏等 17 位研究人员，"中研院"历史语言研究所所长黄进兴、副所长李贞德、林富士等 10 位研究人员，"中研院"近代史研究所陈仪深等 4 位研究人员，台湾政治大学台湾史研究所的薛化元所长及陈文贤、戴宝村、李福钟等 8 位学者，台湾大学历史学系的郑钦仁、吴密察、李永炽、陈翠莲、李文良、吕绍理、周婉窈、吴文星等 10 位学者，台湾师范大学台湾史研究所的张素玢所长及蔡锦堂、许佩贤等 5 位学者，以及成功大学、东吴大学、淡江大学、中兴大学、台北教育大学、暨南国际大学、东华大学、辅仁大学、台南大学、长荣大学等历史或台湾史相关系所的所长或主任，还有张胜彦、黄秀政、郑梓、张炎宪、李筱峰、郑丽玲、郑瑞明、王泰升等知名台湾史学者。

⑰ 《课纲微调无异历史巨变》，台北：《民报》，2015 年 2 月 22 日。

⑱ 《140 学者连署促撤黑箱课纲》，台北：《自由时报》，2014 年 3 月 10 日。

⑲ 同上。

⑳ 周婉窈：《新政府拨乱反正？还是历史教育大复辟——高中历史课纲要改成怎样，请大家来关心！》，高雄：《南方电子报》，2010 年 2 月 10 日，http://enews.url.con.tw/south/56491。

㉑ "南港学派"指早年以台湾"中央研究院近代史研究所"的学者为代表的学派，由于近史所的地理位置在台北市南港区而得名。近史所由历史学家郭廷以创建，是时被聘用者多为郭廷以的故交或门生，故形成以郭廷以为首的"南港学派"，对台湾历史学界影响深远。学派第一代学者包括郭廷以、张贵永、陶振誉、杨绍震、王聿均、黄嘉谟、李毓澍等七人，之后的学者包括贺凌虚、吕实强、李国祁、张玉法、张朋园、陈三井、王萍、林明德等人。参考："中央研究院"近代史研究所口述历史系列：《南港学风：郭廷以和中研院近史所的故事》，北京：九州出版社，2013 年。

㉒ 高明士主编，林玉茹、李毓中编著：《战后台湾的历史学研究：1945—2000（第七册：台湾史）》，台北："国家科学委员会"，2004 年版，第 6 页。

㉓ 鲍绍霖、黄兆强、区志坚主编：《北学南移：港台文史哲溯源（文化卷）》，香港：秀威资讯，2015 年版，第 302 页。

㉔ 李国祁：《清代台湾社会的转型》，台北：《中华学报》，1987 年 7 月，第 131 页。

㉕ 张羽：《光复初期台湾知识分子文化认同问题研究——以杂志〈台湾文化〉为中心》，北京：《台湾研究》，2011 年第 1 期，第 50 页。

㉖ 许雪姬：《杨云萍教授与台湾史研究》，台北：《台大历史学报》，2007 年 6 月，第 30 页。

㉗ 1949 年 7 月，台湾省通志馆改组为台湾省文献委员会。2002 年，文献会开始隶属于"国史馆"，更名为"国史馆台湾文献馆"。参考"国史馆台湾文献馆"官网，http://www.th.gov.tw/new __ indew/pages/a/a __ 01.php。

㉘ 参考"国史馆台湾文献馆"官网：《沿革与展望》，同①。

㉙ 许雪姬：《台湾史研究三部曲：由鲜学经显学到险学》，台北：《思想》，2010 年第 16 期，第 84 页。

㉚ 张光直编：《台湾省浊水溪与大肚溪流域考古调查报告》，台北：中研院历史语言研究所，1977 年，第 2 页。

㉛ 陈其南：《台湾本土意识的形成及其含意》，黄康显编：《近代台湾的社会发展与民族意识》，香港：香港大学校外课程部，1987 年版，第 89—98 页。

㉜ 吴密察著：《台湾通史：唐山过海的故事》，台北：时报文化，1987 年版，第 8 页。

㉝ 彭明辉：《台湾地区历史研究所博、硕士论文取向：一个计量史学的分析（1945—2000）》，《台湾史学的中国缠结》，台北：麦田出版，2001 年版，第 163 页。

㉞ 石之瑜：《台湾中心论需接受检验》，台北：《中国时报》，2015 年 7 月 1 日。

㉟ 曹永和：《台湾史研究的另一个途径——"台湾岛史" 概念》，《台湾早期历史研究续集》，台北：联经出版公司，2000 年版，第 499 页。

㊱ 张隆志：《当代台湾史学史论纲》，台北：《台湾史研究》，2009 年第 4 期，第 173 页。

㊲ 周婉窈著：《台湾历史图说》，台北：联经出版公司，1998 年版，第 4、6 页。

㊳ 参考《台湾历史学会通讯》，台北：台湾历史学会官网，http://www.twhistory.org.tw/incex.html。

㊴ 杜正胜主编：《认识台湾·历史篇》，台北："国立编译馆"，1999 年版，第 76—80 页。

㊵ 王晴佳：《当代台湾历史论述的双重挑战》，台北：《思想》，2006 年第 2 期，第 120 页。

㊶ 陈绍馨：《中国社会研究的实验室——台湾》，《台湾的人口变迁与社会变迁》，台北：联经出版事业公司，1979 年版，第 2 页。

㊷ 李国祁：《清代台湾社会的转型》，台北：《中华学报》，1987 年 7 月，第 131—159 页。

㊸ 陈其南：《台湾本土意识的形成及其含意》，黄康显编：《近代台湾的社会发展与民族意识》，香港：香港大学校外课程部，1987 年版，第 89—98 页。

㊹ 黄富三、曹永和主编：《台湾史论丛（第一辑）》，台北：众文图书股份有限公司，1980 年版，第 1 页。

㊺ 莫达明：《台湾本土史学的建构与发展（1972—2004）》，台北：《思想》，2010 年第 16 期，第 52 页。

㊻ 台湾 "教育部"："普通高级中学课程纲要修订经过：丙、本次修订普通高级中学课程之说明"，"普通高级中学课程纲要"，2009 年版，台湾 "教育部国民及学前教育署" 官网。

㊼ 逯耀东：《雪人已融——给周梁楷、黄清连的信》，台北：《联合报》，2004 年 11 月 13 日，A15 版。

㊽ 王晴佳著：《台湾史学五十年（1950—2000）：传承、方法、趋向》，台北：麦田出版，2002 年，第 xvii 页。

㊾ 王晴佳著：《台湾史学五十年（1950—2000）：传承、方法、趋向》，台北：麦田出版，2002 年，第 126 页。

张萌，江苏连云港人，南京大学台湾研究所博士研究生，

主要研究方向：台湾史、当代台湾研究等；

刘相平，江西吉安人，南京大学台湾研究所所长、教授、博士生导师，

福建师范大学两岸文化发展研究中心兼职教授，历史学博士，

主要研究方向：当代台湾研究、两岸关系研究等。

试析部分台湾民众的"反中"情绪
——一种怨恨情绪的视角

沈惠平

近年来两岸关系发展取得了重大进展,但部分台湾民众的"反中"情绪却在不断高涨。这其中微妙且吊诡的关系,值得探讨。部分台湾民众存有所谓的"反中"情绪,除了绿营政客的操弄之外,亦是近些年来台湾内部政治、经济、社会等诸多矛盾使然,此一情绪终于在2014年"反服贸"运动中集中爆发。从表面上看,"反服贸"运动似乎是部分台湾民众对《海峡两岸服务贸易协议》的抵制情绪之爆发,但背后是"反中"情绪在作祟。有鉴于"反中"情绪不利于两岸关系和平发展进程,更不利于两岸最终完全和平统一,本文旨在怨恨情绪的视角下,主要探讨部分台湾民众"反中"情绪的意涵及其影响等,以求教于方家。

一

怨恨(ressentiment)是一种重要的人类心理和情感,在东西方古代思想家的著述中都可以找到有关怨恨或嫉妒的言论,而现代社会理论家对怨恨心理和现象的关注则是源于现代性问题。由于怨恨被认为是现代社会的一个重要精神现象,或者说与现代性问题联系在一起,怨恨在哲学和社会科学研究中得到了较为充分的分析。换言之,"怨恨"是现代社会所有紧张态势中一个如影随形的主题,它不仅是可供分析和考察的根源性现象,本身更是具有强大解释力的理论路径,亦即作为一条特殊的研究路径,"怨恨"在学界得到越来越多的关注与重视。概括起来,对"怨恨"的理解可分为尼采式与非尼采式两种类型。其中,在尼采、舍勒等人关于怨恨的理解中,"怨恨是存在于某些人心中的一种冥顽不化的情绪，它根源于在人的潜意识的情感体验层次上被隐藏起来的那些不可救药的无能。人们或许存在的强烈的怨恨感和憎恨感就产生于各种各样的无能感和软弱感"。[1]事实上，无论是尼采式理解还是非尼采式理解，怨恨都是一种令人烦恼和不悦的情绪，它包含着三个基本元素：自我（self）、他者（other）以及前者对后者的憎恨中所持有的"泾渭分明、有失偏颇的价值标记"。[2]在怨恨中，自我通常过于软弱无能，或者无力承担过高的报复成本，于是往往表现为因和他者进行比较而感受到的持久的愤怒和痛苦。

怨恨本来主要是一种个体情绪体验，但在社会化场景中的表现和结果却往往是社会性的，亦即由怨恨情绪所推动的行为常常是群体性的。相对于爱和同情等积极情绪，怨恨情绪更容易使本来毫不相关的个体联系起来，使得即便是最异质的成分也能迅速凝聚为"同仇敌忾"的群体。[3]在现代社会，怨恨日益表现为一种群体情绪或通过群体性行动得以表达，"在群体中怨恨情绪的输出和输入在成员间交互作用下形成的'情绪循环'将这一负面情绪感染到群体中每一个成员，带来怨恨情绪的多次反复加强，推动群体成员形成同质化的情绪状态和社会认知，最终演变为群体怨恨"。[4]近年来，台湾内部频繁发生的社会运动、学生运动事件，使得怨恨情绪成为引发高度社会关注的一种情绪类型，并使处于变动中的台湾社会同时也处在一个"怨恨的时代"，亦即台湾社会内部的怨恨情绪在不断累积与扩散，导致怨恨情绪已绝不仅仅存在于弱势群体中，而在一定程度上表现为不同阶层之间的弥散的负面情感甚至是莫名其妙的恨意和敌意。究其原因，由以下三个主要因素导致。

首先，台湾社会变化带来的利益分化和一些社会群体的利益相对剥夺感是怨恨情绪产生和积聚的重要社会机制。在现代社会，怨恨心理形成和积聚的重要社会根源，在于急剧的社会变化以及随之而来的社会结构包括阶层结构、职业群体等方面的重要变化。近年来，台湾经济增长显著放慢，竞争力下降，加上2008年全球金融危机对台湾各行各业产生很大的冲击，加剧了不断扩大的贫富差距和阶层分化。如在全球金融危机冲击下，台湾社会低收入家庭的所得增长率下滑最为明显，强化了社会中下阶层的相对贫困。2010—2011年台湾虽然出现短期经济复苏，但由于长期分配不均的累积效应和短期金融危机的冲击，多数民众的经济生活状况并没有改善，马英九当局引为政绩的经济复苏，因此被舆论称为"无感复苏"。"富有的上层家庭和中下阶层家庭的所得差距正在不断扩大，2008—2009年达到一个前所未有的差距峰值，而且，2012年以后至今这个差距继续扩大。这种家庭所得分布变化说明，贫富分化已经是当前台湾社会的现实问题，而且分化的程度正在不断提高。"[5] 与此同时，薪资停滞和物价持续上涨，使得贫富差距扩大背景下台湾社会中下阶层的"相对剥夺感"不断加强。[6] 这些都为台湾社会内部怨恨情绪的产生和积聚提供了社会基础和舆论氛围。

其次，外在于主体的他者行为或社会环境的刺激是台湾社会怨恨情绪产生的现实源头。作为一种敌意情绪的再体验，怨恨从来就不是自然而然由内而发的，它有明确的对象：针对他者。换言之，怨恨是对外部刺激的情绪性反应，在现实中这一外部的刺激最集中地体现为"伤害"和"比较"。"怨恨产生于社会性生存比较：我本来应该像你那样风光，却没有能够如你那样得意，于是形成一种生存性的紧张情态。"[7] 按照诺贝尔经济学奖得主斯蒂格利茨的说法，"在过去 30 年中，伴随着世界生产力的增长，收入和财富并没有相对应地增加，全球的不平等状况在不断加剧"。[8] 就台湾的情况而言，尤其对青年人来说，"最近二十多年的全球化大潮中，台湾青年人相当多数是少得益者和不得益者"，[9] 此一不利的"生存性比较"带给其极大的"伤害"。面对这种一时难以改变的现状，许多青年人除了愤怒，无法拿出任何有效的替代途径，于是选择"小确幸"作为自我安慰的生存方式。"既然经济玩不过你，那我们就自玩我们自己的游戏。"这是一种失去理想或梦想，充满不确定与无望感的人们的挫折和痛苦表达，传递出一种或隐或显的抗拒权贵、不满现状的社会怨恨情绪。正如尼采所言，怨恨是不能采取直接行动反应的人作为补偿而采取的"想象的报复"（maginary revenge）。[10]

最后，"省籍—族群"、国家认同议题使得台湾社会容易形成一种"以怨恨为基础的认同政治"。从价值层面来说，怨恨表达的主要目的是为自身价值寻求确定与承认，这与怨恨者所持有的对自身价值的"正义"意义上的信仰密切关联。怨恨者"虚骄地浸淫在一种自命纯洁、正义、强野的道德自我想象中"，并形成"以怨恨为基础的认同政治"。[11] 长期以来，"省籍—族群"被人为地操弄、割裂，蓝绿双方对峙激烈的台湾社会，已经在相当程度上陷入了一种互相伤害的氛围中。"在泛绿的论述中，当前台湾政治斗争被简单地化约为'本省人或本省党＝反殖民（反中国）＝反一国两制＝民主＝拥李或拥扁＝维护台湾利益'，对抗'外省党＝支持一国两制＝反民主＝反李或反扁＝出卖台湾利益'的模式。……而泛蓝也另有一套对抗的模式。在种种的'敌／我'、'爱台／卖台'的话语中，同一阵营凝聚了同仇敌忾的心防。"[12] 这很容易导致台湾社会形成一种以相互怨恨甚至相互仇视为基础的认同政治。"台湾人民为何彼此仇视？因为他们有太多不安,蓝绿皆认为必须用自己的方法来捍卫他们钟爱的土地。而一些政治人物不断残酷地撩拨他们的焦虑,分化他们的认同和感情,加深他们的对立。"[13]其结果是,怨恨像一个挥之不去的情绪幽灵盘桓于台湾几乎每个角落当中,亦即怨恨心态普遍见于不同党派、不同立场、不同族群背景的个人与集体当中,"产生出某些持久的情态,形成确定样式的价值错觉和与错觉相应的价值判断"。[14]这不仅加剧民众之间的对峙情绪,而且导致台湾政党恶斗、族群撕裂与社会对立,最终造成台湾的内耗与空转。

综上所述,近年来台湾日趋成为一个"怨恨的社会"。在社会央速变迁、利益分配失衡和极化的背景下,现实伤害和生存比较是台湾社会内部怨恨情绪产生的逻辑起点,亦即由比较和伤害导致的公正失衡感或不公平感是台湾社会内部怨恨情绪的初始形态。而制度化表达渠道的缺失、可行能力的逐步缺乏在相关群体尤其是弱势群体中滋生出强烈的无能感,在无能感的反复发酵下,致使怨恨不断积累。其后在互联网平台的推动下,怨恨情绪不断在网上网下传播并相互感染,最终演化为一种主导型社会情绪,形成群体怨恨。值得一提的,在台湾特殊的历史与现实背景下,以"族群—国家认同"议题为核心的政治运作与选举社会动员也是造成台湾社会内部怨恨不断高涨的重要因素。迄今为止蓝绿两大阵营仍然难以摆脱"敌/我""爱台/卖台"的魔咒,它们常常利用历史的、现实的伤痛作为动员的工具,以便在与对方的对抗与斗争中取得道德优势或批判的立足点。由此带来的怨恨可表达为"我不能原谅你,是因为你不是我",而这种指向他者"本质"的怨恨显然具有不可置换性。于是,一个价值偏爱结构通过怨恨在台湾社会建立起来,它表现为绝对的价值不相容,由此造成不同"颜色"民众之间一定程度上的势不两立,这对台湾只会有百害而无一利。

二

在怨恨情绪的视角中,怨恨转移是一种常态,它并不能让怨恨彻底消亡,只是通过特定的方式将怨恨转移到别处。就两岸特殊的情境而言,近年来台湾社会因政经矛盾等而累积的内部怨恨情绪,很容易转化成外部怨恨情绪,亦即把怨恨的对象导向大陆,致使部分台湾民众的"反中"情绪——反感、反对甚至抗拒大陆的怨恨情绪——持续高涨,最终集中爆发于"反服贸"运动之中。概括起来,部分台湾民众的"反中"怨恨情绪具有以下三个主要意涵。

首先,归因于两岸的紧密联结。近年来伴随台湾社会利益分化的加剧和贫富差距的扩大，部分台湾民众中间弥漫着一股强烈的"惧中""恐中""抗中""拒中""反中"甚至"仇中"情绪，他们把全球化的种种弊端和台湾内部的诸多矛盾所引发的怨气导向两岸关系，倾向于把大陆当作宣泄怨恨的对象。这一外部归因和认知也为怨恨情绪确定了所针对的对象，两岸经贸是台湾经济全球化最重要的一环，对于台湾而言，反全球化首先表现为反两岸经济一体化，加上绿营政客的操弄和绿营媒体的渲染，"特别是绿营媒体彻底扭曲与污名化两岸关系发展成果，如将推动两岸关系发展的国民党精英视为'买办'，将马英九的两岸交流与合作政策视为'倾中卖台'，大力宣扬两岸和平红利分配不均，为权贵垄断等"，[15]部分台湾民众将全球化导致的经济衰退、薪资停滞和贫富差距等问题统统归咎于两岸经济一体化。以台湾青年人关心的薪资议题为例，"这类政客把台湾青年人22K月薪长期难提升的源头，归罪于台湾和大陆的贸易经济关系：台湾工商界把投资转到海峡对面，所以台湾岛内就持续低薪了"。[16]再譬如，当两岸商签服贸协议时，绿营政客和媒体更是不断渲染大陆的负面影响，胡说什么"北京的和解政策并没有让年轻人变得富有，反而让他们受困于高房价、停滞的薪资，以及在地工作机会可能流失到中国大陆的可能性"，"这个协议会伤害台湾经济，让台湾的经济受制于中国大陆的压力而变得脆弱"，"台湾只有一个，卖了就没了"等，企图挑起两岸之间的对抗与冲突。民进党再度执政之后，台湾经济如果未有明显起色，民进党当局势必将其归咎于大陆的打压，这将会导致部分台湾民众的"反中"甚至"仇中"情绪再次高涨。

其次，"恐中"心态下的集体焦虑。近年来大陆经济迅速发展，社会日新月异，民众幸福指数不断提升；而台湾经济多年来处于低迷状态，连1%的经济增长率都难以保住，与此同时失业率不断攀升，幸福指数下滑。两岸的强烈反差导致台湾民众开始对祖国大陆产生强烈的恐惧感、威胁感、挫折感。"在两岸发展出现巨大反差的情况下，祖国大陆又积极推进两岸大交流、大合作、大发展，对台湾不断'让利'，两岸签署多个协议。这本来是造福台湾民众与经济的一件好事，但在台湾却出现了另一种局面，担忧、恐惧与反对"，"强烈反对祖国大陆企业对台投资，视祖国大陆投资为'入侵台湾'"。[17]换言之，近年来台湾民众普遍存在强烈的挫折感与恐惧感，以往在面对大陆时的优越感更是丧失殆尽，于是在台湾凡是与大陆相关的东西都会"走样"。尤其青年人对台湾的发展前景缺乏信心，出现了很深的危机感。除了高学历青年的失业问题，台湾青年人的危机感还体现在薪资停滞和黯淡的预期上。面对这一新现状，部分台湾民众尤其部分青年人倾向于不管好坏"逢中必反"，对大陆抱持毫无理性的厌恶和莫名的恐惧，呈现出一种不可名状的集体焦虑。在危机感与焦虑感的压力之下，这一群体的心态极有可能进一步走向封闭与褊狭。也就是说，由于焦虑是观念封闭的典型特征，它可能会使他们直截了当地拒绝与其信仰冲突的信息，或可能凭直觉扭曲信息以使他们能够接受，从而导致这一群体行为的非理性化，在面对大陆时更加偏执与极端。

最后，"台湾主体意识"上扬。李扁执政时期自上而下全力推动"本土化"或"台湾化"教育，在教科书与"课纲"当中植入许多"台湾主体意识"，造成近些年来台湾社会"主体意识"或"本土意识"持续高涨。"这几年伴随着社会结构变化和社会矛盾激化，台湾主体意识不断膨胀，经历多场选举、社会运动和各种事态，这种意识在各种人群中都存在，在青年世代中成为主流。……所谓台湾主体意识中间有很大的'反中'和'抗中'的成分。每次选举中政客的造势和媒体的夸张报道，都进一步形塑和强化了这种反中意识，因而呈现出上扬的态势。"[18]尤其在"本土文化"教育或"文化台独"影响下成长起来的台湾青年人，其"台湾主体意识"更是居高不下，他们普遍对祖国大陆感情淡薄，在国家、民族、文化认同上存在着严重的错乱，把"台湾主体意识"与"中国意识"对立起来，因而对两岸关系中的重大问题缺乏正确认识，对祖国大陆抱有疑虑、误解甚至敌视的心理。这导致其政治意识比较"倾独"，即蔡英文所称的青年人具有"天然独"成分。"天然独所指的，是年轻世代无论是否票投民进党，普遍都有程度不一的反中情绪。"[19]正是由于"恐中""逢中必反""仇口"等情绪在台湾青年群体中不断发酵、累积，终致"反服贸""反课纲"运动的爆发。概言之，近年来"台湾主体意识"的上扬显示，仇视对方、丑化对方，都只是怨恨的表面化。"影响更为重大深远的，是怨恨在心中悄悄产生的价值扭曲与位移"，[20]亦即部分台湾民众出于对祖国大陆的怨恨，而对"本土化"与"去中国化"更加执着与顽固。

综上所述，部分台湾民众面对全球化和社会变动的冲击表现出极大的无能感，于是把怨恨的矛头指向祖国大陆，把台湾社会内部诸多问题和矛盾归咎于近年来两岸在经济、教育、文化等领域愈来愈密切的互动。借用一句很形象的话来说，大陆"躺着也会中枪"。在这种认知模式的作用下，他们习惯性地将台湾社会变动中的利益受损、人生挫折、对自身的社会位置和生存状态的不满以及其他一些不平等现象进行极端意义建构而归结为大陆，并进而产生对大陆的极度恐惧感，担忧其生活方式将被改变。恐惧很自然就产生敌意与仇恨。"只要涉及两岸政治方面尤其是与统一有关的问题，台湾民众心态极为敏感，反映出相当程度的抵触情绪。"[21] 在"恐中"心态的影响之下，一种集体焦虑感油然而生，并促使这部分民众倾向于以相互对立的"我们/他们"把两岸区隔开来，把"台湾主体意识"作为寻求自我承认（自我）以对抗大陆（他者）、来肯定自我存在价值的工具，由此导致"反中"情绪甚嚣尘上。

<h1 style="text-align:center">三</h1>

当前台湾政治、经济、社会等诸多方面存在的矛盾与困境，使得台湾内部怨恨情绪不断高涨，经由转化成为指向大陆的"反中"情绪，已经导致"反中"民粹主义泛滥，成为破坏台湾社会稳定与发展的重要因素，乃至成为制约两岸关系和平发展的重大阻碍。

首先，破坏台湾社会的稳定与发展。从怨恨情绪的视角来看，在任何意义上，怨恨都是一种导致社会结构不稳定的重要因素。台湾社会内部已延续数十年的蓝绿对抗，造成大部分民众都被卷入强烈的两极对抗，导致台湾社会呈现出某种程度的"半盲现象"，亦即"以偏概全、夸大缺失、隐善扬恶；……只检讨别人、不反省自己；只问立场、不问是非。恶斗之下，很少有理性讨论的空间。一些极为明显的事实，为了政治目的，可以视而不见"。[22] 近年来部分台湾民众不断高涨的"反中"怨恨情绪则加剧了这种现象，促使他们在任何涉及两岸的议题上均表现出极端的偏执，只要自己不满意的就不假思索地贴上"黑箱""卖台"等标签，并强力反对与阻挠，致使"反中"成了某种"政治正确"，进而加深岛内已经相当严重的政党恶斗甚至民众对立，因此非常不利于台湾社会的和解与团结。与此同时，不断高涨的"反中"怨恨情绪在某种程度上已经绑架了台湾政局，甚至在纯粹的台湾内部事务上，如"核安"议题，都会被牵强附会地与大陆关联起来。这导致几乎所有大的政党都把注意力和资源耗费在政争上，没有充分的心思去作长期的愿景规划、没有足够的精力去发展经济、改善民生。概言之，只要对"亲中"与"反中"的区隔与争论还持续存在，台湾内部的社会撕裂就无法愈合，台湾的经济重振就难有起色。实践证明，部分台湾民众持有的"反中"情绪已经影响到台湾社会的稳定与发展。

其次，怨恨动员下的"反中"民粹主义泛滥。在怨恨情绪视角中，怨恨情绪为民粹主义提供了重要的心理动力。"在现代社会，怨恨为各式各样的群体事件提供了源源不断的心理动力，又裹挟着势不可当、难以驯服的民粹主义而成为……引发社会冲突的常见催化剂。"[23] 近年来台湾社会内部怨恨情绪的持续高涨为某些政党、政客甚至青年学生领袖等通过怨恨动员、操弄民粹主义提供了"极佳的契机"，他们习惯性高举"人民"的旗号，或者以当然的"人民代言人"自居，动辄发动民众或青年学生，通过社运、学运等各种集体运动形式冲击执政的马英九当局，哪怕这些行为是不道德甚至是违法犯罪的。"谁质疑或反对他们，谁就是质疑或反对'人民'。正是这种话语霸权将民粹主义者变成了以'民意'为护身的新型独裁。"[24]加上台湾某些政治人物基于"自我—他者"的对立关系来操弄民粹主义，他们刻意把大陆塑造成"一个憎恨的他者"，[25]刻意煽动并强化部分台湾民众的"反中"情绪，于是台湾社会内部怨恨情绪动员下的民粹主义最终演化成泛滥的"反中"民粹主义。如"反服贸"学运、"反周子瑜道歉"等事件所示，几乎大陆的每一个动作都可以点燃"反中"民粹主义之火。尤其值得注意的是部分台湾青年学生的"反中民粹化"倾向。[26]伴随台湾经济的持续低迷，社会分化与贫富差距的日益拉大，部分青年学生对于个人前途与社会命运的焦虑感、恐惧感与无力感日渐增长，"反中"变成一种能够促使其"抱团取暖"甚至"同仇敌忾"的载体，并不时以政治或社会运动方式表现出来。

最后，导致两岸之间难以建立互信与合作的关系，甚至为两岸冲突埋下祸根。由于成长背景、生活方式、集体记忆等都存在相当大的不同，两岸民众难免存在着诸多误解，甚至一定程度上还存有"心灵分离"。在青年一代居多的网络场域中，匿名的网络更是助长了双方将对方视为"他者"的心态，从而忽视了对方的感受，难以理性地看待对方的观点。"这些年来，相当多的交流领域，虽然提倡建立互信，但论争、辩驳、强求对方接受己方观点乃至斗争的心态仍然很浓厚。"[27]这种情形已对两岸之间建立互信、强化各方面交流合作带来诸多困扰。近年来岛内民众已积累了相当程度的怨恨情绪，绿营政党则因此趁机煽动部分民众的"反中"情绪，企图阻碍两岸关系和平发展的潮流。反过来说，部分台湾民众"反中"情绪的持续高涨，日益引起部分大陆民众的强烈不满。一般而言，大陆民众自始至终对台湾民众怀有一种"天然的亲人"情感，近年来他们虽然偶有不同意见，但基本上都支持大陆在涉台政策上不断释放善意与让利，也期盼两岸关系能够持续和平发展直至最终和平统一。不过，大陆民众的善良意愿却不时换来部分台湾民众诸如"喝毒奶粉长大的""强国奴"等充满偏见和污蔑的回应，可谓"真心换绝情"！在一次次善意被拒绝之后，部分大陆民众开始对此类'以怨报德"式的言行日渐不满，当积聚到一定程度之后，他们必将通过某种途径释放其愤怒。以2016年初"帝吧出征"事件为例，部分大陆网民即通过发表情包等方式表达愤怒与不解。这种情形不能不令人担忧，伴随两岸交流交往在各领域、各方面的密集交叉，两岸民众间发生矛盾的机会必将增多，其中任何一个微小的摩擦都有可能成为两岸集体情绪对撞的导火索，最终导致两岸直接的冲突。

综上所述，目前台湾社会中，怨恨似乎已主导了人们的情绪生活和社会公共空间，这导致人们习惯于用泛政治化的视角、排他性的心态来看待一切人与人之间正常的矛盾与异见，因此无助于社会共识的凝聚与社会团结的增强。事实上，从历史脉络及外部环境来看，台湾社会其实是个十分容易滋生怨恨的温床，而怨恨心态，事实上也普遍存在于这个社会的不同个人与群体当中。"对外的怨恨与对内的怨恨，经常混淆不清，甚至彼此强化；而其结果，则是导致整体社会的迷乱与价值位移。"[28] 当台湾社会内部怨恨情绪被转化为部分台湾民众强烈的"反中"情绪之后，后者已经对台湾社会的稳定与发展造成严重的不利影响，不仅如此，它还常常点燃"反中"民粹主义之火，侵蚀两岸互信与合作的基础，甚至极有可能导致两岸爆发直接的冲突。

四

在两岸关系研究领域中，情绪是一个越来越得到学界重视的议题，"反中"情绪更是一个值得我们深入探讨的问题。近年来岛内长期累积的政治经济社会等诸多问题及其引发的不满、焦虑与恐慌情绪使得台湾日趋成为一个"怨恨社会"或"怨恨共同体"，经由绿营政党和媒体的刻意挑动，台湾社会的内部怨恨情绪转向大陆，促使部分台湾民众"反中"情绪不断高涨，对台湾社会本身的稳定与发展，乃至两岸关系的进一步发展造成严重的负面影响。在舍勒看来，怨恨的出现与缺乏自我认知、不愿自我反省有关。"因为不愿面对自己、反省自己、超越自己、改造自己，因此会产生自我毒化的欺瞒。"而"反求诸己"可以成为化解怨恨、避免怨恨的一个开端，"它可以帮助我们看清自己的处境，而不会一再陷入自怨自艾、自我毒化的恶性循环当中"。[29] 我们衷心期待某些台湾民众能够通过反省释放其怨恨情绪、进而释放其"反中"情绪。与此同时，我们要消除部分台湾民众的"反中"情绪亦应从解决产生"怨恨情绪"的地方入手。大陆除了继续开展准确而有效的沟通、交流与合作，让两岸的经济交流与合作能够真正惠及台湾普通民众，以助于台湾社会减小贫富分化、降低弱势人群的"相对剥夺感"之外，亟需跟上台湾岛内民意的变化，更加仔细认真地倾听台湾民众尤其是青年群体的想法、意见和建议，以更广阔的心胸和更谦和的态度来面对和处理两岸之间的歧异与矛盾，促使台湾民众相信祖国大陆的发展是其机遇而非威胁，从而有助于缓解直至最终消解部分台湾民众持有的"反中"情绪。由于此议题的复杂性和篇幅所限，关于消解"反中"情绪的具体途径与方法等还需要更深入的研究，并专门撰文探讨。

注释：

[1] [7] [10] 王丽萍：《情绪与政治：理解政治生活中的情绪》，《清华大学学报》（哲学社会科学版），2014 年第 2 期。

[2] [11] 王海洲：《想象的报复：西方政治学视野中的"怨恨"》，《南京大学学报》（哲学、人文科学、社会科学），2007 年第 6 期。

[3] [23] 王丽萍：《应对怨恨情绪：国家治理中的情绪管理》，《中国图书评论》，2015 年第 4 期。

[4] 朱志玲、朱力：《从"不公"到"怨恨"：社会怨恨情绪的形成逻辑》，《社会科学战线》，2014 年第 2 期。

[5] 郑振清：《台湾新世代社会运动中的"认同政治"与"阶级政治"》，《台湾研究》 2015 年第 3 期。

[6] 郑振清：《台湾贫富分化与民进党"中间偏左"路线演变（2008—2012)》，《台湾研究》，2012 年第 3 期。

[8]《诺奖教授：全球不平等加剧应重写游戏规则》，中评社香港 2016 年 5 月 27 日电。

[9] [16] 丁学良：《台湾青年也买不起房？》，中评社香港 2016 年 5 月 20 日电。

[12] [27] 王茹：《台湾民间的"省籍－族群"和解运动——以〈面对族群与未来——来自民间的对话〉为例》，《台湾研究集刊》，2005 年第 3 期。

[13]《台湾人为什么彼此仇视？》，《联合报》（台湾），2011 年 9 月 21 日，社论。

[14][德] 马克斯·舍勒：《价值的颠覆》，罗悌伦、林克、曹卫东译，北京：三联书店，1997 年，第 7 页。

[15] [17] 汪芪：《国民党何以兵败如山倒》，《统一论坛》，2016 年第 2 期。

[18]《李义虎 520 前夕详解两岸关系》，中评社北京 2016 年 4 月 30 日电。

[19] 石之瑜：《台湾养成"天然独"，责在国民党！》，中评社台北 2016 年 5 月 11 日电。

[20] [28] [29] 汪宏伦：《怨恨的共同体，台湾》，《思想》（台湾），第 1 期。

[21] 刘国奋：《两岸关系新局面的影响与问题之探析》，《台湾研究》，2009 年第 5 期。

[22]《民进党执政下南台湾与大陆关系的变化与建言》，《中国评论》（香港），2016 年第 5 期。

[24] 郭中军：《试论"反服贸风波"的民粹主义性质》，《台海研究》，2014 年第 4 期。

[25] 张钧凯：《对台湾而言的中国道路》，《台湾社会研究》（台湾），第 99 期，2015 年 6 月。

[26] 潘朝阳：《台湾的"中华性"已沦丧》，《观察》（台湾），2016 年第 3 期。

沈惠平，博士，两岸关系和平发展协同创新中心成员，

厦门大学台湾研究中心、台湾研究院副教授。

绕不开的"中国史"：
台湾历史教科书问题之考察
——以岛内相关硕士论文为中心

陈忠纯

　　台湾"解严"前后，伴随着所谓"民主化"进程，台湾史教科书改革问题便不断被提出来。20世纪90年代，台湾地区开始加重教材中有关台湾史的分量，从小学社会科教科书改革，到初中的《认识台湾（"历史篇"）》，再到高中台湾史独立成册。这一过程中，台湾学界如何看待"台湾史"与"中国史"的关系，以往两岸学界已有不少研究成果。[1]不过笔者注意到，从20世纪90年代始，该问题便成为研究生论文的选题，且数量不断增加。相对一般研究著述，硕士学位论文的论述系统齐整，也比较能够反映同时期学界前沿的研究成果，有其特殊学术价值，亦尚未为学界关注。为此，本文拟以硕士学位论文为中心，探讨过去30年间，台湾岛内围绕台湾史教科书改革的认知演变。[2]

一、"乡土教育"视野中的"台湾史"与"中国史"

　　台湾史教科书问题与台湾社会建构新的"国家认同"，寻找所谓"台湾主体性"有直接的关系。一般看来，"本土化"问题与强调台湾史教育息息相关。但笔者所接触的早期硕士论文，却没有明确提出"本土化"问题。

　　笔者所查询到的最早讨论台湾史教材问题的硕士论文，是政治大学教育研究所刘晓芬所撰《"我国"中学历史教科书中的台湾史教材的分析》（1991年）。刘晓芬结合张炎宪、戴宝村、许雪姬的观点，认为当时台湾史教材"首先在叙述角度上，以中国史的脉络来看台湾历史的发展，以汉人的立场来撰写历史，而且强调台湾和大陆不可分的关系。对日据时代史实的描述，不尽客观。在教材的编排上，台湾史教材散见在各章之中，给人片断、零碎的印象。在教材的选择上，重视金门而忽略澎湖，重视和中国有关的历史人物及事仆，而忽视台湾史上其他可能亦很重要的史实。"[3]据此提出提高台湾史比重，采取专章或专册介绍台湾史，及补充荷据及日据时代的历史等建议。

刘晓芬的建议颇具代表性，尤其是台湾专册另编的主张，乃后人时常提及的"贡献"。但更引起笔者关注的，是其立论角度鲜明的时代特征，即从"乡土教育"与历史认知的关系角度论述重视台湾史教育的合理性。在她看来，历史教育包含了"乡土史""本国史""世界史"等层次，而"最基础，也和吾人最相关的莫过于乡土史的教育"。[4]以台湾史为重点的乡土教育是"民族精神教育"的重要一环，台湾史的教学可以让在台湾居住的人对"生长的土地、人民和文化"产生关怀与敬意，进而"建立自信心"，再提升至"胸怀大陆"的理念层次。[5]

显然，刘晓芬是从联结中国史的角度强调台湾史的重要性。她引用了黄富三、曹永和"台湾史是中国史的一部分"的观点："历史的发展和变迁具有其普遍性和特殊性的两面性格。台湾是中国的一部分，它的历史在文化上讲，一直是中国历史的一部分，但在这种普遍性之外，因为台湾是个孤立于大陆的小岛，开发也晚，所以它的历史发展与中国其他省份颇有差异，使人不得不'另眼相看'。"[6]从中国史的角度分析台湾史的特点：第一，它是近代汉民族殖民成功的特例；第二，主权者变动频繁，与大陆时分时合；第三，边疆社会的色彩浓厚；第四，为中国海洋性文明的前驱；第五，为中国近代化的模范省；第六，光复后的台湾无论在政治、经济、文教方面的成长皆可称得上是中国人发展最成功的地区。[7]

对于部分台湾史学者认为既有台湾史教材存在"以中国史的脉络来看台湾历史的发展"的问题，她既未进一步加以申说，也未予以批评。其实，从"乡土史"立论，肯定台湾史对于中国史的特殊意义，也是"以中国史的脉络来看台湾历史的发展"。因之，刘晓芬并没有全面否定"解严"以前的历史教育格局，只是要求修正轻视台湾史的倾向。比如，她以"中国传统文化"与"台湾地方性文化"来界定两者文化关系，要求重视台湾地方文化："中国传统文化固然很重要，台湾地方性色彩的文化及原住民的文化亦有其价值。"[8]

再如，刘晓芬引用张炎宪等人的观点，认为"解严"前后的台湾史教材存在明显的政治社会化现象，体现在以"汉人本位主义"和"中原核心主义"的立场来论述台湾历史，前者指忽视少数民族的特色及发展，后者则是

"未采择与台湾最接近之福建广东等与台湾相似的生活素材为教材，使学生有较贴切的感受而加深对移民原乡的认知"。[9]这样的分析，其实是纠正国民党的"中国史"教育偏差，说明台湾文化与中华文化中的闽粤文化关系更为密切。

应该说，"乡土"成为强调台湾史教育的依据，源自当时"官方"对台湾史教育的定位。国民党退台后，很长一段时间都以"反攻大陆"为职志，为了灌输这一政治目标，在中小学教育中，树立"中国认同"，让学生从小养成服从"反攻大陆"的政治意识。同时，国民党压抑"台湾本土意识"，这就给台湾人士造成一种"中国意识"压抑"台湾意识"的认知。一旦"反攻大陆"成为泡影，这种历史教育就需要调整。20世纪70年代后，国民党开始强调"本土化"，连带重视台湾史的乡土教育。早在1976年，蒋经国便曾主张通过宣扬台湾"先贤烈士"的"民族精神"和"奋斗事迹"，培养青少年"爱国爱民族"的情操"。[10]这一立场深刻影响台湾社会，不少台湾史学者也指出乡土教育的意义在于引发学生的兴趣、启发对于抽象问题的认知，再扩充对国家、世界的教育。[11]在"本土化"运动兴起的20世纪90年代，不少硕士论文仍习惯这种表述方式。如1997年，李永谋在《国小教科书历史教材内涵分析及国小高年级儿童历史知识与历史意识之研究》提出在"本土化"的时代，应改变"台湾史"与"中国史"的比例问题："随着本土意识的觉醒，历史教材亦应重新调整台湾乡土史与传统大中国史的内容，并加强世界观教育，以培养真正热爱乡土且具国际视野的二十一世纪国民。"[12]又言："现行教科书中的历史教材仍无法脱离传统大中国的历史教育心态，相对于儿童生活于台湾斯土斯民的乡土历史，以及拓展儿童世界观的其他地区的历史教材，则仍受忽略，这对于培养'立足台湾、胸怀大陆、放眼天下'的现代公民的理想，恐将难以达成。"[13]李永谋即使要求确立"本土意识"，主张"脱离"所谓的"大中国意识"，但所用的词语仍然是"传统大中国"与"台湾乡土"。他还引述了1992年"台湾省国民学校教师研习会"评析小学教材历史知识的观点来论证小学历史教材应该包括的知识内容："透过传统文化把古与今连结在一起，把台湾和大陆连结在一起，透过乡土教材把中原大传统与地方小传统连结在一起，把个人历史与团体历史连结起来。历史教育的价值透过传统文化与乡土的学习自然呈现出来。"[14]同时，要学生了解周遭"文物、典章、制度"的历史渊源，培养"中华民族"意识："中华文化博大精深，乃由不同的民族经历多次融合所孕育而成，因此民族间如何相处以及中华民族分布的理解是相当重要的。"[15]可见，相较于刘晓芬的研究，李永谋对"大中国意识"批判态度更加尖锐，但总体仍是从"乡土"来界定台湾与中国的关系。

二、"本土化"与"中国"意涵的转变

随着台湾社会"本土化"运动的发展,从"乡土"的角度界定"中国"与"台湾"或"中国史"与"台湾史"关系的思路与提法,遭到批判甚至抛弃。在教科书领域,自《认识台湾(历史编)》作为初中社会科教材及"九年一贯国民教育"改革后,台湾史教科书与"本土化"问题逐渐受到硕士研究生的关注。考察他们的论述内容,我们会发现为了强化台湾史教科书的重要性,"中国史"及相关概念的意涵,已在发生微妙的转变。

1994年,台湾"陆委会"公布《台海两岸关系说明书》,对"中国"作了新的解释,称"'一个中国'是历史上、地理上、文化上、血缘上的中国"。[16]在部分研究者看来,这是一种"为'中国'去政治化的表述方式",宣告了"台湾与中国大陆之间'政治关系'的结束,仅剩下历史上、地理上、血缘上的关系"。[17]将"政治"上的中国与"历史"上的中国做切割,被不少台湾学者引为圭臬。依这一思路,他们认为编纂台湾史教科书,推行"本土化",树立"台湾主体意识",就可以正视历史上台湾与中国的关系。

1999年,胡育仁对正在兴起中的"本土化"与小学社会科教材的关系做了研究,他的论述就很能代表这种观点。他认为虽然台湾正面临统"独"的"国家认同"之争,也面临一股以台湾民族主义为号召的狭隘的论述,企图割断台湾与大陆血缘、文化上的关系,即"去中国化,建立台湾的主体性","这是一种排外的本土化的观点"。[18]胡育仁给所谓"本土化"下的意涵是:"一个文化区域的自我意识觉悟或文化认同的积极行为,强调一切作为应根植于该区域的历史、地理、文化、社会等情境脉络,对于外来的知识体系予以创造转化,以符合当地的需要;而其蕴涵之意义乃追求文化的多样性与包容性,反对一元中心的霸权论述,避免自我优越的狭隘地域观念及盲目的排外主义,同时在全球化与本土的对照下,建构一个多元、丰富、尊重的文化新愿景。"[19]在这种"本土化"视野下,台湾文化和中华文化的关系,仍是"小传统"与"大传统"的关系,"小传统"只是"中心大传统"在特定环境下的"一种调试性的转化实现",因此其内涵精神属于儒家思想精神的框架。[20]其强调"台湾文化认同"是对以往只重视中华文化"大传统"、轻视台湾文化"小传统"的文化政策的反动,并非否定认同中华文化:"过去充满着'大传统'、'正统论'的国家文化政策,强调各民族文化必须融入中华文化,使得台湾各族群必须淡化或省略其族群认同，甚且常在对自己族群文化疏离或怀疑的情形下直接认同这个层次。"[21]

在此基础上，胡育仁针对"本土化"与小学教科书的关系提出五点建议："一、教科书本土化内容应以本土为核心，范围涵盖家乡到全球，尤其是整个中华文化的缘由应纳进来"；"二、课程发展委员会的组织人员应多元化，以容纳不同的声音，增加教科书本土化内容各族群的代表性"；"三'教育部教科书审查委员会'应广纳各方势力的代表，以避免成为另一个文化霸权宰制者"；"四、透过各种教育管道推展本土课程，以利教科书本土化之推动"；"五、加强世界观教育"。[22] 其中，除了第四条是要突破"大中国"的教育，避免漠视"其他族群文化在台湾地区的文化契机"，其他几点则是避免"本土化"编狭，尤其避免排斥"中华文化"现象。胡育仁在文中不仅一次地提出应警惕"透过台湾文化'原生特质'的过滤，排斥与批判'中华文化'"，导致另一种"文化霸权"。[23]

在胡育仁看来，当时台湾小学社会科教科书在"本土化"问题上，并没有"排外纳土"，因为"教科书仍提到，台湾目前的居民，除了原住民之外，只是来台湾的时间不同而已，其实均说来自于大陆，台湾与大陆的关系，不管是在血缘、历史、文化上是不容否认的"。[24]

许毓峰所持的看法近似，他强调否定台湾与大陆的"政治上的认同"，并不等同于否定"血统、种族、语言和文化上的关联"，"台海两岸分属不同政权亦无碍于中华文化在台湾的发扬，亦无损于传统上'华人'对于祖先的追思与崇拜"。[25] 他声言没有必要因为《认识台湾（历史篇）》等教科书过于"强调台湾"而产生"去中国化"的担忧，"承认台海两岸在血统、文化上的共同性与台海两岸各自追求不同的政治体制与生活方式，两者之间并不相冲突"。这里，姑且不谈许毓峰的观点是否准确，这一解释仍说明他反对"去中国化"。他也指出以"台湾的主体性"为出发点的同时，必须避免落入"本位主义"。[26]

即使是这种"去政治化"的两岸关系认知，随着台湾"本土化"运动的发展，也逐渐被抛弃。2000 年后，越来越多的研究者的论述角度再度转向，历史教科书中的"中国"意涵被等同于"大中国意识"或"中国民族主义"而遭到排斥。张期玲的论述颇具代表性，她考察初中历史教科书与塑造"国家认同"的关系，指出以往国民党当局利用政治、经济、社会文化等领域的控制地位，"透过其主导的文化与教育系统，支配并完全取代人民日常生活中的文化符号与意义。将中国认同强加在台湾人民的身上，试图塑造中国民族主义的国家认同，想象中国大陆是台湾人民的祖国，历史叙述的方式是以大中国为中心"。[27] 换言之,"解严"前的历史教科书版本是将"中国民族主义"由上到下灌输给台湾人民,"形成以中国崇拜为主"的"党化教育",试图塑造对于"想象中国"的认同。"解严"以后,中国史教科书与《认识台湾(历史篇)》则呈现"分歧"的"国家认同"论述。前者对于台湾的论述建构了"台湾与中国为一体"的概念,且"以中国为中心"塑造对"中国"的认同;[28] 后者则"以台湾为主体中国为客体"。[29] 这种分歧体现的是"中国民族主义"和"台湾民族主义"两种不同意识,而这两种意识又分别代表着在台湾的"外省人"和"本省人"各自的历史记忆:"国民党播迁来台之后,在台湾建构的中国民族主义的论述内涵,基本上是以当时台湾社会中的外省人的历史及文化经验作为基础发展起来的。本省人的历史文化经验则没有受到充分的考虑。相反的,20世纪80年代以后到90年代以前,反对运动的台湾民族主义论述内容,则主要是根据本省族群的历史文化经验为主体建构出来的。"[30] 而围绕着《认识台湾(历史篇)》教科书的"中国史架构下的台湾和社会"与"台湾史架构下的台湾和社会"的争论,即是一次"中国民族主义"和"台湾民族主义"之争。[31]

在张期玲的论述中,"台湾"与"中国"的关系已成为"并立"甚至"对立"的存在。比如,《认识台湾(历史篇)》的台湾地图将台湾岛置于地图中央,凸显了台湾的图像,但因为"仍有中国认同的图像存在","呈现出无法与中国完全分开的矛盾叙述",所以"较无法建构出一个明确的国家认同","呈现了中国认同与台湾认同的纠葛"。[32] 但细究该地图,不过是同时出现大陆而已。按这种观点,似乎只要出现"大陆",就会影响台湾认同。

以上论说的问题在于,如果说"解严"前的中国史教育因带有国民党"党化教育"的色彩而被批判,为何"解严"后的中国史教科书仍被当作建构"台湾主体意识"的对手?可以看出,张期玲将以往国民党灌输的"中国史"等同于事实上的"中国史",并认为"中国史"是仅属于"外省人"的"历史记忆",与"本省人"无关。这样,由"中国史"代表的"中国民族主义"仍然是压抑、轻视"台湾意识"的"中国意识",受到批判似可顺理成章。显然,这样的"中国",已不是与台湾有着不可割裂的历史文化联系的"中国"。

到了2010年,陈怡伶的论文更加明确地指出,"台湾主体意识"除了"政治面向(国家认同)"之外,强调的是"台湾文化发展的'在地化'",意图寻求"本质"是"纯台湾"的文化观。且台湾意识的"独特性"越强烈,在政治与文化上"与中国之间的断裂感"也会越深刻。[33] 陈怡伶直接以"中国意识"与"台湾意识"在教科书中的竞争为题,认为"解严"后的历史教科书中存在"台湾主体意识"与"大中国意识"并立的"矛盾"。[34] 她所指"台湾意识"是"生存在'台湾'的人民认识并能解释他们所生存的时空环境，也就是以'台湾'为'认同'的对象，个人或社会与'台湾'间的联系，对着'台湾'这一块土地所产生的'归属感'；此外，生存在'台湾'这个空间的全体人民，对于过去共同经历的历史、文化，和现在一起感受的处境以及对未来所要共同追求的目标有极大的一致性，这便是以台湾为中心的'台湾意识'"。[35] 相较而言，前述胡育仁所谈的"本土化"有将"中华文化"本土化的意味，陈怡伶的"台湾意识"则重在与"中国意识"的对立与区隔，甚至连她所提的"中国意识"，也是特指"在台湾发展出来的'中国意识'"。这种"中国意识"一直与"台湾意识"存在于台湾的社会中，是一种"外省意识"。[36] 与张期玲一样，陈怡伶同样强调"本省人"与"中国意识"无关。

如果说"解严"前后台湾学界检讨的是"中国史遮蔽了台湾史"，要把台湾史从中国史中抽离，现下则要进一步屏蔽台湾史与中国史的关系。2007年，蔡佩如以"后殖民"理论诠释台湾史教科书，将包括《认识台湾（历史编）》在内的各种"统编本"及"审定本"教科书一并解读为"依据中国史观所建构的历史课程"，是由中国人重新叙述、诠释、再现台湾历史的"台湾论述"，此结论的理由之一是：所有版本教科书虽然"承认台湾史前'多元文化'的起源"，但"不变的是强调台湾文化与中国文化的关系密切，以及台湾自古就是中国的固有领土"。[37] 如作者所言，肯定中国与台湾的历史文化联系，即说明教科书中的台湾史仍"缺乏主体性"，难以使受教者"建立台湾意识、形成台湾认同"，[38] 本质上说明台湾人面临"政治上独立"而"文化上却遭受殖民控制"的"后殖民情境"。[39]

这种要求在台湾史教科书中"去除中国因素"的主张，不断地得到呼应和加强。如2014年，林琼舜在《台湾史研究在高中教科书中的落实与落差》中，强烈批评"101课纲"，认为该课纲"复辟""中国民族主义思维"，"隐没""台湾主体性"，"符合国民党一贯的意识形态"。他尤其认为"海洋史"与"转型正义"两个观念，没能在教科书中得到"相应的发展"，但前者不过提及了汉人在早期台湾史中的地位，后者则未按其观点批判"威权体制"与"白色恐怖"："多数版本既不强调威权体制乃是造成白色恐怖的根本因素，对国民党和情治机关的独裁、滥权也是轻描淡写，只笼统地将所有悲剧归结于严刑峻法的实施，进而低估党外势力和自发性的民主运动对于民主化的贡献。"[40]

"中国史"意涵的转变，与"本土化"兴起的政治背景有密切的关联。论者通过否定国民党"党化"的"历史教育"来质疑国民党的统治合法性。国民党关于台湾与中国的历史教育存在不少偏差，故而早期有论者通过修正国民党的历史教育，通过丰富对"中国史"的认知来为重视台湾史教育创造空间。随着"本土化"的深入，部分论者为了否定台湾史与中国史的历史联结，抛弃了修正国民党"党化"的"历史教育"的努力，反其道而行，把国民党"党化"的"中国史"等同于事实上的"中国史"，进而将"中国的历史记忆"界定为"外省人"的历史记忆，为"去中国化"寻找合理依据。不过，历史上的台湾与中国的联系无法否定，这种"去中国化"论述，给台湾社会的历史文化认同制造困扰。就如张期玲看来，肯定中华文化与强化台湾认同不应并存，却又难以回避这一事实，似乎成为一种无法摆脱的困境，这也间接说明，要绕开中国史重塑台湾史会面临重重困难：《认识台湾（历史篇）》在共同文化上的叙述，不但尊崇中华文化，也注重台、澎、金、马之乡土文化，以及台的特有文化，"存在着强化台湾认同却又无法舍去中国认同的矛盾"。[41]

三、绕不开的"中国史"：
台湾史教科书编撰与教学的困境

进一步考察相关论文对实行台湾史教科书教纲修订、编纂、使用情况的研究，会发现台湾地区历史教科书中，台湾史并非"弱者"，相反，被其攻击的中国史却已失去强势的地位。"台湾史"与"中国史"的地位发生逆转，到了"95课纲"，台湾史在中小学历史教学中已取得"独立且优先"的地位，如何处置"中国史"成为争议的焦点。[42] 从现有的硕士论文等相关论述可以看出，"台湾主体意识"似已成为论述者的基本共识，"台湾的历史教育到此，可以说是确立台湾史、中国史、世界史的教学顺序，重视本土教育，似乎成了一股锐不可档（挡）的教育潮流"。[43] 徐宇辰也观察到"认同台湾"的"台湾意识"，"已在潜移默化中俨然逐渐形成共识"。[44]

不过，虽然台湾史取得主导地位，但在教学过程中却产生更多的问题。其中，诸如中国史与台湾史比重不合理的问题，前者过少后者过多，是研究者反映的普遍问题。如张嘉玲的访谈发现："访谈老师几乎都反映，台湾史占了一个学期，而中国史也是一个学期，每次到了高一下学期就是得不停的赶课，甚至常常得利用暑期课辅班的时候，才能将进度上完。"[45] 李晓玲的访谈中，教师也反映中国史学时数不足，教学进度"倍感压力"。[46] 除了学时问题，切割台湾史与中国史的关系，也让教师无所适从。叶素菱认为：教科书有关台湾史的编排，"应同时针对中国史发展顺序做初步的介绍，以利于学童历史事件与背景脉络的联结。盖因台湾历史发展与中国历史无可切割，刻意省略彼此，反而加深学童理解上的障碍，也增添教师课堂教学的困扰。"[47]台湾史纳入教科书，与政治运动有很大关系。但不少研究者主张尽量避免政治干扰。叶素菱对"去中国化""本土化"的政治态度干扰教育保留意见："对照现今主政者高唱所谓'去中国化'、'本土化'的口号，诸此政治符号的干扰与思维，更显得自身的愚蠢和贫乏；截然的排他性与二元划分下，其实忽略了台湾与大陆深层而紧密的文化内涵连结，更阻碍了自身族群融合与文化创新的道路与空间。"[48]李晓玲的访谈中，涉及"台湾史"与"中国史"的意识形态问题时，教师表示都会依据自身的政治立场做出选择，其身份也从"照本宣科"变成"转化的知识分子"，在教学现场发挥关键性的影响力。但如何不带任何立场的带领学生思索与反省，成为一个难题。[49]此外，教师们对于将明清史从中国史抽离出来摆到世界史尤表不解，认为离开中国史的脉络，会造成学生历史知识系统的断裂。[50]而即使认为台湾史教学分量占了三分之一仍不足以显现"台湾的主体性"的研究者，也不得不承认"中国史的重要性"，因为"台湾特殊的政治背景与现代社会形成的历史背景，与中国有密切关系，如果不学中国历史，将无法对台湾的过去、现在，做全面的了解，便无法洞悉未来的走向"。[51]

台湾史教科书强势地位的确立与所要灌输的历史认知，与台湾地区掌权的势力有直接的联系。罗若礼通过深度采访研究发现，所谓的"95 课纲"拟定过程中，"政治力量介入的迹象非常明显"，[52]其中教纲宣称的"多元""去国族化"的主要目的是消灭"中国国族主义"，同时"悄悄"建立"新的国族史观"。[53]他质疑，"岛上另一半的认同或历史记忆，在教科书中是否也同样被尊重？"[54]

徐宇辰也指出，"解严"后的历史教科书编纂内容与以往一样，都是由执政者决定的："决定课程内容的因素并不在于学生适合哪种知识，而是在于统治者为遂行其统治权力，教导人民国家意识以巩固统治阶级的意识型（形）态，从战后历次课纲的修订，一直到'95 暂纲'的实施、甚至是'98 课纲'的宣布，都不是'由下而上'的改革，也不完全是基层教师的意志所推动，主要还是教育部本身的理念来主导整个课程改革的走向，如此一来，便难以避免政治力的干预影响，而往往成为目前主流意志所主导的课程改革。"[55]

台湾史教育已深深地嵌入台湾的政治斗争与意识形态纷争之中。2005 年 3

月间,台湾地区因大陆制定《反分裂国家法》,部分社会团体便要求实行"教育台湾化"。扶志凌据此指出政治掌控历史教育,不仅无助于认知历史真相,还会引发更多争议:"台湾是否为中国的一部分,不仅是主权问题,也是历史问题,文化的中国、历史的中国,与政治上的中国,并非完全画上等号。用政治上的手段,企图去切割曾经存在的历史事实,对于厘清史实不仅毫无助益,反而会带来更多的争议。"[56] 他还注意到台湾人对于日本右翼团体篡改历史教科书几乎没有任何反应,说明相较于历史真实,台湾社会更重视意识形态与自身利益:"在政治意识形态的考量下,历史教科书的内容是否符合历史事件的事实,并不是台湾社会关注的重点,台湾社会最关心的,反而(是)教科书内容背后隐藏的意识形态,是否符合自己的利益以及政治正确。当历史教科书内容,跟自己所属政党、阶级的利益与政治正确产生冲突时,大多数人会有激烈的反应;但当历史教科书的内容与意识形态,虽然有明显的误谬,可是如果和自己的利益以及政治正确并未产生明显冲突时,大多数人会选择沉默。"[57]

有研究者自言,在融合"集体记忆""民族主义""政治社会化"等方法进行研究后,认定"本省族群"与"外省族群"的权力之争,"确实影响着中国民族主义与台湾民族主义论述的消长",但她无法解释为何"本省族群"与"外省族群""无法(理)解对方",甚至后来可以成为政治动员的工具,以致"再度深化他们之间的心结";无法解释为何"本省族群"与"外省族群""希望建构自己的国家",甚至"成为政治或社会上纠葛的问题",她希望可以借助心理学的理论,"深入了解本省人与外省人之间的心结","谋取相互体谅之道"。[58] 就本文的分析来看,上述作者将"中国史"视为与"本省人"无关的"外省人"历史记忆,与其说是在描述一个历史事实,不如说是在借用"中国民族主义"与"台湾民族主义"的变动来阐释过往台湾史教科书的演变。而这种通过"去中国化"以强化"台湾主体意识",撕裂台湾史与中国史关联的历史认同叙述,不仅无助于弥合台湾地区的省籍矛盾,反而会强化两者的分歧与冲突。如李晓玲也谈到,台湾的政治人物企图利用意识形态的差异来寻求选民的"高度认同",制造社会尖锐的对立。"政治人物往往透过意识型(形)态的差异性来寻求选民的高度认同,加上传播媒体的渲染造就出尖锐的对立性,但无论在历史、文化、社会、思想上皆不能完全切割意识型(形)态,就算今日大力提倡台湾意识与重视台湾历史也没有必要否定中华文化,或借贬抑中国民族的历史来弘扬台湾的发展,若一味地从事政治符号的操弄与论辩,不仅造成台湾当前政治、社会的不安,忽略了台湾与中国的文化联结,更阻碍了族群的融合。"[59] 故而,应注重借由中国史与台湾史的书写达到"族群互动、沟通的目的"，而非将族群间的"集体记忆""建构成划定领域界限的排他势力"。[60]

总之，历史教育是建构政权合法性的重要工具。当政权合法性发生变动，修改历史教育自然会被提上日程。20 世纪 70 年代大陆恢复联合国的合法席位，国民党"反攻大陆"的政治目标失去最后的遮羞布，国民党既有以之为目的的历史教育或"国族教育"便面临解体的危机。国民党大力推崇"大中国史"的同时，曾一度压制"本土意识"，忽略"本土历史"，给本土人士一种"中国史"压抑"台湾史"的认知。

党外运动兴起后，台湾本土势力更将此作为反抗国民党统治的依据。其采取的论述策略之一，即是将"中国教育"等同于国民党的"党化"的"大中国教育"，塑造"中国史"与"台湾史"的对立关系。于是，"去中国化"便成"本土化"的主要目的之一，而编纂脱离"大中国史"的台湾史教科书，是其中的主要手段之一。但是，这种主要依靠政治力量推行的"去中国化"的"本土化"，与台湾历史发展及社会现实发生矛盾，不但歪曲两岸历史上的紧密联系，还会撕裂当下岛内的族群关系，于是如何重构新的历史认同，成为台湾史教科书的难点。如吴展良等人所言，自我"窄化"的结果很可能就是永无止境的自我分裂与否定。[61] 因之，台湾中小学历史教育在当前面临举步维艰的处境，与历史认同及意识形态的纷争有着紧密的关系，反映台湾社会对何谓"台湾主体性"仍缺乏基本的共识。有论者呼吁，"历史教育改革的诉求、历史思维能力的建立不应模糊于国家主权认同争议之下"。[62] 而其中最关键的问题之一便是如何处理"台湾意识"与"中国意识"的关系。

注释：

[1] 两岸相关研究成果颇多，与本文讨论主题较密切的代表性论著可参见：萧阿勤：《重构台湾：当代民族主义的文化政治》，台北：联经出版事业股份有限公司，2012 年；宋佩芬、张韡曦：《台湾史的诠释转变：国族历史与国家认同教育的省思》，《教育科学研究期刊》（台湾）第 55 卷第 3 期，2010 年；郑政诚：《国小社会科教科书内容本土化之形成与省思——以台湾历史文本为例》，《台湾教育》（台湾）第 624 期；高谱镇：《被"撕裂"的"国家"：台湾认同问题的理论反思》，《教育社会学通讯》（台湾）第 53 期，2005 年 5 月等。

[2] 笔者在台湾图书馆的硕博士论文库中（检索时间最迟为 2016 年 5 月），以"台湾史"和"教科书"为联合关键词，检索出 12 篇硕士论文；另以"台湾历史"和"教科书"为联合关键词，再检索出 2 篇硕士论文；再结合"历史"和"教科书"为联合关键词，检索出的 100 篇硕士论文中，也有部分与台湾史及两岸历史教科书相关的论文。需要说明的是，笔者在检索过程中，未发现博士学位论文，故仅能以硕士论文作为考察对象。

[3] [4] [5] [7] [8] [9] 刘晓芬:《"我国"中学历史教科书中的台湾史教材的分析》,政治大学教育研究所硕士论文,1991年,第24页,第2页,第21页,第19—21页,第154页,第22—23页。

[6] 黄富三、曹永和:《台湾历史论丛》第一辑,台北:众文出版社,1979年,第一—3页。

[10] 林明德等:《当前中等学校乡土史教学之现况与展望》,载于《中等学校人文社会科学教育研讨会报告书》,1979年,第169—172页。转引自刘晓芬:《"我国"中学历史教科书中的台湾史教材的分析》,第2页。

[11] 如许雪姬:《国民小学乡土教材之检讨》,《人文及社会学科教学通讯》(台湾)第1卷第1期,1990年6月,第122—123页;戴宝村:《国小社会科台湾史教材之检讨》,《台湾风物》(台湾)第38卷第2期,1988年6月,第33—49页。

[12] [13] [14] [15] 李永某:《国小教科书历史教材内涵分析及国小高年级儿童历史知识与历史意识之研究》,嘉义师范学院国民教育研究所硕士论文,1997年,第109页,第97页,第22页,第22页。

[16] 台当局"行政院大陆委员会"编著:《台海两岸关系说明书》,1994年。

[17] [18] [19] [20] [21] [22] [23] [24] 胡育仁:《国小社会科教科书本土化之分析研究》,台北师范学院课程与教学研究硕士论文,1999年,第136页,第206页,第7页,第43页,第45页,第210—213页,第61页,第206页。

[25] [26] 许毓峰:《"解严"前后国小社会科教科书中的台湾图像》,政治大学历史所硕士论文,2004年,第285页,第296页。

[27] [28] [29] [30] [31] [32] [41] [58] 张期玲:《国家认同的塑造:以国中的历史教科书为焦点》,淡江大学公共行政系公共硕士论文,2004年,第3页,第147页,第148页,第50页,第86—87页,第148、154页,第148页,第170页。

[33] [34] [35] [36] 陈怡伶:《台湾与中国意识在国中历史教科书中的角逐——以台湾历史为例》,台湾师范大学台湾文化及语言文学研究所在职进修专班硕士论文,2010年,第107页,第138页,第43页,第45页。

[37] 蔡佩如所列理由有四点:1.虽然"解严"后的台湾史教材篇幅增加,从史前至战后建立较为完整的历史脉络,但仍与中国史教科书的篇幅"相差甚远";2.虽然"承认台湾史前'多元文化'的起源",但"不变的是强调台湾文化与中国文化的关系密切,以及台湾自古就是中国的固有领土";3."外来政权"(主要指荷、日)对台湾文化的影响叙述过少,"犹如凤毛麟角";4.未提对战后国民党的"独裁统治"及台湾的族群问题。参见蔡佩如:《"中华民国"中学历史教科书的后殖民分析——以台湾论述为核心》,台湾大学法教分处政治学研究所硕士论文,2007年,第88—89页。

[38] [39] 蔡佩如:《"中华民国"中学历史教科书的后殖民分析——以台湾论述为核心》,台湾大学法教分处政治学研究所硕士论文,2007年,第88—89页,第108页。

[40] 林琼舜:《台湾史研究在高中教科书中的落实与落差》,台湾大学文学院历史学系硕士论文,2014年,第79—80页。

[42] [55] 骆毓贞:《战后台湾教科书制度之研究——以高中历史教科书为例》,政治大学历史系研究所硕士论文,2008年,第99页,第179页。

[43] [51] 郭淑美:《高中历史教科书研究——以台湾史教材为中心(1948—2006)》,台湾师范大

学历史系硕士论文，2006年，第192页，第229—230页。

[44] 徐宇辰：《战后国（初）中历史教科书的演变（1948—2007）——以台湾史教材为中心》，中兴大学历史学系硕士论文，2008年，第111页。

[45] 张嘉玲：《高中历史教师教科书选用理念与教学成效——以大台北地区为例》，政治大学社会科学院行政管理硕士学程第10届硕士论文，2011年，第73页。

[46][49][50][59][60][62] 李晓玲：《九五"普通高级中学课程暂行纲要"分析——以台湾史与中国史的历史教科书为例》，政治大学国家发展研究所硕士论文，2009年，第145页，第147—150页，第151页，第169页，第168页，第160页。

[47][48] 叶素菱：《国小社会领域教科书台湾史教材之内容分析》，花莲教育大学国民教育研究所硕士论文，2006年，第238页，第240页。

[52][53][54] 罗若礼：《纠结中诞生的历史教科书——从九五课纲争议谈起》，台湾大学社会科学院新闻研究所深度报导硕士论文，2007年，第56页，第52页，第52页。

[56][57] 扶志凌：《教科书多元化与意识形态关系的探讨——以审定本高中历史教科书第二册为例》，南华大学教育社会学研究所硕士论文，2004年，第38页，第40—41页。

[61] 林青黄：《课程与权力运作研究——以高中历史课程纲要修订为例》，台湾师大教育系硕士论文，2005年，第178—179页。

陈忠纯，两岸关系和平发展协同创新中心创新团队成员，厦门大学台湾研究中心、台湾研究院副教授、历史所副所长，历史学博士。

以"互动"为中心的社会运动演化分析
——对中国台湾的个案观察

陈　超　　蔡一村

　　2014年3月18日晚，近300名抗议者在台湾地区（以下简称台湾）"立法院"围墙外抗议《海峡两岸服务贸易协议》（简称《服贸》）"粗暴闯关"。[1]21时许，数十名抗议者突然冲入"立法院"议场，台湾立法机构首次被运动者攻占。随后，近300人涌入议场，场外的抗议人数则增加至数千人。21日，《苹果日报》首次以"太阳花学运"[2]来称呼此次运动。直到4月10日下午退场，"学运分子"占领"立法院"达24天。在占领期间，为回应24日发生的"行政院"事件，抗议者发动了超过10万人参与的"330凯道大游行"。

　　事实上，"太阳花运动"并非一次孤立的事件。无论是2008年的"野草莓学运"，[①]2012年的"反媒体垄断运动"，[②]还是2013年的"白衫军运动"，[③]它们都呈现出相似的特征：参与人群主要由青年学生构成，[3]通过新媒体进行动员和传播，组织结构模式趋于扁平化，得到在野党或明或暗的支持。总之，2008年以来，走上街头表达不满的台湾青年越来越多，并往往能造成巨大的声势。而2014年爆发的"太阳花运动"，则是其中规模最大、持续时间最长的抗争，在台湾引发了一连串的政治与社会效应，时至今日依旧余波未平。可以说，在台湾众多青年运动当中，"太阳花运动"是一个重要且典型的案例。因此，以此次运动为例展开分析，不仅有助于我们理解台湾青年社会运动产生与发展的内在模式，也可以为我们了解台湾乃至其他地区的社会运动提供有益启示。

　　这样一次大规模的社会运动，是如何动员起来的？与先行研究的视角不同，本文认为"太阳花运动"的产生与发展，是在运动各个主体的互动过程中，不断演进实现的。由于各个主体互动结果存在一定的不可预见性，所以在这一运动的演进过程中，充满了各种"突发状况"与"意外结果"。因此，与其说'太阳花运动"是一场精心组织、巧妙动员的社会运动，不如说它更像是一个在各方互动中、由许多"意想不到"推动的产物。

本文的论证主要依托于半结构式访谈取得的一手资料，并辅之以"'立法院'公报"等必要的二手材料。文章的结构安排如下，第一节综述了"太阳花运动"的现有研究成果；第二节介绍本文的理论分析框架；第三节说明本文的研究方法；第四节按照运动发展的过程展开对运动主体互动的分析，最后一节提出结论。

一、资源动员、政治机会结构与构框理论："太阳花运动"的静态分析

"太阳花运动"是如何产生的？针对这一问题，先行研究主要从三个传统的社会运动理论视角展开分析：资源动员视角、政治机会结构视角与构框（Framing）视角。[④] 总的来看，这三类研究有一个共同特征，即都是关于"太阳花运动"产生与发展的静态分析，而忽视了运动过程中不同参与主体间互动对运动情境以及运动发展产生的动态影响。下文将对这三类研究进行简要的综述与分析。

资源动员视角强调，社会运动的产生主要源于资源的汇集与组织运作的方式。其中，资源泛指有利于运动动员的各种条件。[4] 从这一视角出发，罗文指出，马英九当局"失败"的两岸政策，是孕育"太阳花运动"的重要土壤，为运动的产生提供了动员基础。[5] 邓利娟与朱兴婷从经济学的视角呼应了这类观点。她们认为，此次运动产生的一个重要背景性原因，就是台湾经济近年来的低迷不振。无论是在经济增长指标、物价变动幅度、还是劳动市场的薪资水平，台湾经济都表现出十分沉闷的景象。正是这种持续的"闷经济"，为社会运动的爆发提供了条件。[6] 青年问题的研究者，从世代特征的角度提出了用于此次运动动员的一些新兴资源。他们认为，反权贵、追求普世价值、倡导世代正义、掌握先进的媒体与网络技术，这些都是当前台湾青年独特的世代特征，也正是这些世代特征的汇集，成就了此次规模巨大、影响深远的学生运动[7-9]。在所有新兴的动员资源中，新媒体尤其引起了学者的强烈兴趣。有学者以运动发展的过程为主线，从运动的准备、爆发、扩散与维持四个方面对新媒体的影响进行了分析。[10] 有学者甚至认为，在此次运动中，新媒体作为一种资源，不仅为动员提供了有利条件，而且影响了政治机会结构，并辅助塑造了运动的集体

认同 [11-13]。

如果说资源动员视角主要是从社会层面挖掘运动产生的可能，那么政治机会结构视角则将焦点转移到公权力机构与政党上来。刘伟伟与吴怡翔认为，产生 "太阳花运动" 的重要政治机会主要在于台湾持续激化的政党斗争。[14] 王鸿志的研究对这一观点提供了补充，他指出，台湾 "第三势力"⑤ 的涌现，触动了台湾既有的政党结构，为 "太阳花学运" 的产生，提供了重要的组织和领导准备。[16] 郑振清则提出，这一运动的爆发，与台湾认同政治的动员与阶级政治话语的崛起密切相关。[17] 一些国际关系的研究者，则重点强调了美国对此次运动的态度以及两岸关系对这场运动的影响。通过回顾美国历史上的对华政策，以及在 "太阳花运动" 过程中的各种动作，李家泉、钟厚涛分别撰文指出，美国在此次运动中使用了 "既打又拉" 的策略，目的在于增加台湾政局与两岸关系变数，进一步强化美国对台控制力。[18, 19]

与资源动员视角和政治机会结构视角不同，构框视角更加偏向对社会运动的文化性分析。从这一视角来看，社会运动的核心工作之一，"便是提出一套重新认识世界的参考坐标，以唤起参与者的热情与信念"。[20] 郭中军正是沿着这一视角展开了对 "太阳花运动" 的讨论。他指出，在这次运动中，运动者充分利用 "人民" 的话语与修辞术进行社会动员，成功地获取了广泛的同情与支持，折射出台湾地区根深蒂固的民粹主义政治。[21]

通过以上综述可以看出，先行研究虽然关注的问题不同，但却具有一个共同的缺陷，即它们本质上都是一种静态的分析，都强调结构对主体行为的影响，却忽视了主体能动性的存在，以及主体能动性对外部结构可能产生的反作用力。无论是从资源动员视角出发的研究，还是基于政治机会结构视角的探讨，它们都将运动所处的政治、经济、社会结构作为分析的核心。然而，既然这些政治、经济与社会结构不是一天形成的，那么为什么 "太阳花运动" 没有更早或更晚地爆发？既然台湾社运组织对于《服贸》的反对也并不是第一次出现，那么为什么在这一次得到了社会的广大支持，并产生了巨大的政治与社会效应？显然，要回答这些问题，就需要我们深入运动内部，挖掘运动主体的互动机制。而对于社会运动中的构框理论，其在意义诠释、共识塑造方面虽然注意到了由主体互动产生的建构性特征，但是却在对 "太阳花运动" 的应用分析中缺乏对互动过程的关注，同样可以视为一种静态分析。

综上所述，从社会运动三大传统的理论视角出发，先行研究或许可以为运动爆发的 "必然性" 提供一些有益的思考，然而却忽视了参与主体交往互动的能动性，因而无法揭示运动产生与发展的动态过程。正如梯利所说，"抗争本身有相对独立的历史，这种历史不是简单的生产组织变化或国家权力变化的反映……"。[22] 正是基于这样的思考，本文尝试提出一种以"互动"为中心分析运动产生与发展的动态理论框架。

二、作为分析工具的"互动"

（一）"互动"作为分析工具的理论渊源

将"互动"置于分析社会运动的中心，经历了一个漫长的理论发展过程。当代社会运动理论脱胎于二战前的集体行为理论。该理论以勒庞、布鲁默与格尔等人为代表，[23-25] 强调群体行为的心理学因素，将社会运动看作是一种"病态的社会行为"，[26] 是"非理性"的个体在社会变迁带来的负面情绪影响下，以集体行动的方式自发进行抗争的行为。后来，以奥尔森搭便车理论为代表的理性选择模型被引入社会运动的研究，从根本上挑战了传统集体行为理论对社会运动参与者的非理性假设。从理性选择假设出发，资源动员论的先驱麦卡锡和扎尔德进一步指出，格尔所说心理上的"相对剥夺感"实际上存在于每一个社会之中，而决定社会运动消长的重要因素是社会运动组织所能利用的资源总量。[27] 但对资源的过分强调，使资源动员论忽略了意识形态、组织力量、政治机会等重要因素对社会运动形成和发展的影响[26]188。之后，在梯利提出的政体模型（PolityModel）和动员模型，[28] 以及麦克亚当提出的"政治过程模型"[29]51的基础上，政治过程理论得以建立，并迅速成为美国社会运动理论的主流研究范式。政治过程论将社会运动看作一个斗争性的政治过程，在这一过程中，运动组织者努力寻找并抓住政体中出现的政治机会，在社会运动组织和人际关系网络的帮助下，根据不同的诉求和文化创造或借用能够打动民众的符号性行动，并利用媒体的传播形成大众舆论，动员民众向执政者发起挑战。而综述中提到的政治机会结构视角和构框视角，也都产生于政治过程论的大框架之下，[30] 分别关注运动所处政治环境，[31, 32] 以及运动中话语和符号性行动对运动组织与动员的影响。[33]

对"互动"的关注，正是产生于对以上理论的批判。无论是资源动员论、政治机会结构论还是构框论，都只关注了运动的"某个侧面"；[26]37 同时都是一种静态的分析，即它们都把运动爆发前的某些既有条件，作为归因的起点，并将其视为一成不变的要素，[34] 进而试图在某一结构性因素（资源、政治机会、文化）

与社会现象（太阳花学运）之间建立起一种机械的因果关系。换句话说，这种静态分析缺乏对"时间"[26]47 这一因素的考量。事实上，每一次社会运动的产生与发展都是一个随时间推移而变化的动态过程，运动中挑战者与被挑战者之间、挑战者内部、甚至被挑战者内部的斗争与合作以及运动中可利用的动员资源、所面对的政治机会、被塑造起来的群体认同甚至备选的抗争方式等等，都可能随着运动的变化而变化，而促使这一变化发生的核心，即是各方的"互动"。[34]

在《抗争的动态》一书中，麦克亚当、塔罗与梯利将其视野从微观个体与宏观结构正式转向了中观层次的"互动"，从此为社会运动的研究开辟了一片新的天地。然而，恰恰是他们对前人的核心突破为本文研究框架的提出提供了空间和可能。总的来看，虽然麦克亚当等人的理论框架是从"互动"出发，但是他们的分析核心与落脚点在于互动之后的影响，即互动是如何改变动员资源、政治机会结构，又是如何重新塑造认同，并且创造新的参与途径等等。然而，对于"互动"本身，即互动参与主体的进入与退出、互动的形式以及互动的策略等问题却并非其框架的核心。诚然，任何以"互动"为中心的社会运动研究，最终都应当以解释运动的动员与爆发为落脚点。从这个方面来说，关注"互动"之后产生的影响——在"互动"与"动员"之间的机制问题——是必不可少的。但是，"互动"作为"互动—影响机制—动员"这一关系中的前置变量，也应当得到翔实且系统的关注。正是在这一点上，本文试图做出些许"添砖加瓦"的尝试。

（二）"互动"作为分析工具的理论框架

在对先行文献继承与反思的基础上，本文尝试提出一种以"互动"为中心的多元动态分析框架。该框架主要从以下三个方面对社会运动过程的不同阶段进行分析：识别互动的主体、展示主体在互动中的能动性、归纳互动的表现形式。下面将对分析框架的三个方面，进行简要的阐释。

（1）识别互动主体。互动主体，主要指的是在互动行为中的参与各方。它不仅包括个人，还包括各类社会团体、国家与国际组织等抽象单位。在社会抗争与社会运动中，主要的参与主体可以笼统地分为两大类：挑战者与被挑战者。按照运动中角色的差异，挑战者又可以细分为挑战发起组织/个人，挑战参与组织/个人。通常情况下，挑战的发起者常常会成为运动的权力中心，但这并不意味着挑战的参与者没有机会进入到权力中心，也不意味着挑战的发起者不会离开权力中心。一场社会运动，常常是疾风骤雨的，而挑战者在运动中的权力位置变化，也常常是风云突变的。要考察这种突变，就不能不深入到互动的过程中去。关于互动各个主体的关系，我们可以用一个同心圆来形象地展示（见图1）。中心圆代表被挑战者，外围两个大圆分别代表挑战者中的发起者与参与者。这两个圆的半径表示距离权力中心的位置，半径越大，距离越远。箭头表示二者向权力中心移动可能的方向。

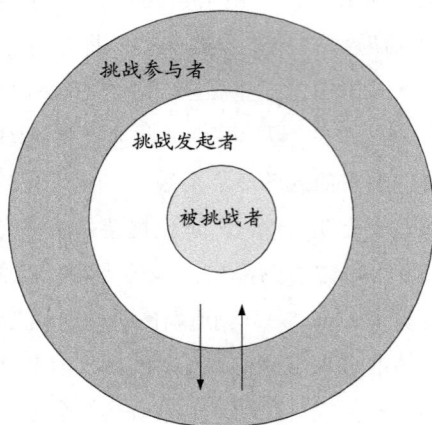

图1　社会运动各参与主体的关系

（2）展示互动主体的能动性。主体的能动性，在互动过程中主要表现在两个方面：主观性与策略性。主观性主要指的是人的行事能力，它指的不仅是人具有做某事的能力，更重要的是具有不做某事的能力。也就是说，人的主观性不仅体现在生存状态上，更体现在行事的选择上。[35]15策略性是主体行为能力的一种表现形式，是个体主观能动性最大程度的体现。[35]16它的一大特点就在于具有无限的开放性，即人的策略选择既不受制于工具理性的逻辑，也不囿于价值规范的束缚，而是在实践活动生成的各种情境中，催生和引导出来的。[36]

在社会运动的过程中，各个参与主体是遵从还是打破常规，顺从或是背离规范，都是在当下的情境中进行选择的。这种情境，固然离不开政治、经济、社会环境的塑造，然而对于参与者来说，在现场每时每刻正在发生着的人际关系与互动，更是形塑他们策略的重要情境。

（3）归纳互动的表现形式。社会互动的基本方式可以概括为以下三对类型：合作与竞争、互助与冲突、交换与掠夺。[37]总的来看，这三对社会互动的基本类型，均可见于社会运动的过程中。无论是在挑战者群体、被挑战者群体，还是在挑战与被挑战群体之间，任何一种社会互动的方式都可能存在；而在不同的运动阶段，一种互动方式也可能因为某些原因转化成另一种互动方式。总之，社会互动方式的存在，不是刻板而僵化的。

识别互动的主体、展示主体在互动中的能动性、归纳互动的表现形式构成了这一多元动态的分析框架。通过以上介绍可知，这一框架之所以是“多元”的，是因为它不仅将“挑战者”之间的互动作为关注的对象，也将挑战者与被挑战者之间的互动作为分析的重点；这一框架之所以同时也是动态的，是因为它不仅重视不同主体间每一次单独的互动行为，也强调互动行为之间的先后影响。一个最常见的情况是，前一次的互动塑造了下一次互动的情境。

“多元”与“动态”的特征使这一框架在解释社会运动产生与发展问题上具有以下三点优势：

第一，强调运动“主体间”行为对运动产生的影响。无论是资源动员论、政治机会结构论还是构框论，它们探讨的都是某一类主体行为（运动组织、政府政党、社会运动家等）对运动产生的影响，而本文提出的这一框架则将主体与主体之间的行为纳入分析的中心。

第二，为理解个体多元化的参与动机提供了新的视角。强调心理因素的传统集体行动理论，常常将个人参与动机看作外生于运动的给定因素。[⑥]然而，构框理论则认为，“动机”是可以被运动话语塑造起来的，因此它不必然先于运动而存在，有时可以是一种内生于运动的因素。[⑦]在内生性这一点上，本文以“互动”为中心的理论框架与构框理论不谋而合。然而，二者的区别在于，如果说构框理论强调动机是由主体有意识地“制造”出来的，那么本文则强调动机是在主体之间互动中自然“产生”出来的。在下文“太阳花运动”的案例中可以看到，许多学生加入此次运动，并非因为他们反对《服贸》，也并非他们对大陆有偏见，而仅仅是因为他们对当局在运动过程中的反应不满而已。

第三，将“时间”因素纳入考量，关注过程与变化。正如上文所言，静态的结构主义分析常常将某些外部结构性因素作为归因起点，并将其视为一成不变的因素，继而在这些因素与社会运动结果之间建立起机械的因果联系。然而，这一分析路径最大的局限就在于，结构主义先天就缺乏对某些重大但却具有偶然性、策略性的事件的考察。因此，结构主义的分析仅仅能够告诉我们为什么某些运动“终将会爆发”，却无法向我们解释这些运动为什么会“在此时爆发”。要解释后面这一问题，就需要将观察焦点从结构性条件转移至运动爆发的整个过程中去，而“不同主体间的互动”显然是这一过程中的重要内容。以“太阳花运动”为例，张庆忠“强行闯关”《服贸》，被看成这一运动的导火索。这个由国民党策略性选择、张庆忠具体实施而导致的偶然事件并不在结构主义分析强调的政治、经济、社会等因素的范畴之内，却可以通过考察不同主体之间的互动加以理解。因此，如果说结构主义视角更长于解释社会运动"为什么爆发"（Why）的问题，那么本文提出的以"互动"为中心的多元动态框架，则更长于解释社会运动"如何爆发"（How）的问题。

这一以"互动"为中心的多元动态视角与静态的结构主义分析之间呈现出怎样的关系？从根本上来说，对"互动"的关注源于对人主观能动性的强调。这种能动性不仅包括意义、价值等主观的社会性知识，同时包括人具有的不受外部环境限制、有时甚至能够超越并改造外部环境的能力。因此，当我们对某一类社会问题与社会现象进行分析时，就不能仅仅将焦点放在外部结构性因素上，还要把其中参与主体互动的过程纳入到分析框架之中。因此，以"互动"为中心的分析视角，并非反驳或推翻结构主义的价值，而是要将"结构"中的"能动"因素找回来，为结构主义的分析提供一种补充。简而言之，这一互动分析为我们认识"太阳花运动"乃至其他社会运动，展示了另一种想象与可能。

综上所述，以"互动"作为分析的工具，要求我们从互动主体、互动主体能动性与互动表现形式三个方面进行分析。[⑧]从这一理论框架出发，研究的落脚点就需要从宏观的政治、经济、社会结构，转向社会运动过程中人与人之间的中观互动。在这个意义上，以个案与访谈为中心的质性研究方法，更利于研究者实现这一目的。

三、研究方法与数据收集

（一）框架检验

本文以"太阳花运动"为案例，对理论框架的有效性进行初步检验。因此，从研究方法上来看，本文无疑是一项个案研究。然而，在研究方法日新月异的今日，本文放弃其他时髦的"工具"，转而投向这一传统的研究路径，似乎有必要回答以下两个基本问题：为什么要选择个案研究作为检验理论框架有效性的方法？为什么要选择"太阳花运动"作为案例？由于在本文的引言部分已经对第二个问题进行了扼要的阐释，故不再赘述，接下来本节主要针对第一个问题进行说明。

从根本上说，本研究之所以选择个案分析的方法，主要源于本文理论框架在本体论上的基本取向。梯利曾指出，政治学研究中的本体论取向大体可以分为四类：整体主义（Holism）、方法论个人主义（Methodological Individualism）、现象学个人主义（Phenomenological Individualism）以及关系现实主义（Relational Realism）。[39]110 根据梯利对这四种本体论取向的基本定义，本研究提出的以 "互动" 为中心的理论框架应属于 "关系现实主义" 的本体论取向，即认为 "交易、互动、社会关系与对话构成了社会生活的核心事物"。[39]111 从这一本体论取向出发，本文的理论框架重在对运动发展过程的叙述，而非对因果变量的相关性检验。因此，该理论框架更像是梯利所说的 "以机制为基础的解释策略"，[40] 或者是阿伯特所说的叙述型路径，[41] 而非以寻求普遍因果规律而进行的变量分析。其中，前两者与后者的关键性区别在于，它们对历史事件发生的机制有着截然不同的理解。对于梯利和阿伯特来说，一个历史事件的发生是一系列因素综合影响的 '过程'，其所处的时空背景、时间序列等都是需要考量的重要因素，因此，社会科学中的解释应当以揭示这一 "过程" 为重；[39, 41] 而对于逻辑实证主义者来说，历史事件的背后都隐含着具有一定普遍适用性的规律，揭示这一规律中自变量与因变量之间的关系乃是社会科学解释的关键。[41]185

由此可见，本文以 "关系现实主义" 为本体论取向的理论框架，以揭示运动中各个主体交往互动的过程为主要内容，更适合通过对个案的深度剖析来进行适用性检验。

（二）数据收集

本文以深度访谈获得的一手材料作为主要的论证依据，并辅之以相关的新闻报道、档案、先行研究等第二手资料。

访谈于 2015 年 11 月开始，至 2016 年 1 月结束。其间，主要受访者总计 52 人，其中参与半结构式访谈 40 人，进行日常访谈 12 人。在这些受访者中，既有 "太阳花运动" 的参与者，也有未参与其中的旁观者，还有于现场维持秩序的警务人员。从职业上来看，受访对象包括学生、学者、政府官员等各类人士。从年龄结构上来看，受访者主要集中于 20 至 40 岁这一区间，因此，访谈结果呈现的是当前台湾年轻人的基本观点，而非所有年龄层人士的态度。

本研究的合作者曾于 2010 年前往台北大学学习一个学期，这段经历为本研究的访谈积累了一批 "种子" 人脉。在这些 "种子" 受访者的基础上，访谈通过 "滚雪球"（Snow Balling）的方式扩大被访者数量。为了增加受访者的代表性，每次访谈结束后，访问员都请求被访者介绍不限年龄、职业和所持观点的新的受访者。

在半结构式访谈中，为提高双方的信任度，访问员会首先告知受访者访谈内容和对个人信息的保护措施，并以手写替代录音进行记录，同时会满足受访者提出的隐去姓名的要求。每次访谈开始时，访问员通常以一些轻松的话题开启双方的交流，直至谈话进入到一个比较良好的状态后，再提出正式的访谈问题。在正式的访谈过程中，访问员遵循一定的问题提纲和顺序向被访者提问。如果被访者比较健谈，愿意自行发挥，访问员则给对方留下最大限度的自由叙述空间。从访谈的结果上来看，大多数被访者都比较愿意分享自己的经历和体会，他们都能够对提纲上的问题进行回答，原本预想会成为障碍的访问员的"大陆人"身份，反而令对方有了更强的表达欲望，最长的访谈持续了三个小时之多。日常的非正式访谈，主要穿插于正式访谈期间，一部分访谈甚至在"学运"爆发时就已经启动。

必须要承认的是，即使是受访者有较强的表达欲望，也难以从一个人口中，或者从性质单一的人群中，收获确凿可信的讯息。然而庆幸的是，由于本研究是以"太阳花运动"作为唯一个案，这就使得受访者能够对同一个场景、同一个时段进行回忆。这一特征为使用"三角互证法"（Triangulation）提供了较好的前提条件。因此，为了使我们的论据更有"信度"（Reliability），在访谈过程中，我们主要使用"三角互证法"，即针对同一问题、同一重要事件，向不同人反复询问，通过对比他们的回答，去伪存真，尽可能接近事件的真相。[42]

四、"互动"导致的"太阳花运动"

这一部分由三个小节组成。在这部分中，我们将运用上文提出的理论框架分析"太阳花运动"。前两节主要展示"太阳花运动"是如何在挑战者与被挑战者双方的互动过程中产生并日益扩大的。第三节通过对占领"立法院"这一关键性事件的分析，主要介绍挑战发起者与参与者双方的互动，以及对运动产生的影响。这三节试图传达的核心意涵是：运动的爆发与推进，产生于每一次具体的互动过程，而非结构性条件。这种互动的重要性在于，它充分体现了各个主体能动性的发挥，以及这种能动性对"意料之中"与"意料之外"情境的回应与再造。

（一）挑战者—被挑战者互动与运动的爆发

1. 互动主体的识别：挑战者与被挑战者

继 2010 年签订《海峡两岸经济合作框架协议》（简称 ECFA）后，2013 年6 月，国民党当局在其框架下签订了《服贸》，但很快便面临社会中反对力量的挑战，成为贯穿"太阳花学运"的被挑战者。在挑战者中，"反黑箱服贸民主阵线"⑨和"黑色岛国青年阵线"⑩是两个主要的挑战发起组织。前者与郑秀玲⑪关系密切，后者则得到了黄国昌⑫的大力指导。挑战参与群体的构成多种多样，包括但不限于民进党及其党团⑬、社运团体、学生、普通公民、新闻媒体等。

2. 主体的能动性：互动双方的策略选择

从《服贸》的签订到运动的爆发，挑战者与被挑战者都在互动中不断调整着己方的策略。

面对台湾2008年以来的"闷经济"，[6]145国民党当局决定深化与大陆的经贸关系，进一步开放服务贸易行业就是其中重要的一环。在谈判和签订协议的过程中，国民党当局选择了低调处理，试图在护送《服贸》通关后，由其经济效益为决策背书。

与此相反，挑战者则积极造势，既从体制内寻求在野党的支持，又在体制外制造事件，不断宣传自身的诉求和主张。协议签订后第三天，赖中强等人前往"立法院"抗议，并拜访在野党党团，要求《服贸》先审议后生效。6月25日，"立法院"院会决议，协议内容"应经'立法院'逐条审查"后方可生效。[43]"黑岛青"的几位召集者亦曾在7月31日发起反《服贸》抗议活动，尝试翻越围墙进入"立法院"。这两次抗议规模虽小，但"立法院"依然在8月5日的协商后，指定"内政委员会"加开公听会。[44]127

协商的决定暂停了对《服贸》的审查。为尽快恢复审查程序，国民党采取激进的推进策略，试图迅速开完公听会，但这一过程却引起了更大的反响。尽管代表在公听会上正面回应了协议可能导致的台湾"安全隐患"[45]和竞争加剧[44]159等诸多行业代表的质疑，还是失去了争取潜在盟友的时机。[44]138

总之，在这长达九个月的延宕期中，挑战者与被挑战者之间的大多数冲突仍在制度化的轨道中。这一胶着的态势在2014年3月17日发生了转折。14时30分，排定审查《服贸》的"内政委员会"召集人张庆忠在会场被民进党"立委"包围，无法议事。14时39分，张庆忠取出自带无线话筒，宣布《服贸》"视为已经审查，送院会存查"。[46]133如果未受挑战，《服贸》将在21日会期结束后通过。尽管被围在先，但"强行闯关"[47]的举动仍激起了台湾社会的反感。原本已跃跃欲试的挑战者立即做出回应，以"民主阵线""黑岛青"为首的53个民间团体召开记者会发表声明，决意阻止这一会期的进行，"捍卫台湾民主的关键120个小时"。[47]次日，运动分子冲入"立法院"议场，"太阳花运动"正式爆发。

3. 互动的表现形式：冲突与合作

从上文可以看出，在运动正式爆发之前，互动双方就已"冲突"数次。尽管被挑战者坚信已为"台湾争取到最大利益"，[44]173 但双方经济体量的庞大差距和意识形态的差异，使挑战者对与大陆的合作心存疑虑，他们担心"如果真的大陆让利那么多，也许在政治上国民党有什么让步"。⑭ 在这样的前提下，被挑战者的秘而不宣，固然避免了提前面对社会中反对力量的冲击，但也失去了向台湾民众呈现《服贸》利弊的时机，反而加深了疑虑，"给人一种故意不让人去关注的感觉"。⑮ 对于挑战者而言，他们通过与在野党合作，在体制内阻止《服贸》迅速过审，成功地将争夺民意的阵地建立在《服贸》发挥作用之前，使被挑战者无法证实《服贸》所能带来的利益；同时，挑战者在体制外制造舆论热点，不断向民众宣传自身主张和对《服贸》的解读。面对不利局面，国民党当局只得改变策略，转而激进推动协议的通过。张庆忠的"30 秒通关"只是这一策略的执行结果，却最终导致了冲突的升级。

4. 小结

从上述分析可以看出，正是互动双方的你来我往，导致了运动在 3 月 18 日的爆发。

被挑战者低调的处理策略保护了《服贸》的谈判进程，但却忽略了对其进行评估和宣传，使挑战者得到了率先解释《服贸》的机会。后者以"懒人包"等方式，令民众在未了解、甚至没听说过《服贸》的情况下，先入为主地认为《服贸》签订是"政商垄断利益"，必将"冲击台湾本土产业"；[47] 同时挑战者与在野党合作，停滞了"立法院"对《服贸》的审查。由此，被挑战者陷入了第一个不利的情境，失去了主动塑造舆论的机会，只得在被迫召开的公听会上回应各界质疑。为避免耗时太久，被挑战者最终选择了激进的推动策略。

然而，为抓紧时间审查《服贸》，被挑战者以"完成程序"而不是"化解疑虑"的态度对待公听会，他们不但将公听会日程安排得过于密集，⑯ 而且没有事前与产业代表进行有效沟通，[44]158 进一步激起了社会的反弹。张庆忠"30 秒通关"的孤注一掷，反而将被挑战者推入了第二个不利的情境，令挑战者抓住机会，以"反黑箱"为名占领"立法院"，在升级抗争破坏程度的同时，保持了强大的动员潜力。

由此可见，在"太阳花运动"爆发之前，随着时间的推进，前一个互动所形成的情境，直接影响了互动双方下一阶段互动的策略选择。运动最终的爆发，正是在挑战者与被挑战者之间的冲突中，一步一步发展而成的。图 2 简要概括了这一过程。

	互动主体	主体能动性	互动表现形式
挑战者—被挑战者互动与运动的爆发	被挑战者：国民党当局	《服贸》签订　强推公听会　"30秒通关"	冲突与合作
	挑战者："黑岛青"、"民主阵线"、在野党、社运团体、学生等	→体制内外抗争　行业质疑与社会反弹　占领"立法院"	

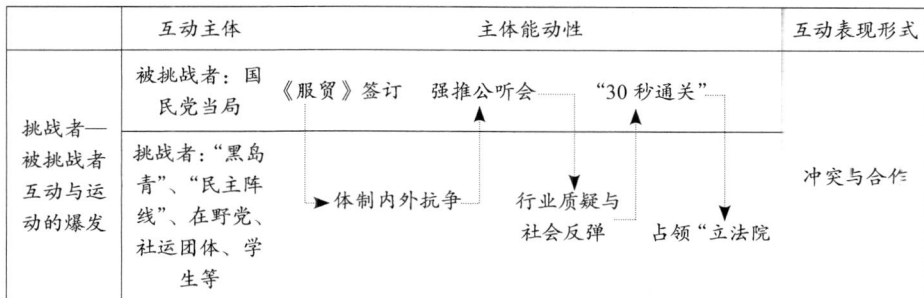

图 2　挑战者与被挑战者互动与运动的爆发

（二）挑战者—被挑战者互动与运动的扩大

1.互动主体的识别：挑战者权力中心的更迭

在"太阳花运动"中，挑战者权力中心出现了两次重要更迭。该权力中心首次出现于 17 日的"30 秒通关"之后，以后来占领"立法院"议场的"黑岛青"和"民主阵线"成员为主。然而，占领"立法院"不久后，以议场内外为界，运动成员中就出现了两种不同的策略主张，以黄国昌、林飞帆和陈为廷[⑰]为代表的"议场派"主张继续坚守在议场，而另一部分则因反感前者的"自我规训"和高高在上，[⑱]见机从中脱离，并以"立法院"附近的台湾大学社科院作为动员基地，成为运动中的"社科院派"。因此，在运动发展的一个较为短暂的时期，挑战者权力中心出现了"议场派"与"社科院派"分庭抗礼之势。但很快，"社科院派"便因占领"行政院"的失败而淡出权力中心，并客观上巩固了"议场派"的地位，使其得以组织动员"330 凯道大游行"。

2.主体能动性：应时而变的策略

由于挑战者在运动中面对的情境不同，他们所采取的策略也不相同。挑战者权力中心的成分尽管数次变化，但"阻止《服贸》通过"始终是其核心诉求。"30 秒通关"之后，挑战者立即决定要扩大运动的强度和影响。而选择"立法院"作为占领对象，主要出于三点考虑：第一，阻止将在此处召开的院会；第二，通过占领立法机构，获得"人民做主"的象征意涵；第三，争取媒体的最大关注。

当占领成功之后，挑战者们开始考虑如何坚守议场。此时，"议场派"的林飞帆和陈为廷掌握着运动的主要发言权，林、陈二人利用以往社运中与媒体积累下的良好关系，为挑战者抢夺舆论与信息高地提供了巨大的优势。在黄国昌的指导下，他们以匡正程序为诉求，努力使运动过程"符合台湾中产阶级的想象"，并践行坚守议场、保持媒体热度、吸引民众同情的"孤岛"策略。

然而运动中的另外一个现实情景是，由于保六[19]员警对议场外走廊的封锁，基本隔绝了人员大规模的流动，因此，参与到此次运动中的人们因议场空间的限制而经历着"内"与"外"的分离，使得场外的参与者既无法将其运动意愿和热情及时传入场内，也没有途径参与到与被挑战者的互动之中。面对此种状况，"社科院派"认为，"议场派"的策略没有为议场外的参与者提供足够的参与渠道，这将挫伤参与热情，最终导致运动的危机。因此，他们主张吸收众多在外场情绪高涨的学生和NGO成员，以扩大运动强度的方式来维持运动。在这一指导思想下，"社科院派"于23日下午策划了占领"行政院"行动，以回应上午10时记者会上马英九"不退服贸"的强硬表态。23日19时30分左右，"社科院派"与"公投盟"[20]联合动员两百余人突破"行政院"的警方防线，并与从"立法院"外场赶来支援的近三千人短暂地占领了"行政院"广场。然而仓促的计划，使抗议人群失去进一步行动的目标和指挥，只得自发在院区内静坐。24时左右，防暴警察在江宜桦的命令下"强制驱离"了抗议人群，逮捕包括魏扬等学生在内的62人。在驱离过程中，有警员和抗议者受伤流血。[48]事后，作为占领计划的制定者和主要发动者，"社科院派"出于对行动中伤者的负疚感，无法高声抗辩，只得默默承担行动失败的指责，[49]69并因此迅速淡出了运动的权力中心。

"社科院派"的鲁莽行动对于"议场派"而言是一场意外，却为他们保持并扩大运动的号召力创造了前所未有的机遇。"行政院"事件后，挑战者以"议场派"为基础重新架构，并于26日产生了"九人决策小组"和学生-NGO"代表大会"。[21]全面掌握运动的领导权后，"议场派"充分利用事件中足够震撼的宣传素材，成功地将国民党当局塑造为"血腥镇压"学生的暴政者，并通过社交媒体将现场的照片和影像传播到各自人际关系网络，使一些原本处于观望姿态的民众"对政府的信心完全崩盘"，[22]转而积极投身到运动中去。紧接着，为回应马英九当局24日的驱离行动，他们一改坚守议场的"孤岛"策略，积极组织"330凯道大游行"。30日，超过10万民众身着黑衣，集结于凯达格兰大道，以游行的方式向当局进一步施加压力，将运动推到了最高潮。[49]96

3. 互动的表现形式：冲突

在运动扩大的整个过程中，挑战者与被挑战者双方的互动表现形式以"冲突"为主。诚如上文所展示的那样，由于对《服贸》抱有截然相反的态度，挑战者们为运动的维持与拓展费尽心思，即使是19日警方的三次攻坚，也没能挫伤"学运分子"的决心,更没能驱离运动的参与者,反而使抗争的人数越来越多。然而,事态的严重与双方的胶着并没有使被挑战者屈服。23日上午,马英九召开记者会,再次重申《服贸》必须通过,并指责学生非法占领议场的行为。当天傍晚,"社科院派"以回应马英九的指责为名,匆匆发起占领"行政院"行动,却最终以流血事件而结束。流血事件一出,"议场派"借此大做文章,快速高效地组织动员了"330凯道大游行",成功地给被挑战者施加了巨大压力,最终实现《服贸》"先立法后审查"的诉求。总之,挑战者与被挑战者双方的冲突,在一次又一次的互动中不断重复上演。

4. 小结

在这个运动扩大的过程中,我们可以清晰地看到情境是如何一次又一次在各方互动中被创造出来的,被创造出来的新情境又是如何影响各个主体新的策略选择的(见图3)。

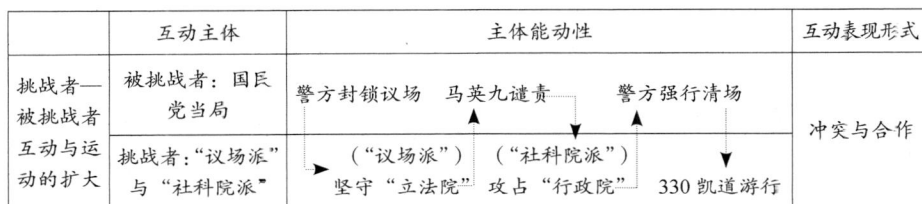

	互动主体	主体能动性			互动表现形式
挑战者—被挑战者互动与运动的扩大	被挑战者:国民党当局	警方封锁议场	马英九谴责	警方强行清场	冲突与合作
	挑战者:"议场派"与"社科院派"	("议场派")坚守"立法院"	("社科院派")攻占"行政院"	330凯道游行	

图3 挑战者与被挑战者互动与运动的扩大

概括地说,互动对运动扩大的影响集中体现在两个方面:第一,挑战发起者内部的分裂,非但没有降低运动的规模,反而扩大了运动的社会基础;第二,被挑战者的回应策略,没有限制运动的拓展,反而成为社会中观望者投身运动的直接诱因。换句话说,许多运动的参与者,并非出于对《服贸》的不满,也非因为他们对大陆存有偏见,他们之所以走上街头,只是因为台湾当局对学生的暴力行为令他们愤怒而已。

对于"太阳花运动"扩大过程的解释,无论是构框视角下"议场派"利用"行政院"流血事件进行的话语塑造,还是信息网络技术在运动扩大中的运用,确实都是影响运动扩大的重要因素。然而,无论是高超的构框技巧,还是发达的网络信息技术,都只是随时待命的"炉与火",没有了可炒作的事件与议题作为原料"铁",依旧无法百炼成钢。而从上文对事件的描述中可以看出,这些事件与议题,如挑战者内部的分裂与"行政院"事件,都是在各个主体互动中产生的,其中充斥着许多审时度势的"随机应变"与"临场发挥"。因此,从各个

113

主体的互动过程入手，才能够真正理解运动发展的逻辑。

（三）挑战发起者—参与者互动："占领立法院"

以上简单阐述了在运动前和运动扩大的过程中，挑战者的形成及其权力中心的变化以及挑战者与被挑战者的互动。下面以"占领立法院"事件为例，重点考察挑战发起者与参与者之间的互动及其结果。

1. 互动主体的识别：挑战发起者与参与者

在"占领立法院"行动中，挑战发起者主要包括"民主阵线"与"黑岛青"两个组织。其中，"民主阵线"由赖中强于2013年7月召集成立，以"反黑箱服贸"为己任；而"黑岛青"则是一个由大学生自发组织起来的跨校青年社团，该社团因"反服贸"而成立，但其宗旨和目标不仅限于经济议题，同时在岛内政治以及两岸事务的许多领域发声。在占领行动中，挑战参与者的来源广泛，不仅包括各个在野政党的积极协助，同时还得到各社运组织和普通公民的积极响应。其中，民进党和"台联党""立委"利用其身份便利，在运动爆发后迅速赶到议场外，帮助巩固占领，[23]声援"太阳花运动"。其他社运组织如"公投盟""公民1985行动联盟""新闻e论坛""沃草"等则以更加灵活多样的方式集结在议场内外，吸引更多的民众加入到运动中来，助力场内占领行动。

2. 主体能动性：从激进到保守的策略

面对国民党试图强行通过《服贸》的举动，挑战发起者首先决定以激进的方式对当局施压。经过18日午间的策划，挑战发起者预估了警方的力量分布，计划在"呛声"晚会后进一步行动，绕过警方防线，以尽量小的代价占领即将召开院会的"立法院"议场，夺取舆论的高点[24]。

18日晚21时左右，"呛声"晚会主持人魏扬按计划发出信号。随后，"公投盟"和部分"黑岛青"成员带领晚会观众，先后由中山南路和济南路佯攻"立法院"，另外一拨提前埋伏在天桥的50余人则从青岛东路翻墙进入院区，以油压剪破窗而入。进入议场后，学运分子进一步通过各自人际关系网络动员更多人加入行动，并同时向在野党寻求帮助。随后不久，议场内涌入近300人，场外抗议者也逐渐增加到上千人。

占领成功后，挑战发起者迅速调整运动策略，主动降低暴力程度，试图将议场空间塑造成一种"孤岛"的意象，从而争取社会好感。与此同时，挑战发起者在议场内就地分工：林飞帆、陈为廷与媒体关系良好，成为挑战者主要的对外发言人；一部分学生利用自己的人脉优势，向场外征集各类物资；另一部分学生则主动承担纠察任务，寻找可疑人士、查没危险物品；还有的民众以个人移动设备负责将场内信息转播出去，成为现场"公民记者"……到了 19 日，场内分工基本固定下来，并具体划分为媒体组、物资组、纠察组等部门，最大限度地调度和利用了场内人力，为长期占领做好了组织准备。

然而，对议场的占领虽然吸引了社会与舆论的最大关注度，但是由于空间的封闭性，使这些挑战发起者无时无刻不暴露在众多"公民记者"和媒体记者的镜头中，一举一动都需小心翼翼，唯恐被放大后影响运动形象。这一特殊的情境也使场内挑战者在新的机遇到来前，越来越倾向以"维持现状"作为主要策略。

议场内日益保守的表现，通过新闻媒体和"公民记者"的报道，也影响着场外参与者的运动形式。"立法院"外，大多数参与者在"维持现状"的相对平静时期，自发进行各自的运动展演，或按照各自人际关系网络形成讨论小组，或根据不同论述轴线进行观点的发表。以范云[25]为代表的部分教授学者更以"街头民主教室"的形式，将校内的课程搬上街头，给参与抗议的学生们讲课。渐渐地，在非暴力的氛围里，抗议行动成了"游园会"和"同学会"，这样的形式令部分参与者感到厌倦，而对于一些新加入运动的参与者，这种温和理性的运动氛围，让他们更是茫茫然找不到自己的位置，无处发泄高涨的运动热情。这也正是后来出现"社科院派"的重要原因。

由此可见，在"立法院"占领的整个过程中，挑战发起者因被挑战者的强硬立场而首先选择了激进的策略——暴力占领议场，然而却又在该策略得手后，根据运动经验与现场条件主动转向保守温和的道路，即以"理性抗争"来不断延长占领的时间。而随着场内发起者运动方式进行转变的，还有场外的参与者，他们也利用各自的特长与专业优势，使场外的运动方式花样迭出。总之，无论是挑战发起者还是参与者，他们都充分发挥着各自的能动性，通过确立与调整运动策略的方式，与彼此互动，并影响改变着彼此的行为。

3.互动的表现形式：互助与合作

在占领"立法院"事件中，挑战者与被挑战者之间的互动，无疑是以"冲突"为主线的，然而，在挑战发起者与挑战参与者（社运组织、在野党和媒体等）之间，却形成了以互助合作为主的互动形式，对运动发展产生着不可忽视的影响。在众多积极参与的社运组织中，"台独"倾向严重的"公投盟"向来主张以激进的手段表达诉求，试图抓住一切机会反对国民党当局。因此，他们在"立法院"占领行动中积极提供人力支援，与"民主阵线"和"黑岛青"这两个挑战发起组织形成良好的互助关系。相较而言，在野党与挑战发起组织之间的关系则有些暧昧。对于挑战发起者来说，一方面他们需要政治精英的支持以辅助运动诉求的实现，而另一方面，他们又不愿意让运动过分政治化，[26] 从而失去运动的道义性与合法性；而对于在野党来说，他们则没有过多的顾虑，"希望执政党的乱子越大越好"。[27] 因此，挑战发起组织和在野党双方各取所需，互相利用，日渐形成了一种亲密但有限度的合作关系。挑战发起者与媒体的关系同样呈现出一种合作关系，一方需要通过媒体的曝光来制造热点、宣示诉求，而另一方则需要有新闻事件来拉动收视率与点击率。

4. 小结

在"占领立法院"这一关键性事件中，挑战发起者与参与者之间的互动，让我们再一次看到参与主体互动形式的多样以及主体能动性对于运动情境的回应与塑造，图4对"占领立法院"事件中的互动过程进行了概括。

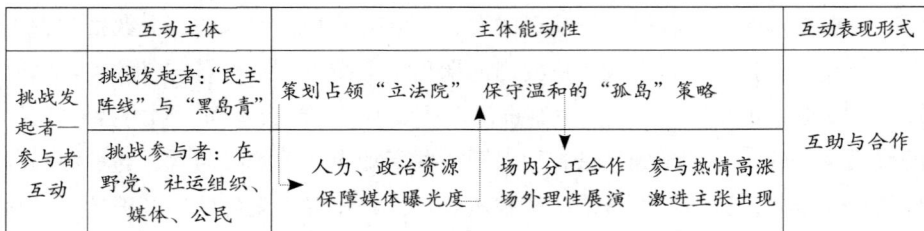

	互动主体	主体能动性			互动表现形式
挑战发起者—参与者互动	挑战发起者："民主阵线"与"黑岛青"	策划占领"立法院"	保守温和的"孤岛"策略		互助与合作
	挑战参与者：在野党、社运组织、媒体、公民	人力、政治资源保障媒体曝光度	场内分工合作 场外理性展演	参与热情高涨 激进主张出现	

图4　挑战发起者—参与者互动

需要特别指出的是，这种主体对情境的塑造力，不仅包括主体预期内的效果，更有一些意料之外的结局。例如，当挑战发起者的策略由激进转向理性之后，他们成功地把"议场"通过媒体和舆论打造成了一个"孤岛"的意象。然而，令这些挑战发起者始料未及的是，他们理性的坚守策略，却为后期"社科院派"的分离与出走埋下了伏笔。

五、结论

斯考切波曾经对革命的产生，得出过一个经典的论断：革命是发生（Happen）的，而非制造（Bemade）的。[50] 如果说斯考切波富有洞察地道出了结构性矛盾对于革命的塑造力，那么，2014年发生在台湾地区的"太阳花运动"，则向我们生动地展示了这样一幅图景：社会运动的发展，既不是由某个组织或领导人制造的，也非全然由结构性因素决定的，它是在各方参与主体间互动中逐渐形成的。一句话，社会运动有着自身的逻辑，由自身演化而来。针对运动中各个主体之间的互动，本文尝试提出一种多元动态的分析框架，该框架主要包含以下三个方面：识别互动的主体、展示主体在互动中的能动性、归纳互动的表现形式。这一框架的特征主要体现在以下两个方面：

首先，该框架强调参与主体的多元性，即无论是挑战者还是被挑战者，都是由利益不同的团体或个人组成的；

其次，该框架认为主体互动所处的情景是流动的，即前一次互动常常在一定程度上塑造了下一次互动的情境，正如豪尔所说，"情境的多样性是随着时间发展而产生的一系列事件的函数"。[51]385

需要说明的是，强调运动过程中的"互动"因素，并非忽视或否认结构性因素的影响作用，因此，本文是对现行文献的一种补充，而非摒弃。这种补充主要有以下两个方面的含义。第一，对互动过程的剖析，为结构性条件的解释提供了运动发生的中观机制。第二，将互动看成一个流动的过程，并强调这一过程的复杂性和随机性（例如，意想不到事件的发生等等），为结构性条件的静态分析增加了"时间"的维度，提供了一种动态的视角。

诚然，通过"互动"视角对"太阳花运动"进行分析并非本文首创。台湾学者曾柏文曾撰文指出，"我将这场运动的面貌与意义，视为运动中诸多行动者，在复杂情境中互动建构出的结果，这个意义，并非任何'发起者'或'领导者'所能垄断的"。[46]132 这一富有洞见性的观点，与本文对"太阳花运动"的基本认知不谋而合。然而，在对运动过程中各个主体的"互动"分析上，本文与曾柏文的研究存在明显区别：

第一，曾柏文关注的互动主体较为单一，而本文关注的更为多元。在曾柏文的文章中，互动主体的焦点主要针对参与运动的各个团体，而并没有将"马当局"在不同阶段的反应，作为互动的一部分进行考量。诚如上文已经展示的那样，运动中"被挑战者"的应对策略，也是影响参与者以及运动变化的关键。

第二，曾柏文的文章是一个"有名无实"的互动分析。概括地说，曾柏文的研究，是以运动的四种论述轴线[28]及其空间分布特性为基本分析框架的。在此框架之下，他介绍了各个论述在核心区、外围区以及社会关注圈中的分布情况。然而，不同的区域之间是如何互动的？不同的参与团体之间又是怎样交流交往的？这本应是互动分析的重点，却没有在文章中得到具体的分析。因此，虽然该文章认识到了主体互动对于理解此次学运的重要性，然而却并未将此认识贯彻到文章的分析中去，所以是一种"有名无实"的针对"互动"的研究，显然与本文大相径庭。

需要承认的是，由于理论框架与研究方法本身的特性，本文存在以下四个方面的局限：

第一，对互动过程、时间、序列等问题的强调，使该理论框架更容易进行"事后"解释，除非研究者能够在第一时间进入到运动中去，并有机会对运动进行全盘的观察，否则很难实现理论的"事前"预测。

第二，通过个案是否能够对理论框架的效度进行有效检验，依然存在值得商榷的空间。这不仅是因为"太阳花运动"本身是否具有代表性需要进一步检验，更是因为个案研究作为一种方法本身很难对理论的外在效度（External Validity）提供有力的解释。

第三，在访谈过程中，由于研究者无法直接接触到"立委"或其他高级别的官员，因此仅能通过对部分现场执法者的访谈，以及其他二手资料去了解台湾当局的意愿与行为，这让文章论据的可信度有所损失。

第四，出于人脉资源的限制，研究者主要通过"滚雪球"的方式接触到受访者。在这一过程中，研究者虽有意提高受访者的多样性，但依然没有完全解决样本代表性的问题。所以，本文的论证还需在后续资料增加的过程中进行反复检验。

注释：

① "野草莓运动"，对"2008年海协会会长陈云林访台期间，警察在驱离前往抗议的民众过程中，使用粗暴手段"的抗议。抗议行动主要参与者为学生，自2008年11月6日至2009年1月，在"行政院"前、自由广场、全台各地及校园，以静坐及示威游行方式进行抗议，要求马英九公开道歉、时任"警政署署长"王卓钧下台。

② 反媒体垄断运动，2012年在台湾发起的学生与社会运动，反对旺中案、反对壹传媒并购案，要求制定反媒体垄断法。以维护台湾新闻自由、反对媒体垄断、防止台湾财团控制台湾媒体为主要诉求。

③ 白衫军运动，2013年洪仲丘事件发生后引爆的社会运动，由"公民1985行动联盟"发起，号召民众穿"白衣"上街要求"真相大白"。可分为两次游行活动，第一次为2013年7月20日的"公民教召"游行，第二次为2013年8月3日的"万人送仲丘"晚会，当时为台湾史上最大规模的自发社会运动。

④ 关于"太阳花运动"的研究，目前大多是以报道性质的文章为主，而严格意义上的学术研究，还并不是很多。如果把凡是与"太阳花运动"相关的文章都算起来的话，其中涉及的主题除了文中综述的三大视角，还包括公民社会发展、运动中的艺术和音乐等。然而，这些文章并非直接与本研究的核心问题相关，所以不在文献综述部分展示。

⑤ 根据王鸿志的定义，"第三势力" 在这里主要 "是指包括第三党在内的、不依附于国民党与民进党两大党而独立存在，具备组织结构及领导人物，以参与并影响政治为目标，并能产生一定影响力的组织或有组织背景的个人"。参见文献 [15]。

⑥ 在这方面，最著名的理论之一就是格尔对 "相对剥夺感" 的论述。参见文献 [25]。

⑦ 在这方面，斯诺及其学生做了一系列开拓性的研究，如文献 [33]。

⑧ 从本文对理论框架的介绍可以看出，本文重点关注的是互动的 "质" 的问题，即互动的内容、表现形式，而并没有关注互动的次数、频率等 "量" 的方面对于运动结果的影响。关于次数与频率对于互动结果的影响，博弈论当中有较为经典的论述。博弈论的观点认为，当主体互动在预期内发生一次或有限次数的情况下，由于最后阶段困境（Last Period Problem/End-Game Problem）的存在，合作均不会达成。因此，只有互动双方之间的博弈在无限次地进行，且对于互动双方而言，未来的回报从当前的视角来看足够重要时，合作才有可能发生。从这一论述来看，当我们将互动的频率和次数看作影响互动结果的自变量时，事实上假设了频率、次数的可预见性，换句话说，频率与次数是互动的某种外生给定变量。然而，从互动过程的视角来看，每一次互动行为的具体形式与内容，常常影响了下一次互动的发生。因此，次数与频率在这里是内生于互动形式与内容的，也就是说，次数与频率是互动内容与形式的结果而非原因。正如下文中的案例分析所展示的那样，如果国民党当局的应对更加妥善，如果挑战者选择以 "快闪" 的形式完成抗议，双方的互动次数与频率将大幅下降，运动亦将在短期内平息。因此，本文认为，以互动过程为核心的理论框架，应当以互动的 "质" 而非 "量" 的方面为主要的分析重点。有关博弈论的观点，参见文献 [38]。

⑨ "反黑箱服贸民主阵线"（简称 "民主阵线"）是由赖中强（台湾律师，曾参与 "野百合学运"）在 2013 年 7 月召集成立的 NGO 联盟。

⑩ "黑色岛国青年阵线"（简称 "黑岛青"）是由魏扬（台湾清华大学社会学研究所硕士生）和林飞帆（台湾大学政治系研究所硕士生）等大学生在 8 月召集成立的。

⑪ 郑秀玲，台湾大学经济系教授，服贸 "懒人包" 原作者。

⑫ 黄国昌，原 "中央研究院" 法律研究所副研究员，曾参与反媒体垄断运动；"太阳花学运" 后成立新政党 "时代力量"，任党主席；现为台湾 "立法委员"。

⑬ 通过考察运动中民进党的行动，综合被访者（A1、S5、S13、S14、S15、S17、S19 等）的回忆，目前可以证实的是，民进党在运动中起到了辅助作用；但难以证明其曾进入运动的权力中心。就 "太阳花学运" 这一运动而言，民进党所起的作用应该理解为 "火上浇油"，而非 "始作俑者"。本研究对受访对象的编码规则如下：首先，按照受访者的社会身份进行归类，并以该社会身份的英文首字母进行类别命名。依此规则，本研究的 52 个受访对象共分为四类："A" 表示学者或专家（Academic）；"O" 表示在职公务员及学校行政人员（Officer）；"P" 表示普通民众（Populace）；"S" 表示在读学生（Student）。其次，在各个类别中，依照受访者接受访谈的时间的先后顺序，以阿拉伯数字编号区别。编号越大表示该受访者接受访谈的时间越晚。以 "S1、S2" 为例，该编码表示受访者为学生 1 和学生 2，且学生 1 先于学生 2 接受访谈。

⑭ 被访者 S5。

⑮ 被访者 S6。

⑯ 国民党原计划在 9 月 30 日、10 月 2 日各召开三场公听会，10 月 3 日召开两场。后改为 9 月 30 日和 10 月 2、3、7 日各召开两场，每场持续约三个小时，由专家和产业代表发言一轮之后，官方代表进行统一回复。

⑰ 陈为廷，台湾清华大学社会所硕士班肄业，曾参与苗栗 "大埔抗争"、反媒体垄断等社会运动。

⑱ 被访者 A2。

⑲ "保安警察第六总队"，前身为 "警务处特务大队"，1990 年改隶 "内政部警政署"。其第一大队负责 "立法院" 等台湾 "宪政" 机关的警卫任务。"院会" 期间，受 "立法院" 秘书处、"警政署"、台北市政府警察局等联合指挥。参见 "保安警察第六总队全球资讯网"（http://www.spc.gov.tw/Con-tent/61？Category=12&SubCategory=224）。

㉒ "公投护台湾联盟"，简称"公投盟"，由"台湾教授协会"蔡丁贵于 2008 年发起，主张"台湾独立意识""台湾民族意识""修改公民投票法""修改立法委员选举制度""废除集会游行法"，并于 2008 年 10 月开始在"立法院"外中山南路静坐。

㉑ 九人包括："台湾教授协会会长"吕忠津、"农村阵线"发言人蔡培慧、黄国昌、赖中强，学生代表林飞帆、陈为廷、周馥仪（与李俊达轮替）、"黑岛青"代表（曾柏瑜、赖品妤等轮替）、媒体组施彦廷。代表大会成员为学生 20 人，及十个 NGO（"劳工阵线""妇女新知""民主平台""民主阵线""台权会""台教会""宪政公民""地球公民""绿盟""公民 1985 行动联盟"）成员。

㉒ 被访者 S21。

㉓ "台联党立委"周倪安在济南路侧门外，阻止了警方的一次攻坚行动；民进党"立委"段宜康则帮助场内外传递物资，并曾穿过警方封锁，将少数场外人员带入议场（被访者 S16）。

㉔ "马王政争"的后续影响，确实使运动者得到了更加有利的政治机会。被访者 A4、A5、O1、S23、S25、P10 都认为，"立法院院长"王金平对马英九的不满，使其有意不下令警察清场；时任"保六"总队长庄清贤也证实，19 日 3 时 30 分的警方攻坚，王金平并未授权，仅嘱咐"千万不要碰立委"。但是，政治精英的分裂，是否是改变运动走向的决定性因素，关键需要从逻辑上回答这样一个反事实的问题：如果王金平像江宜桦那样及时下令清场，是否一定能够将议场内的挑战者完全清除？以"行政院"事件中江宜桦的反应作为参照，再结合占领"立法院"现场的具体情况，我们认为，即使王金平在第一时间下令清场，成功的可能性也不会很大。23 日 19 时 30 分左右，马英九与江宜桦得到"行政院"被攻占的消息，迅速做出决策，在 20 时左右电话责成时任"警政署署长"王卓钧，要求其调动警力清场。318"占领立法院"事件之后，已有部分新北、桃园、台中各县市员警到台北执勤，使"警政署"得以在 22 时左右就集结近 2000 警力；22 时 40 分，江宜桦召开记者会，指出运动已经变质；23 时 50 分，所有员警换好防暴装备，包围"行政院"，向示威者举牌警告。24 日 0 时，警方开始驱离"行政院"内的示威人群。也就是说，当局完成整个驱离行动的准备（决策、员警集中换装、向媒体通报、警方开始清场）要花费四个半小时左右。以这样的速度进行类比，如果王金平在 318 占领行动发生后（18 日 21 时）立刻下令清场，警方实际行动的时间最早也是在 19 日 1 时 30 分左右；如果再加上从各县市调集增援的时间，那么最后的行动时间会更晚。然而，议场外在 18 日午夜就已聚集上千人，19 日凌晨更是聚集了数千民众。而"立法院"议场极为封闭，现场仅有一个门未被桌椅堵死，加之场内挑战者密度较大，因此，警方清场的难度远高于人员分散、无险可守的"行政院"。总之，对于王金平而言，在警方得以行动之时，他不仅要面对场外层层包围的民众，更有场内易守难攻的困局。要想彻底驱散这些挑战者，其使用的手段和方式或许更具有暴力色彩。在媒体监督有力、一人一票的台湾地区，采取这样的措施势必会令政治家付出高昂的代价。因此，王金平即使下令，也未必会授权使用极端手段，未必能够有效地驱散挑战者。因此，即使被挑战者内部没有分裂，挑战者在占领"立法院"议场后，仍然有很大可能坚守下去，与被挑战者进行下一步互动。所以，"政治精英"分裂在这里并不具有足够的解释力。相关内容参见文献［48］。

㉕ "野百合学运"总指挥、现台湾大学社会系副教授。

㉖ 3 月 21 日，苏贞昌与蔡英文到"立法院"给抗议者打气，但他在致辞中，喊出"林佳龙'冻蒜（当选的闽南语音译）'"之后，被现场学生斥为"作秀"，随后民进党脸书发布道歉声明（资料来源于被访者 S13、S26 访谈记录和文献［49］）。

㉗ 被访者 A1。

㉘ 曾柏文将"太阳花学运"中的各种倡议与言论，概括为四种论述轴线："独"派深耕的"反中国因素"，"左"派的"反自由贸易"论述，民主改革派的"反黑箱"，以及青年学生对"世代正义"的追求。参见文献［46］137—142。

参考文献：

[1] "黑色岛国青年阵线"．《318 青年占领"立法院"反对黑箱服贸行动宣言》[EB/OL]．（2014-03-18）

[2016–06 –01] https://www.facebook.com/lslandnationyouth/photos/a.178388802344374.1073741829.177308745785713/241331436050110/.

[2] 苹果日报编辑部.《太阳花照亮学运》[N] .《苹果日报》, 2014–03–21（A1）.

[3] 陈婉琪.《太阳花学运静坐参与者的基本人口图像》[M] //One More Story 公民的声音团队.《那时我在公民声音》318–410. 台北：无限出版, 2014：233–240.

[4] KITSCHELT H. Resource Mobilization Theory：A Critique [C] //DIETER R. Research on Social Movements：The State of the Art in Western Europe and the USA. Boulder, CO：West -view Press, 1986：323 － 347.

[5] ROWEN I. Inside Taiwan's "Sunflower Movement"：Twenty － Four Days in a Student–Occupied "Parliament", and the Future of the Region [J] . The Journal of Asian Studies, 2015, 74（1）：5–21.

[6] 邓利娟, 朱兴婷.《台湾学运背后的经济发展困境》[J] .《台湾研究集刊》, 2014（6）：44–51.

[7] 黄皖毅.《从"九合一"选举看台湾青年的政治参与》[J] .《中国青年研究》, 2015（10）：78–87.

[8] 吴宜.《近年来台湾青年参与社会运动深层原因探析》[J] .《台湾研究》, 2015（2）：78–85.

[9] 李仕燕.《民进党与台湾新世代互动模式评析》[J] .《台湾研究集刊》, 2015（3）：14–21.

[10] 信强, 等.《新媒体在"太阳花学运"中的动员与支持作用》[J] .《台湾研究集刊》, 2014（5）：16–24.

[11] 马锋.《从台湾"反服贸学运"看网络的社会动员》[J] .《中国青年研究》, 2014（12）：74–78.

[12] 陈文楠.《浅谈 PTT 在太阳花学运中扮演的角色》[J] .《公共知识分子》, 2014（7）：129–139.

[13] 吴裕胜.《媒介生态学观点下的太阳花运动》[C] // 台湾文化研究学会.《文化研究年会论文集》. 台北：台湾文化研究学会, 2015.

[14] 刘伟伟, 吴怡翔.《台湾青年与"太阳花学运"——基于政治机会结构理论的视角》[J] .《台湾研究集刊》, 2016（2）：10–18.

[15] 王鸿志.《政治狂澜的浪花——台湾第三势力研究》[M] .北京：九州出版社, 2013：27.

[16] 王鸿志.《台湾社会新动向与第三势力活动空间探析》[J] .《台湾研究集刊》, 2015（1）：10–15.

[17] 郑振清.《台湾新世代社会运动中的"认同政治"与"阶级政治"》[J] .《台湾研究》, 2015（3）：9–15.

[18] 李家泉.《美国在台湾"反服贸学运"中所扮演的角色》[J] .《现代台湾研究》, 2014（4）：39–41.

[19] 钟厚涛.《浅析美国在台湾"反服贸运动"中的双重角色及其影响》[J] .《现代台湾研究》, 2015（2）：14–21.

[20] 何明修.《社会运动概论》[M] .台北：三民书局, 2005.

[21] 郭中军.《试论"反服贸风波"的民粹主义性质》[J] .《台海研究》, 2014（4）：34–40.

[22] TILLY C. Popular Contention in Great Britain, 1758—1834 [M] . Cambridge, MA：Harvard University Press, 1995.

[23] LEBON G. The Crowd：A Study of the Popular Mind [M] .Marietta, Geogia：Larlin, 1982.

[24] BLUMER H. Elementary Collective Behavior [C] //LEE A M. New Outline of the Principles of Sociology, New York：Barnes & Noble Inc, 1946：170–177.

[25] GURR T. Why Men Rebel [M] . New Jersey：Princeton University Press, 1970.

[26] 赵鼎新.《社会与政治运动讲义》（第 2 版）[M] .北京：社会科学文献出版社, 2012.

[27] MCCARTHY J D, ZALD M N. Resource Mobilization and Social Movements：A Partial Theory [J] . American Journal of Sociology, 1977, 82（6）：1212–1241.

[28] TILLY C. From Mobilization to Revolution ［M］. New York：Random House，1978.

[29] MACADAM D. Political Process and the Development of Black Insurgency ［M］. Chicago：University of Chicago Press，1982.

[30] MACADAM D，MCCARTHY J D，ZALD M N. Comparative Perspectives on Social Movements ［M］. New York：Cambridge University Press，1996.

[31] EISINGER K P. The Conditions of Protest Behavior in American Cities ［J］. The American Political Science Review，1973，67（1）：11–28.Journal of Public《以"互动"为中心的社会运动演化分析》陈超等 Management125 第十三卷第四期二〇一六年十月 Vol.13No.4Oct.，2016《公共管理学报》

[32] TARROW S. National Politics and Collective Action：Recent Theory and Research in Western Europe and the United States ［J］. Annual Review of Sociology，1988，14：421–440.

[33] SNOW D A，ROCHFORD E B J，WORDEN S K，BENFORD R D. Frame Alignment Processes，Micromobilization，and Movement Participation ［J］. American Sociological Review，1986，51（4）：464–481.

[34] MACDAM D，TARROW S，TILLY C. Dynamics of Contention ［M］. Cambridge：Cambridge University Press，2001.

[35] 朱立群，聂文娟.《从结构－施动者角度看实践施动——兼论中国参与国际体系的能动性问题》［J］.《世界经济与政治》，2013（2）：4–19.

[36] 朱立群.《中国与国际体系：双向社会化的实践逻辑》［J］.《外交评论》，2012（1）：13–29.

[37] 胡荣.《社会互动的类型与方式》［J］.《探索》，1993（6）：65–69.

[38] AXELROD R. The Evolution of Cooperation ［M］. New York：Basic Books，1984.

[39] GOODIN R，TILLY C. The Oxford Handbook of ContextualPolitical Analysis ［M］. Oxford：Oxford University Press，2008.

[40] TILLY C. Mechanism in Political Processes ［J］. Annual Review of Political Science，2001，4：21–41.

[41] ABBOTT A. Time Matters：On Theory and Method ［M］. London：The University of Chicago Press，2001.

[42] MCCALL G J，SIMMONS J L. Issues in Participation Observation ［M］. Reading，Mass.：Addison–Wesley，1969.

[43] "立法院"公报处."立法院公报"［J］.2013，102（46）：403–404.

[44] "立法院"公报处."立法院公报"［J］.2013，102（50）：127–186.

[45] "立法院"公报处."立法院公报"［J］.2013，102（51）：361–420.

[46] 曾柏文.《太阳花运动：论述轴线的空间性》［J］.《思想》，2014（27）：129–148.

[47] 台湾"人权促进会".《捍卫民主 120 小时》行动声明 ［EB/OL］.（2014–03–17）［2016–06–01］http://www.tahr.org.tw/node/1362.

[48] "立法院"公报处."立法院公报"［J］.2014，103（20）：407–498.

[49] 晏山农，罗慧雯，梁秋虹，等.《这不是太阳花学运：318 运动全记录》［M］.台北：允晨文化，2015.

[50] 西达·《斯考切波.国家与社会革命——对法国、俄国和中国的比较分析》［M］.何俊志，王学东，译.上海：上海人民出版社，2007.

[51] HALL P. Aligning Ontology and Methodology in Comparative Research ［C］//MAHONEY J, RUE-SCHEMEYER D. Compa -rative Historical Analysis in the Social Sciences，New York：Cambridge University，2003：373–406.

陈超，毕业于新加坡国立大学政治学系，博士，厦门大学台湾研究院、
国家"2011计划"两岸关系和平发展协同创新中心助理教授，
研究方向：社会抗争与社会运动、工人政治、社会科学研究方法；
蔡一村，厦门大学台湾研究院博士研究生，
研究方向：台湾社会运动、台湾政治。

ECFA 背景下台湾中南部的经济情势

——兼析 ECFA 在南台湾的成效

李 非 林子荣

一、引 言

当前祖国大陆对台工作重心"向下沉、向南移",对台政策突出"三中一青",强调要使两岸和平红利更多地"下渗"到台湾中南部,[①] 使直接受益面进一步扩大,让经济合作成果惠及岛内更多民众。2010 年 6 月 29 日,两岸签署《海峡两岸经济合作框架协议》(以下简称 ECFA),标志着两岸经贸关系进入制度化合作新阶段。在 ECFA 签署之前,曾有台湾学者预判"ECFA 对台湾整体有利而对南台湾相对不利",他们认为以重工业为主的南台湾,[②] 其广大劳工和企业将受到 ECFA 的巨大冲击(许洲智,2010)。如今,ECFA 项下货物贸易早期收获计划已经落地实施满四周年,笔者以为,有必要就 ECFA 背景下台湾中南部的经济情势加以考察,一方面可以检视两岸经贸交流利益在台空间分配格局,探究是否诚如部分学者以为两岸交流利益在岛内区域分布不均衡;另一方面也可为下一阶段做好南台湾工作,在政策选择上更有针对性地指向南台湾,使中南部民众更加有感于两岸关系深化给他们带来的经济福利,尽可能把惠台的好事做得更好。

二、文献综述

两岸学者关于 ECFA 成效的探讨更多聚焦在 ECFA 签署对台湾整体经济及两岸投资、贸易、产业合作的影响,还鲜有文献专门研究 ECFA 的实施对于岛

124

内不同区域、不同产业部门、不同阶层的影响。大陆学者邓利娟（2015）研究发现，南部县市"在两岸交流中有边缘化"趋势，具体表现在：从两岸贸易来看，台湾对大陆出口的产品主要集中在电机设备、电子、光学、塑胶等领域，这些产出主要来自台湾北部；从两岸贸易的区域分布来看，台湾南部在两岸贸易中所占的比重不足两成；从台商投资大陆企业在台分布来看，台商对大陆投资主要来自台湾北部企业。她强调，当前大陆对台湾南部地区的经济合作依然薄弱，"直接导致了利益分配上获益相对北部地区较小"。邓利娟较为全面地分析了两岸交流利益在台分配的现状，但并未能提供足够的证据说明她所描述的这些所谓现状的客观与真实。王建民（2014）认为，政治问题是大陆与南台湾交流合作面临的最大障碍，但是，大陆与台湾交流重心集中在北台湾，而不在南台湾，是北台湾与南台湾在岛内不同的社会经济发展地位与客观条件决定的，是结构性的问题，很难从根本上改变。台湾方面的学者也提出了自己的看法。台湾"研考会"的报告（廖达琪、张其禄、李予纲，2010）指出，ECFA 政策利益多属于社会上层与拥有较大资本者所获得，但成本负担则由社会弱势产业、弱势族群来承担，而南台湾无论从政治发展、产业经济与社会结构而言，都属于弱势区域与弱势团体。辛翠玲（2014）认为，当前大陆对南台湾让利的采购政策，或能增加彼此间的认识与互动机会，但"未能真正深化至加入南台湾民众社会的自我意识建构"。她认为，无论是国民党当局对南台湾的经济扶持还是大陆对南台湾的加强农渔产品采购，都抱持上对下、核心对边陲、富裕对困窘的态度，没能真正从南台湾的视角来看南台湾的发展。郑钦模（2013）指出，"北台湾服务业，南台湾重工业"是台湾经济发展的面貌；ECFA 在降低两岸投资和贸易障碍的同时，也造成南台湾重工业加快出走大陆，连带影响南台湾其他关联产业。因此，他认为，ECFA 的实施非但没能给增强南台湾产业的投资动能，而且使南台湾产业进一步空洞化。

囿于县域数据的可获得性、研究人员所具有的有限资源、条件以及成效评估议题本身的复杂性，同时，研究人员对于相关议题的评估也易受自身政治倾向所引起的认知偏差影响，探讨两岸经贸交流利益在岛内的空间分配有相当难度，研究结论也往往存在着较多争议。以上学者的观点都共同明确了一点：由于台湾南北发展的基础不同，所处的经济发展阶段相异，不能光以"台北观点"来处理两岸事务。ECFA 的签署与实施，标志两岸经济合作步入正常化、制度化的新阶段，在两岸关系史上具有里程碑意义。本文尝试就 ECFA 背景下南台湾的经济情势，从宏观经济环境、中观产业发展、微观中小企业成长三个层面加以分析，间接地考察 ECFA 对南台湾的影响。之所以用"ECFA 背景下"，正是考虑到研究的科学与严谨，因为本文所陈述的南台湾近些年发生的变化与 ECFA 的实施并不存在必然的联系。但是，笔者以为，我们可以透过分析 ECFA 背景下南台湾的经济情势，得到一些有益的认识。

三、宏观层面：ECFA 背景下
台湾中南部经济的整体表现

台湾中南部民众对于 ECFA 成效的感受与认识和其所处经济社会的变化息息相关。虽然 ECFA 的签署只是迈出了两岸经济关系制度化协商的第一步，早收清单开放的项目与程度均十分有限，其广度和深度还有待进一步拓展，不可期许在迈入 ECFA 时代的四年时间岛内经济能因此得到多大的提振，民众生活能因此得到多大的正向改变，但对于一个普通民众而言，其对于两岸签署的经济协议所带来的红利只有透过周遭生活的改变，特别是一些宏观经济指标及经济现象得以感受与认识。他们或许并不能区分这些变与不变多大程度抑或是有无受 ECFA 签署的影响，但是这些感受与认识直接决定了他们对于 ECFA 成效的评价，这也是为什么我们必须从宏观层面，从 ECFA 签署四年以来台湾中南部地区经济发展的情势来分析，这不仅有利于客观合理地评价 ECFA 在中南部台湾的影响，也有利于理性看待台湾中南部民众对于 ECFA 成效的评价。

（一）ECFA 背景下台湾南北经济表现的差异

1. 中南部地区发展势头强于北部，南北差距有所缩小。台湾经济主管部门发布的统计数据显示，1998 年以来，岛内北中南三大区块人均可支配收入总体呈上升趋势。其中，北部县市 2014 年人均可支配收入达 325286.38 元新台币，较 2010 年 292488 元新台币增加 32798.38 元新台币，而同期中部县市人均可支配收入从 2010 年的 225155.5 元新台币扩增至 2014 年的 260324.5 元新台币，成长 35169 元新台币，南部县市则从 2010 年的 240858.4 元新台币增至 2014 年的 275404.2 元新台币，成长 34545.8 元新台币，中部和南部的增幅均超过北部。若比较中南部与北部的人均可支配收入，图 1 显示，1998—2014 年间，中部与北部的人均可支配收入差距在 2008 年达到最大值 77567.83 元新台币后，随即进入下行通道，南部与北部的人均可支配收入差距在 2010 年突破 5 万元新台币

以后也开始回落。但截至 2014 年，中北部、南北部的人均可支配收入差距仍高于 1998 年的水平。

以上分析说明，ECFA 上路以来的 4 年时间，台湾中南部地区人均可支配收入有了较大幅度提升，增速快于北部地区，且中部与北部、南部与北部的人均可支配收入差距都有所回落。但是，目前台湾岛内南北收入分配失衡的问题依然严峻，在过去 17 年间并没有得到根本性的改善，人均可支配收入基本维持着 50 000 元新台币的差距。

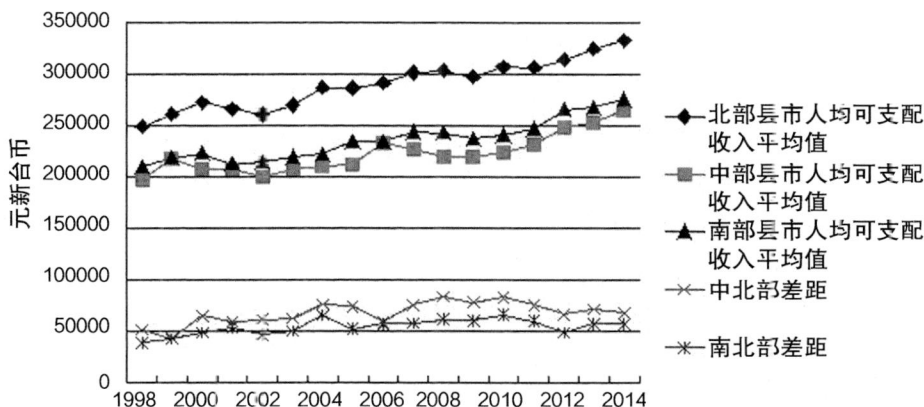

图 1　台湾北、中、南部人均可支配收入平均值及差距

2. 岛内经济活动单位密集分布在六大都市，呈现越来越集中于北部的趋势。台湾经济主管部门发布的统计数据显示，截至 2014 年底，岛内北部地区工商及服务业场所总计 717359 家，占全台整体家数 46.93%，中部占比为 24.4%，南部为 24.28%。从增加的幅度来看，较 2010 年，北部地区增加了 41403 家，成长 6.13%，扩增家数将近全台同期增加总数（105576 家）的一半，中部地区增加 29664 家，成长 8.64%，南部地区为 23891 家，成长 6.86%。说明岛内工商场所空间分布呈现出越来越集中于北部的趋势。另一方面，按县（市）域考察，六大都市工商及服务单位家数居岛内县市前六名，合计 1114249 家，占比达 72.89%，其中北部三大都会区占比为 40.14%，总计 613696 家，中南部三大都会区占比为 32.74%，家数总计 500553。

以上分析说明：作为经济活动重要场域的工商及服务单位在岛内空间分布上呈现"北密南疏"，且集中分布在六大都会区，并以北部三都最为密集；从动态的视角加以观察，ECFA 实施以来，台湾中南部工商及服务单位家数的增长率超过北部地区，但因北部基数较大，膨胀规模远大于中南部地区，经济活动单位在岛内的分布呈现出越来越集中于北部的趋势。

3.就业机会南北严重失衡，且北部地区就业机会成长率较中南部高。台湾经济主管部门发布的统计数据显示，2014年岛内北部地区就业人数5003000人，占全台就业人数的45.16%，而中部地区仅为2762000人，占比24.93%，南部地区略多于中部地区，达3015000人，比重为27.21%，说明岛内就业机会南北失衡严重，中南部十个县市就业人数相加才及北部六个县市。从增幅来看，北部地区2010年到2014年间，就业人数增加348000人，而同期全台就业人数增加586000人，由此可见，全台新增就业超过一半被北部县市所吸纳，中南部两个区块新增就业相当，均为115000人，不及北部新增就业的三分之一。若从增长率加以分析，北部地区2014年就业人数较2010年成长7.48%，大于中部地区的4.38%、南部地区的3.97%。

如果从县（市）域层面考察，岛内就业机会集中在六大都会区，这些城市吸纳了台湾69.34%的就业人数。其中，北部三大都会区成长速度名列前三位，高雄市则敬陪末座。数据显示，在2010年到2014年间，即便岛内就业机会南北分布不均，南北县市就业人数成长速度有快有慢，但是台湾本岛西部16个县市的就业人数在此期间均呈现正增长。

（二）台湾南北发展差异对两岸经贸关系深化的影响

以上分析显示，ECFA上路以来的四年时间，台湾岛内固有的南北收入分配失衡的问题依然严峻，即便在数据上呈现出中南部民众可支配收入较快速增长的态势，但因南北民众可支配收入基数相差太大，南北收入分配不平衡的格局并没有太大的改变。此外，平均可支配收入作为一项衡量宏观经济形势的指标，其统计意义更大于实际意义，对于一个普通市民而言，薪资水平提升才能是有感的经济发展，遗憾的是，据台经济主管部门公布的数据显示，台湾薪资水平停滞不前甚至倒退的状态已持续十多年（邓利娟、朱兴婷，2014）。另一方面，作为经济活动重要场域的工商及服务单位在岛内南北两大区块不平衡增长，反映了岛内经济资源分配不均，区域发展差距扩大的问题，也说明了北台湾经济比南台湾更为活跃。而南北经济发展水平以及活跃度的差异直接造成了南北民众就业机会的不平等，随着南部人才流失的加剧又会进一步扩大南北发展的差距。由此可见，ECFA背景下台湾北部经济成长的力道较南台湾更为强劲，南台湾经济的小气候在台湾整体经济表现欠佳的大环境下更为阴沉。也正因为南台湾宏观经济环境并没有得到太多正向的改变，南部民众"获得感"相对低，直接导致他们对 ECFA 在南台湾成效"无感"乃至"反感"。

笔者以为，ECFA 背景下，台湾南北经济表现差异是台湾固有的南北发展失衡的问题在两岸经济合作步入正常化、制度化新阶段的延续，并非 ECFA 的签署实施才引致台湾南北发展的差异。相反，笔者以为，台湾固有南北发展失衡问题是造成当前两岸交流面临结构性障碍的经济因素，主要表现在两个方面：其一，援引经济引力原理，一个实力较强的经济体也将具有较强的吸矾能力（李非、林子荣，2015）。对于大陆企业、投资人来说，在区域选择上，经济较为发达，市场规模较大，科技、人才、资本较为雄厚，运销和行销通路更为便捷多元的北部地区肯定更受青睐。这是市场选择的结果，是遵循经济规律的理性选择，无可厚非，但却也会给中南部民众一种重北轻南的"错觉"，这种"错觉"将弱化我们惠台政策可能取得的功效。其二，岛内区域经济发展呈现南北失衡的格局是台湾久积之弊疾，民进党在岛内"执政"期间强势加以"平衡"都未能扭转，甚至进一步扩大了南北差距，使问题更趋恶化，马英九上台也曾出台一系列"平衡"政策但也都收效甚微（单玉丽，2012），岛内南北发展失衡的格局在某种程度上已经进入一种"不对称的稳定状态"。这种"不对称的稳定状态"并不会随着两岸关系进入大交流、大合作、大发展的时代而迅速发生根本的调整，但是岛内一些亲绿政客、学者、媒体为在南台湾营造"恐中""拒中""反中"氛围，为了利用经济议题操弄选举，刻意将该问题归咎于两岸经贸关系的深化，从而使两岸关系发展背负要替台湾当局平衡岛内南北发展的包袱。

因此，笔者以为，岛内南北经济发展失衡是台湾内部所面临的经济问题，却是两岸都必须关注的议题。

四、中观层面：ECFA 背景下 台湾中南部制造业的发展

"产业"作为两岸经济合作的重要介面，两岸产业合作便是实现两岸经济合作的主要内容，而两岸经济合作的深化对双方可能带来的机遇与挑战也主要是通过两地产业受益或受损显现出来（林子荣，2015）。制造业是台湾具有较强国际竞争力且在其经济成长中扮演关键角色的部门（范越龙，2012），也是两岸产业合作的重点领域。据 ECFA 早收清单内容，台湾方面获得的早期收获项目

539项，其中属于工业产品项目521项，占97%；大陆方面获得的早期收获项目皆为工业产品，由此可见制造业是两岸纳入货品贸易早期收获清单项目的绝对主体。因此，在中观层面，笔者选择制造业部门作为考察的标的，用以分析ECFA背景下台湾中南部在产业面的表现。

（一）台湾中南部制造业空间分布

作为"聚落发展"特征最为显著的产业部门，制造业在台湾岛内的空间分布也呈现较为明显的群聚特点，不同地区有不同的产业优势（王建民，2008）。笔者以为，了解台湾制造业的县域空间分布，是评估ECFA对中南部县市在产业面可能影响的前提和基础。

在之前的研究成果中，笔者尝试运用区位熵分析法（唐永红、林子荣，2015），通过测算2012年台湾本岛19个县市26项制造业行业[③]的区位熵值，即考察岛内县市各制造业行业占其域内制造业部门的份额与台湾本岛相应行业占制造业份额的比值，以台湾本岛产业结构的均值作为参照系来判定岛内各县市的比较优势状况或区域产业的专业化水平（刘耀彬，2013）。熵值测算结果显示：台湾中南部县市在岛内较具竞争优势的制造业部门涵盖属于民生工业的纺织业、食品制造业、木竹制品制造业、家具制造业；属于化学工业的石油及煤制品制造业、化学制品制造业、化学材料制造业、橡胶制品制造业、塑胶制品制造业、皮革、皮毛及其制品制造业；属于金属机械工业的机械设备制造业、基本金属制造业、金属制品制造业。这些制造业部门大部分属于传统产业，以资本密集型和劳动密集型产业为主。

（二）ECFA背景下台湾中南部制造业的发展情势

ECFA的生效及落地实施可以帮助提升台湾早收工业产品在大陆的竞争力，扩大其市场占有率，特别是以岛内生产为主的"化学品""塑胶、橡胶及其制品""基本金属及其制品""机械"等传统产业，这些制造业行业岛内生产占比达80%以上，ECFA的实施直接降低它们出口大陆的成本。过去台商的思维多半是在台湾接单，在大陆工厂加工制造后出口欧美市场，即所谓的"三角贸易"模式；但自ECFA早收清单实施之后，受益产商经营模式渐渐改变，转而在两岸共同接单、生产，充分利用两岸生产资源灵活调配（台湾"国际贸易局"，2015），从而避免岛内产业链的整体外移，有利于产业根留台湾。

据 ECFA 早收清单内容，台湾方面获得的 521 项早期收获工业产品清单涵盖石化产品 88 项、机械产品 107 项、纺织产品 136 项、运输工具 50 项、其他产品（主要来自金属制品制造业、电子电机等）140 项。总体来看，台湾方面获得的 521 项早期收获工业产品绝大部分属于岛内的传统制造业部门的产出，分属于台湾的民生工业、金属机械工业以及石化工业。而上文对岛内制造业空间分布的分析结果显示，这些制造业部门在台湾本岛的空间分布主要落在中南部地区，呈现出较为明显的地理集聚。

鉴此，本文重点考察在 ECFA 背景下台湾中南部属于民生工业的纺织业，属于金属机械工业的机械设备制造业、金属制品制造业、汽车及其零部件制造业以及属于石化工业的橡胶制品制造业、塑胶制品制造业、化学材料制造业等制造业部门的发展变化。笔者采用偏离份额分析法，将这些行业 2010 年至 2013 年（目前台湾县域工业数据只更新到 2013 年）总营业收入增长量分解为三个分量，即基本目标增量、结构分量和竞争力分量。基本目标增量是以台湾本岛制造业成长速度为基准所测度的中南部某制造业部门总营业收入增长量，而结构分量和竞争力分量反映了该部门实现的总营业收入增长量对基本目标增量的偏离，其中，结构分量衡量的是岛内产业结构调整对中南部该制造业部门发展的影响，竞争力分量的大小则代表中南部该制造业部门的竞争力。分析测算结果（见表 1），可以得到以下几点认识：

表 1　台湾早收项目主要涉及制造业部门 2010—2013 年营业收入偏离份额分析

制造业部门	增长量	基本目标增量	结构分量	竞争力分量	总偏离额	结构分量份额	竞争力分量份额
纺织业	176723	9722558.99	−4784653.47	−4761182.52	−9545835.99	−50%	−50%
机械设备制造业	33392870	23446379.83	−9342334.25	19288824.42	9946490.17	−94%	194%
金属制品制造业	119099772	35388600.24	42315240.18	41395931.58	83711171.76	51%	49%
汽车及其零部件制造业	33057598	11209163.11	20804103.88	1044331.01	21848434.89	95%	5%
化学材料制造业	250953527	74890183.29	110377795.6	65685548.07	176063343.7	63%	37%

续表

塑胶制品制造业	4628658	14202260.39	−11769407.21	2195804.81	−9573602.4	−123%	23%
橡胶制品制造业	8848265	3290322.95	788523.34	4769418.71	5557942.05	14%	86%

注：表中数据是根据台湾"经济部统计处"所发布的《工厂校正及营运调查报告》2010年、2013年数据计算所得。总偏离额系结构分量与竞争力分量之和，代表增量对基本目标增量的偏离；结构分量份额是结构分量占总偏离额的比重，竞争力分量份额是竞争力分量占总偏离额的比重，前者代表产业结构调整对增量偏离的影响，后者代表地区行业竞争力对增量偏离的影响。

1.本文所关注的台湾中南部七项制造业行业在考察期间都实现了正成长。增幅最大的是金属机械工业，其中，作为中南部优势产业的金属制品制造业2013年实现的营业收入较2010年增长15.38%，汽车及其零部件制造业成长13.48%，中部基础最为雄厚、发展最为成熟的机械设备制造业也有6.51%的增幅。石化工业是岛内集聚程度最高部门，集中分布在中南部地区，在ECFA背景下发展势头强劲，化学材料制造业、橡胶制品制造业都实现两位数的成长，分别达到15.32%以及12.29%，塑胶制品制造业增长相对较缓，也有4.57%的增长。中南部传统优势产业的纺织业在考察期间增幅最小，仅为0.08%。

2.结构分量的测算结果显示，ECFA所主要涉及的这七项制造业行业中，纺织业、机械设备制造业、塑胶制品制造业的结构分量为负值，说明这些行业的营业收入虽然在考察期间呈现正增长，但相较于台湾整体制造业的提升速度，它们在岛内的发展相对滞后。而金属制品制造业、汽车及其零部件制造业、橡胶制品制造业、化学材料制造业的结构分量则为正值，说明这些制造业部门在岛内的发展势头强劲，正处于上升通道。

3.竞争力分量的测算结果显示，本文所重点考察的中南部七项制造业行业中，除了纺织业为负值外，其余均为正值。说明ECFA所主要涉及的制造业部门绝大多数是中南部的优势产业，它们在中南部的成长速度要高于同行业在岛内的水平。特别是机械设备制造业和塑胶制品制造业，虽然这两个行业在岛内整体发展趋缓，但是作为南台湾的优势产业，在中南部地区目前仍维持着相对快速的成长。

（三）小结

中观层面本文重点考察台湾方面ECFA早期收获清单主要涉及的七项制造

业行业。熵值测算结果显示，这些制造业部门在岛内的空间分布主要落在中南部地区。偏离份额分析结果显示，ECFA 背景下，这七项行业在中南部地区的发展势头良好，都呈现出正向成长。如果考虑到这些行业在台湾制造业结构调整的大环境中所处境遇，以及中南部这些行业在岛内的竞争力表现，可以分三种情况加以分析：其一，纺织业，作为台湾方面收获的 ECFA 早期清单中最重要的民生工业，目前在岛内制造业转型升级过程中面临被挤压的态势，成长相对乏力，作为中南部传统的优势产业，目前其竞争力也正逐渐减弱，即便中南部纺织业仍维持正向，但其发展动力明显不足；其二，机械设备制造业和塑胶制品制造业虽然这几年在岛内整体表现不佳，但是，作为台湾中南部的优势产业，ECFA 背景下在中南部仍然实现了较为快速的成长，发展强劲；其三，金属制品制造业、汽车及其零部件制造业、橡胶制品制造业、化学材料制造业作为 ECFA 涉及较多的制造业部门，既是中南部的优势产业，也是当前岛内处于上升通道的制造业部门。

在此必须强调，这些行业这些年的成长与 ECFA 的签署实施并无必然的因果关联，因为影响它们成长的因素是多元的，包括国际环境以及台湾内部环境等等，但是，做这样的分析其意义在于说明 ECFA 所涉及的这些制造业部门作为中南部专业化程度较高的行业，在当地经济发展中扮演重要角色，ECFA 的落地实施对于促进当地产业发展，对于增进中南部民众福祉不无裨益。

五、微观层面：ECFA 背景下台湾中南部中小企业的发展

（一）台湾中南部中小企业概况

台湾"经济部中小企业处"2013 年的统计数据显示，台湾中南部各行业中小企业 654371 家，占全台中小企业总数（1331182 家）的一半，占中南部各行业企业家总数（666157）的 98.23%。从吸纳的就业人数来看，台湾中南部中小企业吸纳的就业人数达 4637000 人，超过全台中小企业吸纳就业人数 8588000 人的一半，占中南部各类型企业吸纳就业人数的 88.68%。由此可见，中小企业在台湾中南部扮演着稳定社会，促进就业，活络经济的重要角色，是中南部经济发展的主力。

本文着力探讨中南部制造业领域的中小企业在 ECFA 背景下的发展情势，主要基于两点原因：其一，虽然从分布的行业来看，中南部从事服务业的中小

企业家数占比高达 78.04%，制造业的比重仅为 12.08%，但是从企业的销售值比较，2013 年，中南部地区从事制造业的中小企业销售值总额达 2442568 百万元新台币，与服务部门的中小企业所获得的销售额 2472843 百万元新台币相当。其二，中南部从事服务业的中小企业家数以批发及零售业占比最大，达62.89%，其次是住宿及餐饮业，比重为 13.44%，其余的服务业部门比重都很小；如若从企业的销售值加以比较，中南部从事服务业的中小企业销售值比重最大的行业依然是批发及零售业，其次也还是住宿及餐饮，前者比重达 74.05%，后者占比为 5.99%。说明中南部地区从事服务业的中小企业主要集中在较为传统的服务部门，ECFA 早期收获清单关于服务业开放的 8 个项目皆非传统服务部门。

（二）ECFA 背景下中南部重要制造业部门中小企业发展情势

笔者依中小企业销售值在其行业总销售值中的占比，将台湾 26 项制造业行业划分为三大类：第一类部门的中小企业销售值超过大企业，图 2 显示，这类制造业行业包括皮衣及服饰品制造业、木竹制品制造业、纸浆、纸及纸制品制造业、塑胶制品制造业、金属制品制造业、机械设备制造业以及家具制造业；第二类是中小企业的销售值与大企业相当，主要涵盖饮料及烟草制造业、印刷及资料储存媒体复制业以及非金属矿产制品制造业；第三类包括其余的制造业行业，这类行业的成长主要取决于大企业的发展。第一类制造业部门在岛内与中小企业关联度最高，也是台湾中小企业分布最为密集的行业，其发展情势攸关中小企业的利益，这也是本部分重点考察的制造业行业。

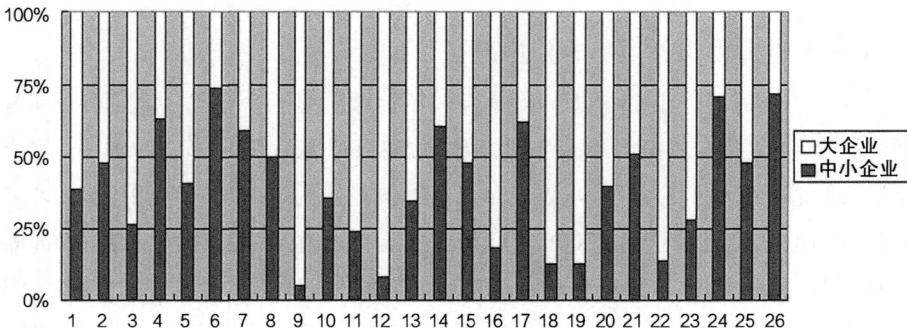

图 2　台湾制造业行业中小企业销售值比重

注：横坐标序列号对应的制造业行业同上文；相关资料来源于台湾"经济新中小企业处"。

笔者在中观层面分析中已指出，属于第一类制造业部门的金属制品制造业、机械设备制造业以及塑胶制品制造业在岛内的空间分布主要集聚在中南部地区，且其相当一部分产品为 ECFA 早收清单项目。台湾"经济部统计处"发布的数据显示，ECFA 背景下，2010—2013 年，中南部这三项制造业行业的中小企业，不管是其营收总额还是就业规模都实现快速扩增。其中，中南部从事机械设备制造业的中小企业，2013 年营收总额为 428017760000 元新台币，较 2010 年成长 6.06%，就业人数也从 2010 年的 117364 人增加至 2013 年的 124882 人，成长 6.41%；中南部从事塑胶制品制造业的中小企业 2013 年的营收总额较 2010 年也有 8.63% 的成长，达到 198344343000 元新台币，就业规模更是扩增了 14.6%；从事金属制品制造业的中南部中小企业，其营收总额更是实现了两位数的成长，2013 年较 2010 年增加 16.75%，吸纳就业规模扩增 7.9%。

另外，属于民生工业的纺织业，属于石化工业的化学材料制造业、橡胶制品制造业，属于金属机械工业的汽车及其零部件制造业虽然也都是 ECFA 主要涉及的制造业部门，同时也是台湾中南部的重要产业，但图 1 显示，岛内这些行业是由大企业所主导，中小企业市场份额较小。观察这些行业中小企业在中南部近些年的表现，数据显示，ECFA 背景下成长最为强劲的是橡胶制品制造业，营收总额 2013 年较 2010 年成长 28.47%，就业扩增 21.99%。化学材料制造业、汽车及其零部件制造业的中小企业增幅相对较小，但也都呈现正向成长，营收总额分别成长 1.24%、3.57%，就业规模分别扩增 8.76%、8.26%。而纺织业作为传统的劳动密集型产业，在岛内长期的市场竞合过程中，业已形成大企业集团所主导的市场格局，2013 年中南部该行业中小企业的销售值仅占行业销售总值的 26.29%。在 ECFA 背景下，2013 年中南部纺织业中小企业所吸纳的就业人数较 2010 年虽有所扩增，但是营收总额出现负成长，这也印证了本文中观层面关于中南部纺织业发展情势的分析。

（三）小结

台湾方面 ECFA 早收清单主要涉及的 7 项制造业行业在岛内只有三项是由中小企业所主导。ECFA 背景下，中南部这七项行业中小企业除了纺织业营业收入出现负成长以外，其余行业都呈现上行趋势。

与中南部相应行业大企业相比，由中小企业主导的金属制品制造业、机械设备制造业在考察期间发展速度远大于大企业，而同为第一类制造业部门的塑胶制品制造业，近几年大企业获得快速成长。属于第三类由大企业所主导的化学材料制造业、汽车及其零部件制造业，中小企业发展速度明显落后于大企业，而橡胶制品制造业中小企业则发展强劲。表2显示，中南部纺织业的营业收入不管是大企业还是中小企业都出现负增长，但是大企业下滑程度要远大于中小企业。

表2　台湾中南部重要行业大、中小企业2013年营业收入及就业人数较2010年成长率

类别	制造业行业	中小企业		大企业	
		营业收入成长率（%）	就业人数成长率（%）	营业收入成长率（%）	就业人数成长率（%）
第一类	金属制品制造业	16.75	14.6	4.07	7.18
	机械设备制造业	6.07	6.41	0.58	17
	塑胶制品制造业	8.63	7.9	26.52	20.7
第三类	纺织业	−0.483	3.13	−15.59	−0.74
	化学材料制造业	1.23	8.76	18.91	14.85
	橡胶制品制造业	28.47	21.99	7.39	−1.61
	汽车及其零部件制造业	3.57	8.26	17.28	10.27

数据来源：根据台湾"经济部统计处"所发布的《工厂校正及营运调查报告》2010年、2013年数据计算。

六、主要结论和政策建议

ECFA只是一个架构协议，不是完整的经济整合协定，短期效应相当有限，仅局限在目前各自收获的早期项目，其长期效益则取决于后续协议的协商成果（童振源，2011）。笔者以为，随着两岸关系的深化，处理两岸关系的经贸政策也应更趋精致化。"喷灌式"的惠台政策在造成资源浪费的同时，也有可能出现"错配"的情况，非但无助两岸关系的发展，甚至会产生"副作用"。笔者以为，在ECFA后续协商过程中，应采取"滴管式"的对台策略，在政策设计及项目选择上应更有针对性地指向特定区域、特定产业、特定群体，如此一方面可使目标更为明确，另一方面也更有助于后续的成效评定。鉴此，笔者从宏观、中观、微观三个方面提出建议：

（一）宏观层面

为避免南台湾成为两岸交流的短板，跳脱因岛内南北发展失衡所形成的大陆与南台湾交流的结构性障碍，笔者以为，两岸可以尝试寻求各自"次区域"之间的架接合作机制，充分发挥闽南地区对台的独特优势和特殊作用，建构闽台"南南合作"模式，使两岸交流在区域选择上更有针对性地指向南台湾，实现两岸合作"整体对整体""局部对局部"双轨并进、相互策动。

（二）中观层面

制造业作为两岸产业对接的重点领域，深化两岸制造业部门合作，应注意区分四种情况（见表3），笔者以为，前三种情况都应该是两岸制造业对接合作的重点领域。第一类制造业行业是两岸产业合作规划必须突出的部门，大陆应大力推动两地在这些制造业部门的对接合作。第二类行业，一般属于技术密集型产业，虽然南台湾这些行业在岛内不具竞争力，但是"市场"会选择它们作为两岸产业合作的重点。第三类行业即便在台湾整体呈现衰退的态势，但作为南台湾在岛内的传统优势产业，基础好，实力雄厚，依然保持正向成长，对于这些制造业部门，大陆实施让利惠台政策时，应适当向其倾斜。

表3　两岸制造业合作领域选择面临的四种情况

		台湾	
		发展强劲	呈现萧落
南台湾	在岛内具优势且呈现正增长	第一类：金属制品制造业、汽车及其零部件制造业、化学材料制造业等	第三类：机械设备制造业、塑胶制品制造业等
	在岛内不具优势或呈现负增长	第二类：电子信息产业等	第四类：纺织业等

（三）微观层面

台湾中小企业是大陆对台工作的重点，台湾中南部的中小企业更是重中之重。上文分析的结果显示，第一类制造业部门中未纳入ECFA早收清单的项目，包括皮衣及服饰品制造业、木竹制品制造业、纸浆、纸及纸制品制造业以及家具制造业。这些制造业行业虽然不是台湾的优势产业却是南台湾县市的优势部门，且生产规模都以中小企业为主体，又因劳动要素投入量大，故而受益面广，社会效应更为强烈。笔者以为，应该在ECFA后续货贸协议中争取将这些行业优先列入减免税清单。

注释：

    ① 本文所指台湾中南部地区涵盖台湾经济主管部门所发布的中部及南部县市，包括中部地区的台中市、苗栗县、云林县、彰化县、南投县以及南部地区的高雄市、台南市、嘉义市、嘉义县、屏东县。

    ② 本文所指南台湾涵盖台湾中南部各县市。

    ③ 26项制造业细分行业包括：1.食品制造业，2.饮料及烟草制造业，3.纺织业，4.成衣及服饰品制造业，5.皮革、皮毛及其制品制造业，6.木竹制品制造业，7.纸浆、纸及纸制品制造业，8.印刷及资料储存媒体复制业，9.石油及煤制品制造业，10.化学材料制造业，11.化学制品制造业，12.药品及医用化学制品制造业，13.橡胶制品制造业，14.塑胶制品制造业，15.非金属制品制造业，16.基本金属制造业，17.金属制品制造业，18.电子零组件制造业，19.电脑、电子产品及光学制品制造业，20.电力设备制造业，21.机械设备制造业，22.汽车及其零件制造业，23.其他运输工具及其零件制造业，24.家具制造业，25.其他制造业，26.产业用机械设备维修及安装业。其中，其他运输工具及其零件制造业包括：船舶及其零件、机车及其零件、自行车及其零件、其他运输工具及其零件；其他制造业包括：育乐用品、医疗器材及用品、其他制品。

参考文献：

[1] 邓利娟、朱兴婷，2014：《台湾学运背后的经济发展困境》，《台湾研究集刊》第6期。

[2] 邓利娟，2015：《两岸经贸利益巨大 台湾要分好蛋糕》，http://www.crntt.com /doc /1038 /7 /0 /1 /103870169.html? coluid = 93 & docid = 103870169 & kindid = 11470，2015 年 7 月 23 日。

[3] 范越龙，2012：《大陆民营企业入台投资产业选择研究》，《浙江金融》第9期。

[4] 廖达琪、张其禄、李予纲，2010：《两岸经济协议签订前后台湾南部社会变迁与民众意向之研究》，台北："行政院研究发展考核委员会"。

[5] 李非、林子荣，2015：《闽南与台湾西部县市经济引力测算及闽台"南南合作"研究》，《台湾研究集刊》第1期。

[6] 林子荣，2015：《台湾中南部制造业地理集聚及变化态势分析》，《台湾研究集刊》第4期。

[7] 刘耀彬，2013：《区域经济学模型与案例分析》，北京：科学出版社。

[8] 单玉丽，2012：《台湾南北差距对选举的影响及两岸合作》，《现代台湾研究》第2期。

[9] 唐永红、林子荣，2015：《台湾岛内制造业的空间集聚态势》，《台湾研究集刊》第2期。

[10] 台湾"国际贸易局"，2015：《厘清事实，还 ECFA 一个清白》，http://www.moea.gov.tw /MNS /populace /news /News.aspx? kind = 1 & menu_id = 40 & news_id = 43311，2015 年 7 月 8 日。

[11] 童振源，2011：《ECFA 初期成效远不如预期》，http://hk. crntt. com /doc /1017 /2 /5 /7 /101725720. html? coluid =93 & kindid = 2931 & docid = 101725720，2011 年 6 月 9 日。

[12] 王建民，2008：《台湾制造业产业群落地理分布特征及发展探索》，《台湾研究》第2期。

[13] 王建民，2014：《大陆"向下沉、向南移"对台政策面临现实制约》，http://www. taihainet. com /news /twnews /twmzmj /2014−07−02 /1275357.html，2014 年 7 月 2 日

[14] 许洲智，2010：《ECFA 对大高雄在地产业及就业环境影响座谈会》会议记录，http://www.docin. com /p−814062747.html，2010 年 4 月 23 日。

[15] 辛翠玲，2014：《南台湾与两岸关系》，台北：时英出版社。

[16] 郑钦模，2013：《八年来的两岸整合：台湾政治缓和、经济失和》，《台湾政治发展之检视与展望学术研讨会论文集》，香港：珠海学院亚洲研究中心。

李非，福建永安人，厦门大学台湾研究院教授、博士生导师；

林子荣，福建漳州人，厦门大学台湾研究院博士研究生。

当前海峡两岸围绕"九二共识"的博弈分析

林子荣

2016 年民进党赢得台湾地区领导人及"民意代表"两项选举，在岛内首次实现"全面执政"。众所周知，2008 年以来，两岸关系能够走上和平发展的正确轨道，取得两岸两会签署 23 项协议等一系列成就，关键在于海峡两岸确立了坚持"九二共识"、反对"台独"的共同政治基础。"九二共识"的核心意涵就是两岸双方均坚持一个中国原则。然而，迄今民进党依然顽固坚持两岸"一边一国"的"台独"立场，不愿意放弃"台独党纲"，明确主张追求"台湾独立"，拒绝接受"九二共识"，这便动摇了两岸关系和平发展赖以维系的政治基础，两岸关系发展面临方向和道路的抉择。本文根据当前祖国大陆、台湾当局、台湾民众之间在"九二共识"问题上的互动关系构造动态博弈模型，在此基础上采用逆推归纳的方法，判断博弈的路径和各博弈方的得益，并就博弈分析结果加以探讨。

一、相关理论与文献回顾

博弈论（game theory）主要研究决策主体的行为发生直接相互作用时的决策以及决策的均衡问题（张维迎，1996），其所追求的均衡是指博弈参与者的最优策略组合，比如均衡概念中十分重要的纳什均衡，就是指在给定他人策略不变的前提下，没有任何博弈参与者有动力选择其他策略，从而使这种均衡得以维持（周方银，2001）。根据博弈的过程，博弈有静态博弈（Static Games）和动态博弈（Multistage Games）之分。在静态博弈中，所有参与者同时行动，或行动虽有先后，但没有人在自己行动之前观测到别人的行动（刘东峰，2002）。动态博弈是指参与者行动有先后顺序，且后行动者能够观察到先行动者所选择的行动并根据前者的选择调整自己的选择，而前者自然会理性地预期到这一点，所以不可能不考虑自己的选择对其对手选择的影响。

从本质上讲，两岸政经关系也是一种博弈行为，遵循博弈行为的一般规律（刘舸，2010）。两岸政经互动的博弈，表现为祖国大陆与台湾作为理性参与者，各自基于政经利益考量，合理利用自己所搜集到的信息估计未来行为结果的各种可能性并进行策略选择。目前，将博弈论运用于分析台湾问题的文献主要集中于研究祖国大陆、台湾地区和美国在一些涉台议题的三方博弈。刘东峰（2002）根据祖国大陆、台湾地区和美国三者之间的互动关系构造动态博弈模型，研究指出大陆应努力增强实力，具备战必胜的实力，唯此才能有效阻止台湾"独立"。李鹏（2006）运用国际关系理论中绝对获益和相对获益理论，以美台围绕"废统"问题的博弈为例，探讨美国"维持现状"台海政策实质。王曦（2006）把台湾问题模型化为一个台湾当局、大陆和美国的三方序贯博弈，他的研究得出包括美国是台海维持现状最大赢家、在"台独变现"的情况下大陆一定出兵等推断。

关于博弈主体的选择，现有一些研究成果采以"台湾"作为参与者。笔者以为，如果以台湾作为两岸博弈的主体，事实上它只能以增进台湾整体利益、长远利益为目标，并在这一目标指引下进行策略选择；而如果以台湾当局作为参与者，它一方面需要考虑台湾的整体利益，另一方面其具体政策设计还需要体现执政党的价值追求，而为达其"施政目标"，它有时还需要就坚持或调整执政党所秉持的政治理念做出选择。正因为如此，蔡英文作为民进党籍台湾地区领导人，在岛内带领民进党"全面执政"的过程中，一方面负有进一步扩大"两岸和平红利"、在深化两岸关系过程中增进台湾民众福祉的责任，另一方面，她会困囿于民进党的两岸政策以及她自己坚持的"台独"立场，在处理两岸问题过程中势必受到民进党内部分离主义信仰者和台湾其他"独派"势力的掣肘（张亚中，2016）。

再者，现有研究还没有将台湾民众作为博弈参与者，但事实上岛内民意很大程度左右着当局的两岸政策以及大陆的对台政策，民进党若想在岛内实现长期"执政"，就必须以台湾主流民意为依归；大陆也一再声明"贯彻寄希望于台湾同胞的方针决不改变"，无论在什么情况下，大陆"都尊重他们、信赖他们、依靠他们，并且设身处也为他们着想，千方百计照顾和维护他们的正当利益"。[①]因此，在两岸博弈过程中，作为两岸关系和平发展的受益者以及两岸关系恶化最直接、最大的受害者，台湾民众也必然会参与其中。

笔者以为，在民进党赢得岛内领导人选举并实现"全面执政"的政治情势下，影响未来两岸关系走向的关键在于台湾当局是否认同"九二共识"及其核心意涵，[②] 而这一关键因素的实现又取决于祖国大陆、台湾当局以及台湾民众三方的博弈。

二、两岸三方围绕"九二共识"的博弈分析

一个中国原则是两岸关系发展的政治基础，1992 年两岸在香港会谈中形成的共识则是海峡两岸对于坚持一个中国原则的共同政治承诺，是一个中国原则在两岸关系发展实践中的具体表现（张文生，2016a）。因此，"九二共识"明确界定了两岸关系的根本性质，其与一个中国原则是一体两面的关系。承认"九二共识"，两岸双方便在巩固和维护一个中国框架这一原则问题上形成清晰的共同认知和一致立场，在此政治基础上，两岸双方就可以保持良性互动，反之，不接受"九二共识"，又不确认"一中"原则，这便动摇了两岸关系和平发展的政治基础。正因为如此，祖国大陆将台湾当局对于"九二共识"的态度视作检验其善意的试金石，一再强调坚持"九二共识"，是两岸建立政治互信、实现良性互动的前提和基础，是巩固和深化两岸关系和平发展的"定海神针"，也是大陆同台湾当局和岛内各政党开展交往的基础和条件。

但是，蔡英文在 2016 年台湾地区领导人竞选期间和选后迄今都未能公开表明接受"九二共识"，相继抛出"维持现状论""在中华民国现行宪政体制下推动两岸关系""接受九二会谈历史事实以及双方求同存异的共同认知"等说辞，对两岸关系根本性质的原则问题进行模糊化处理，并试图以此缓和两岸关系，延续两岸关系既有成果（张文生，2016b）。针对蔡英文就职演说中就两岸政策所做的阐释，大陆认为在必须明确接受两岸关系和平发展的政治基础这道必答题面前，她交出了一份没有完成的答卷，台湾当局新领导人必须完成没有完成的答卷。因此，可以预见，在台湾当局尚未完成答卷前，两岸围绕接不接受"九二共识"所展开的博弈还将继续。

（一）博弈模型构建

在建立动态博弈模型之前，笔者首先做以下 4 点说明：

1. 在两岸关于"九二共识"的博弈中美国将选择模糊的"观望"态度。这一假设的现实依据在于美方关注的是台海和平稳定的局面能否得到维护。无论台当局接受"九二共识"与否，只要其能与大陆维持和平稳定的台海局势，美

国都将欢迎。因此，只要台当局不单方面改变现状，不搞"法理台独"或从事其他可能使"台独"变现的具体行动，美国不会积极地说服民进党接受具有"一中"核心意涵的"九二共识"，也不会"加持"台当局拒绝承认"九二共识"。

2. 假设只要台湾当局不搞"法理台独"或从事其他可能使"台独"变现的具体行动，大陆争取和平统一的努力决不放弃。以和平的方式实现统一最符合包括台湾同胞在内的中华民族的整体利益，大陆一再重申将以最大诚意、尽最大努力争取和平统一的前景。即便民进党在岛内实现全面执政，但是大陆对台大政方针是明确的、一贯的，不会因台湾政局变化而改变。我们有理由相信，只要台当局不踩大陆底线，大陆不会动用武力，这一假设符合大陆对台的一贯政策，符合"一国两制、和平统一"的基本方针。

3. 本模型将台湾民众看成一个整体，台湾主流民意代表这个整体的意志。他们将通过选举投票、开展社会运动或者参与民意调查等形式表达他们的诉求，从而参与博弈过程。

4. 在祖国大陆、台湾当局、台湾民众围绕"九二共识"展开的博弈中，本研究假设他们各有两种策略可以选择。台湾当局可以选择接受或者不接受"九二共识"；台湾民众可以选择同大陆一道维护"九二共识"抑或支持台当局拒绝接受"九二共识"；大陆同样面临两种选择，同台湾当局妥协或中断两岸交流。本文将博弈三方的选择绝对化为两种，主要目的是为了有效空制变量，让分析变得可能。需要特别说明一点：台当局认同"九二共识"的实质是认同两岸同属一个中国的核心意涵，因此，只要台当局能够以自己的方式明确地衷明"大陆和台湾同属一个中国，两岸关系不是国与国关系"，本论文将视台湾当局接受"九二共识"。

基于以上几点假设，笔者根据祖国大陆、台湾当局、台湾民众三者之间的互动关系构造动态博弈模型，用博弈树表示如图1。该博弈分为三阶段，第一阶段台当局就接受或拒绝承认"九二共识"进行选择。如果台当局选择接受"九二共识"，两岸关系和平发展的局面将得到维护，两岸关系将持续向前发展，此时各参与方的获益表示为：祖国大陆 =M、台湾当局 =D、台湾民众 =P，本模型字母均为正值；而如果台当局明确拒绝接受"九二共识"或者持续未能确认体现一中原则的共同政治基础，博弈将进入第二阶段，此时各方获益取决于大陆将采取的行动选择。

台湾当局

接受"九二共识"　　　　　拒绝接受"九二共识"

（Ｍ　Ｄ　Ｐ）

祖国大陆

妥协　　　　　　　　　中断

（M-M1 D+D1 P）

台湾民众

支持承认"九二共识"　　　　　不支持承认"九二共识"

（M-M1 D-D2 P-P2）

（M-M3 D+D3 P-P3）

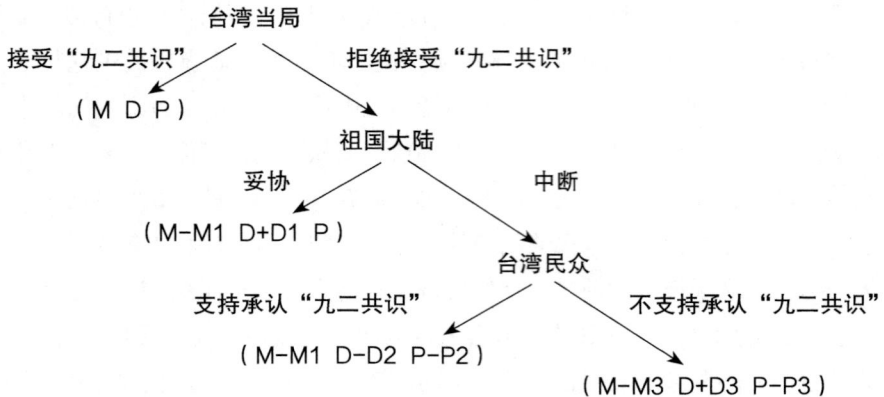

图1　祖国大陆、台湾当局、台湾民众围绕"九二共识"的博弈图

　　如果大陆选择妥协，亦即接受目前台湾当局模糊的两岸政策，三方的获益为：大陆 =M–M1、台湾当局 =D+D1、台湾民众 =P。其中，台当局因成功回避"九二共识"，在坚持"台独"立场的同时又能使两岸关系避免出现严重倒退，还能延续两岸关系发展的既有成果，它的获益将上升 D1；而大陆在"九二共识"问题上的"妥协"，将被视为在一中原则问题上做出重大让步，由于失去了处理两岸问题的底线和原则，获益将下降 M1；台湾民众则因台海和平稳定的局面没有因台湾当局未接受"九二共识"而改变，其获益将为 P。

　　如果台湾当局坚持不承认"九二共识"，或者持续未能确认体现一中原则的共同政治基础，而大陆又不愿意妥协，两岸各层级交流中断，那么博弈将进入第三阶段，结果取决于台湾人民的选择。首先，无论台湾民众做何选择，他们的获益都将因两岸交流全面中断而减损。如果台湾民众选择支持承认"九二共识"，通过支持台湾"在野势力"或者开展社会运动表达诉求，给民进党当局施加强大压力，迫使其承认"九二共识"；抑或是在下一次台湾地区领导人选举中将民进党换下台，选择认同"九二共识"的政党，那么博弈结束。这种情况的博弈结果，祖国大陆、台湾当局也将因两岸关系经历"地动山摇"而有所减损，记三者获益为祖国大陆 =M–M2、台湾当局 =D–D2、台湾民众 =P–P2。另一种情形，如果台湾民众追随台湾当局走"分离"路线，支持台湾当局拒绝接受"九二共识"，那么围绕"九二共识"所展开的博弈也将停止，两岸将进入新的博弈。因两岸交流持续中断所造成的两岸关系严重恶化将使祖国大陆的获益受损，台湾当局则因为在岛内得到台湾民众"加持"，[③] 其拒绝接受"九二共识"的立场获得"台湾民意"支持，政治利益得到维护，获益将提升为 D+D3，笔者记此情形下各方获益为祖国大陆 =M–M3、民进党当局 =D+D3、台湾民众 =F–P3。

（二）博弈结果分析

本文所构建的祖国大陆、台湾当局、台湾民众围绕"九二共识"的动态博弈模型分为三个阶段，笔者将采用逆推归纳法，从分析第三个阶段台湾民众的行为开始，逐步倒推分析前一个阶段相应博弈方的行为选择，最终对动态博弈结果，包括博弈的路径和各博弈方的得益等做出判断。通过归纳三个博弈主体各阶段的选择，即可得到各个博弈方在整个动态博弈中的策略（谢识予，2007）。

在第三阶段，参与者台湾民众最优选择取决于获益 PP2 与 P–P3 两个数值大小的比较：

1. 如果 P–P2 > P–P3，则台湾民众将选择认同"九二共识"，同大陆一道，维护两岸关系和平发展的共同政治基础。回到第二阶段，因为大陆了解，如果采取中断策略，台湾民众将会选择支持"九二共识"，向台湾当局施压，大陆的选择将取决于中断交流的获益 M–M2 是否大于同台湾当局妥协的获益 M–M1。当 M–M1 > M–M2，大陆将会同台当局妥协，台当局将因此成为最大赢家，获益 D+D1；当 M–M1 < M–M2，大陆将采取中断交流的策略，台当局如果坚持否认"九二共识"获益为 D–D2，小于接受"九二共识"的获益 D，因此台当局将会选择认同"九二共识"。

2. 如果 P–P2 < P–P3，则台湾民众将选择支持台当局拒绝接受"九二共识"。这种情况下，大陆的选择取决于中断交流的获益 M–M3 是否大于同民进党当局妥协的获益 M–M1。当 M–M1 > M–M3，大陆将会同民进党当局妥协；当 M–M1 < M–M3，大陆将采取全面中断交流的策略。这种情况下，无论大陆做何选择，民进党当局否认"九二共识"的获益都将大于接受"九二共识"，因此其势必顽固坚持拒绝接受"九二共识"的立场。

表 1 呈现了祖国大陆、台当局、台湾民众围绕"九二共识"展开博弈的 4 种可能的均衡结果，而其中哪一种均衡结果是实际行为最为可能的结果，取决于两个方面：首先是"九二共识"在岛内是否具有广泛的群众基础；其次是祖国大陆将为中断两岸交流付出多大的代价。关于这两个关键点，我们可以明确以下三点：

其一，维护国家主权和领土完整是国家核心利益，任何涉及中国主权和领土完整的问题，必须由包括台湾同胞在内的全中国人民共同决定。民进党当局拒不承认"九二共识"本质上是顽固坚持"台独"立场，而大陆坚持"九二共识"本质上是坚持一中原则。因此，在"九二共识"问题上同"台独"势力妥协有损国家核心利益，为此将付出巨大的政治成本。也正因为"九二共识"问题关乎维护国家主权和领土完整，两岸的民意都应该被尊重。

其二，在祖国大陆业已经成为台湾第一大出口市场、第一大进口市场、第一大贸易顺差来源地的背景下，两岸交流合作如若中断，台湾在经济上将失去第一大贸易伙伴。此外，在经济全球化、区域经济一体化加速推进的情势下，作为海岛型经济体的台湾也不可能绕开作为全球第二大经济体、亚太地区最大经济体的祖国大陆而融入世界市场。因此，我们有理由相信，两岸交流中断，包括暂停现有两岸官方、半官方的沟通和协商机制，甚至取消一系列惠台政策，关闭两岸一切联系互动的管道，台湾民众的利益必定受损，而两岸交流中断持续时间越长，台湾经济因此付出的代价也将越大，台湾民众的获益折损程度也会随着两岸关系的持续恶化而不断加深。由此，P–P2 > P–P3 有其客观的必然性，理性的台湾民众将会支持承认"九二共识"。

其三，从两岸之间相互依赖的敏感性和脆弱性来看，台湾对两岸经济关系相互依赖的敏感性和脆弱性都要远高于祖国大陆（李鹏，2010）。不可否认，两岸贸易和台商投资对大陆经济发展起到了重要作用，但这些毕竟只是大陆整体外贸和吸引外资的一部分，即使祖国大陆会因使两岸贸易和台商投资数量缩减，付出一定的经济代价，但大陆经济体量庞大，回旋余地大，依然可以通过调整经济政策等方式将损失降到最低，对大陆整体经济的影响有限。此外，当前两岸力量对比表现出"陆升台降""陆涨台消"的变化态势，台湾当局"经济牌"失效，大陆优势在不断显现（严安林，2013）。相关研究显示，2000 年以来，无论是台商投资对大陆经济的贡献度还是两岸贸易对大陆经济发展的贡献度，都呈现下滑的趋势，两岸经贸往来对大陆的经济贡献度是在减弱，而非增强。换言之，伴随着祖国大陆经济快速崛起，祖国大陆经济发展对台湾的依存度较 90 年代已显著降低（唐永红，2010；熊俊莉，2015；林子荣，2016）。因此，我们认为，大陆为中断交流付出的代价将小于为保两岸关系同台当局妥协而牺牲的政治成本。M–M1 < M–M2 与 M–M1 < M–M3 有其客观的必然性。

基于两岸三方博弈分析的结果，笔者以为，如果民进党希望在岛内能够实现长期执政，如以蔡英文所领导的执政团队真正以台海和平为念，以台湾社会整体利益、长远利益为念，以台湾民众福祉为念，那么台湾当局势必要承认"九二共识"，认同其核心意涵。

表1　博弈的路径和各博弈方的得益

获益比较	台湾民众	获益比较	祖国大陆	台湾当局
P–p2 > P–p3	支持承认"九二共识"	M–m1 > M–m2	妥协	否认"九二共识"
		M–m1 < M–m2	中断	认同"九二共识"
P–p2 < P–p3	支持不承认"九二共识"	M–m1 > M–m3	妥协	否认"九二共识"
		M–m1 < M–m3	中断	否认"九二共识"

三、基于博弈分析结果的若干认识

博弈分析的结果显示：虽然当前民进党在台湾实现"全面执政"，影响未来两岸关系发展不确定性、不稳定因素增加，但是在祖国大陆业已牢牢把握两岸关系发展主导权的情势下，客观环境是更有利于维护台海和平稳定，更有利于遏制"台独"分裂势力。民进党及其执政团队只有正视两岸关系和平发展的历史潮流，承认"九二共识"，认同其核心意涵，才能在发展两岸关系过程中为民进党赢得在岛内长期执政的机会。基于博弈分析结果，我们可以得到以下三点认识：

（一）大陆应保持定力，进一步夯实"九二共识"在岛内的群众基础

第三阶段的博弈分析显示，大陆中断交流的获益水平取决于台湾人民对于"九二共识"的态度。虽然大陆经济体量大，经济回旋余地大，但倘若"九二共识"在岛内缺乏广泛的民意基础，台湾绝大多数民众支持不承认"九二共识"，甚至支持民进党采取对抗态度，那么大陆实施"中断"策略势必加深两岸隔阂，不仅将使两岸过去八年所取得的成果得而复失，而且会造成两岸关系持续恶化，最终致使两岸关系陷入"地动山摇"的境地，两岸和平统一进程遥遥无期，两岸双方都将为此付出惨痛代价。但是，如果台湾当局长期不接受"九二共识"，台湾民众又支持或者接受台湾当局的两岸政策，那么采取全面中断策略将是大陆不得不的选择。

基于此，当前大陆对台工作的重点仍然是积极争取台湾民心，进一步夯实"九二共识"在岛内的群众基础，同台湾民众共同维护两岸关系和平发展的政治基础，避免全面中断策略的出现，避免两岸关系的剧烈波动，这是大陆在掌

握两岸关系主导权的同时能否和平制胜的关键。事实上，"九二共识"作为过去八年两岸关系和平发展丰硕成果和台海和平稳定的关键，符合两岸人民的利益，也得到民意的高度支持，这可从台湾相关民调结果中得到确认（张文生，2016）。根据美国杜克大学和台湾政治大学选研中心的民调结果显示，五成三的岛内受访者赞成"九二共识"（赵建民，2016）。台湾相关民调结果也显示，有**46.8%**的受访者认为台当局应接受"九二共识"，高出不支持者15.2个百分点。也正因为如此，"九二共识"并非大陆基于自身利益为台当局开出的"条件"，而是以两岸人民利益为依归两岸双方都必须坚持的"底线"。

在此情势下，笔者以为，大陆在这场两岸围绕"九二共识"所展开的博弈中，应始终对包括1154万中南部台湾同胞在内的2300万台湾同胞保有信心。在面对民进党政客以个人私意歪曲岛内主流民意，以一党之私绑架两岸关系和平发展的主流民意时，大陆应当始终保持定力，相信台湾人民，依靠台湾人民，进一步夯实"九二共识"在岛内的民意基础。

（二）从长远看，接受"九二共识"将使民进党当局成为获益一方

民进党长期以来拒不承认"九二共识"，主要有两个借口：其一，认为1992年两岸双方并没有达成任何共识；其二，认为"九二共识"是国民党提出的政治符号。然而，"九二共识"是经过两岸双方有关方面明确授权认可，有完整的历史记录，不容置疑。民进党之所以拒不承认"九二共识"，其主要原因在于当年民进党为了形塑岛内"本土政党"的形象，对抗国民党，将"九二共识"歪曲为国民党"出卖"台湾的结果，归根到底还是为了满足选举需要，恶意抹黑，由此，作茧自缚，时至今日，民进党"不能自拔"。其实，大陆方面将"九二共识"作为台湾当局的必答题，就是充分考虑到台湾当局的顾虑，因为"九二共识"既有交集又为两岸双方各自认可的表述留有余地，它非但没有挑战台湾地区的"法理基础"，反而给予其合理存在的空间，这是对台湾现有的政治秩序、生活方式的最大包容（倪永杰，2016）。也正因为如此，将"九二共识"作为台当局的必答题是大陆释放善意的表现。

纵观蔡英文宣布参选台湾地区领导人以来在两岸关系问题上所做论述的演变，我们可以从善良意志出发，将其两岸政策内容不断丰富解读为是在千方百计向"九二共识"靠拢。但是，如果以是否在两岸关系根本性质这一原则问题上做出明确表态为标准加以考察，蔡英文显然是在千方百计地回避"九二共识"，回避"两岸同属一中"。无论是维持现状论，还是"中华民国宪政体制下"的论

148

调，就算是就职演说中附加"中华民国宪法""两岸人民关系条例"等，甚至绑架岛内民意作为不接受"九二共识"的理由，台湾当局至今未能做出令大陆满意的策略性调整，归根到底还是台当局不愿意放弃"台独"立场。在民共两党缺乏基本政治互信的前提下，蔡英文当局以民进党能接受的语言来诠释"九二共识"的核心意涵将是徒劳的。蔡英文接受"九二共识"恰是向大陆，向两岸民众，向国际社会展现其推动两岸关系和平发展的决心和诚意的机会。"九二共识"不但是两岸关系和平发展的政治基础，也将成为民共两党开展党际合作的政治基础。因此，从长远来看，这对于希望在岛内实现长期执政的民进党而言，是有益的。

（三）强化不接受"九二共识"的可置信威胁，促动当局以行动维护一中原则

互信需要行动培养与行为检验。笔者以为，蔡英文当局与其围绕"九二共识"四个字，在论述上绞尽"政治智慧"应付大陆，不如回到"九二共识"的核心意涵，以实际的行动表现维护一中原则，从而为民共两党，两岸当局逐步累积政治互信。遗憾的是，蔡英文及其领导的民进党在选后的一系列行动表现，非但没能兑现其"维持现状"的承诺，更是与"两岸同属一中"的原则背道而驰。台湾当局一系列不友善的行径，非但不能强化两岸当局的互信，相反，是在加深民共两党的隔阂。这种极不负责任的作为暴露了台湾当局拒不承认"九二共识"的真实原因，也说明大陆坚持"九二共识"的合理性和必要性。台当局在不接受"九二共识"的同时，行"分裂"之实非但不能对大陆起到"示威"的效果，反而会使自己的处境更加困顿。面对当前两岸关系僵局，大陆一方面应进一步施压，强化台湾当局不接受"九二共识"将引致严重后果的可置信威胁；另一方面，应积极促动台湾当局以实际行动维护一中原则，为破解当前两岸关系僵局建立互相基础。

四、结 论

过去八年，两岸关系和平发展、两岸双方互利共赢的状态得以维持是基于"九二共识"这一政治基础。因此，不承认"九二共识"便是改变现状。即便台湾当局试图运用自己能接受的语言来诠释"九二共识"，并希望能为大陆所接受，但迄今为止，台当局所"刨"出来的相关论述都没能确认体现一个中国原则的共同政治基础。

本研究认为，在祖国大陆业已成为世界第二大经济体、台湾第一大贸易伙伴的背景下，在两岸力量对比表现出"陆升台降""陆涨台消"的变化态势下，如果民进党希望在岛内能够实现长期执政，如果蔡英文所领导的执政团队真正以台湾民众福祉为念，那么台湾当局势必要承认"九二共识"，认同其核心意涵。需要特别强调的是，大陆将"九二共识"作为台湾当局的必答题，不仅是因为"九二共识"作为两岸关系和平发展的政治基础，是两岸关系的定海神针，更是因为在"九二共识"这一政治基础上推动两岸关系和平发展是两岸民心所向。两岸民众对于"九二共识"的认同与维护是大陆必须坚持"九二共识"的充分理由。

大陆一方面应强化不接受"九二共识"的可置信威胁，促使当局以实际行动维护一中原则；另一方面应进一步夯实并扩大"九二共识"在岛内的群众基础，同台湾民众一道共同维护两岸关系和平发展的政治基础，这是大陆在掌握两岸关系主导权的同时能否和平制胜的关键。

注释：

① 2005年3月4日，时任中共中央总书记胡锦涛在看望参加全国政协十届三次会议民革、台盟、台联界委员时指出，台湾同胞是我们的骨肉兄弟。他强调，无论在什么情况下，我们都尊重他们、信赖他们、依靠他们，并且设身处地地为他们着想，千方百计照顾和维护他们的正当权益。

② 2016年3月5日，习近平总书记在参加十二届全国人大四次会议上海代表团审议时指出，"九二共识"是确保两岸关系和平发展行稳致远的关键。他强调，民进党当局承认"九二共识"的历史事实，认同其核心意涵，两岸双方就有了共同政治基础，就可以保持良性互动。

③ 这种情形下，台湾民众可能认为所谓的"台湾尊严"比台湾经济以及两岸关系和平发展更值得守护。

参考文献：

[1] 刘东峰，2002：《台湾问题的动态博弈分析》，《世界经济与政治论坛》第3期。

[2] 刘舸，2010：《博弈论与两岸经济合作机制的构建》，《燕山大学学报（哲学社会科学版）》第2期。

[3] 李鹏，2006：《绝对获益、相对获益与美国"维持现状"的台海政策》，《台湾研究集刊》第2期。

[4] 李鹏，2010：《海峡两岸经济互赖之效应研究》，北京：九州出版社。

[5] 林子荣，2016：《闽南与南台湾经济共生关系研究》，厦门：厦门大学出版社。

[6] 倪永杰，2016：《"九二共识"就是善意》，http://www.taiwan.cn/plzhx/zhjzhl/tyzhj/niyongjie/201608/t20160816_11538575.htm。

[7] 唐永红，2010：《两岸经济制度性合作与一体化发展研究》，北京：九州出版社。

[8] 王曦，2006：《台海问题的博弈分析：框架与均衡》，《世界经济》第4期。

[9] 谢识予，2007：《经济博弈论》，上海：复旦大学出版社。

[10] 熊俊莉，2015：《现阶段两岸经济相互依存关系探析》，《台湾研究》第 1 期。

[11] 严安林，2013：《两岸关系和平发展的新特点与新态势》，http://www. huaxia. com /thp1 /sdfx /3609266. html。

[12] 张维迎，1996：《博弈论与信息经济学》，上海：上海人民出版社。

[13] 张文生，2016a：《习近平总书记在对台工作上的重要思想探析》，http://www. taiwan. cn /plzhx / zhjzhl /zhjlw /201606 / t20160627_11492521. htm。

[14] 张文生，2016b：《2016 或将成为两岸关系转折之年》，http://www. chbcnet. com /zjrs /content /2015 –12 /27 /content_1207384. htm。

[15] 张亚中，2016：《蔡英文赢，两岸进入冷内战》，http://hk. crntt. com /crn–webapp /mag /docDetail. jsp? coluid = 0 & docid = 104089703。

[16] 周方银，2001：《国际问题数量化分析》，北京：时事出版社。

[17] 赵建民，2016：《蔡"总统"不可不察的两岸民意》，http://www. aiweibang. com /y.edu /144412356. html。

林子荣，福建漳州人，武汉大学台湾研究所讲师，经济学博士。

台湾大学接收改造中的"国界"与"省界"
——基于《罗宗洛日记》(1945—1946) 的观察

何卓恩

  台北帝国大学的接收和改造是抗战胜利后中国在台湾行使主权的重要组成部分，随着李东华、杨宗霖编校的《罗宗洛校长与台大相关史料集》(含罗宗洛当时撰写的接收报告书、接收日记、当时载之报端的讲辞，给后任者的信函，以及事后的回忆录等) 的出版，[①] 逐渐引起学界重视。罗宗洛是中国政府委派接收台北帝大的主要负责人，在完成接收并改造成台湾大学的过程中充当了最重要的角色。他留下的这些珍贵史料，不一定能够解决有关台北帝大接收和改组中的一切历史问题，却足以反映这一过程的概貌和基本矛盾。其中接收日记，除第一次出差重庆期间停记之外，从受命到达台湾的第一天到辞职离任，每日有关接收的大小事宜均有记录，实为迄今发现的有关台北帝大接收最详尽、最真切的文献。本文将以《罗宗洛日记》为主要依据，结合其他文献，对中国政府接收改造台北帝大过程中中国人与日本人，外省人与本省人的关系略作探讨。[②]

一、从台北帝国大学到台湾大学

  1945 年 8 月中国抗日战争全面胜利，台湾回归中国，日本殖民者在台湾的教育设施与其他设施一样面临中国政府的接收和改造。根据国民政府教育体制，台湾中小学和高等专科学校由台湾省行政长官公署教育处负责接收和重建，台北帝国大学的接收和改造则归教育部管辖。1945 年 9 月中旬，教育部长兼中央研究院院长朱家骅在重庆北碚召集在当地的中央研究院的几个所长谈话，分别指派接收不同大学的任务，其中指派罗宗洛到台湾接收台北帝国大学[③]。因事情紧急，他们被要求立即收拾行装上路。罗宗洛提议苏步青、陈建功、蔡邦华、陆志鸿、马廷英 5 人随往，得到支持，④朱家骅又派了秘书王泳作为教育部督导员陪同前往。

台北帝国大学成立于 1928 年，初设文政及理农两个学部，台湾光复时已扩展为文政、理、农、医、工 5 个学部，本科学生 863 人，另有预科生 586 人，医专生 318 人。学生以日本在台人员子弟为主，台生比例很低（本科 165 人，预科 73 人，医专 113 人），尚有极少数的朝鲜学生。⑤学校设备精良，师资力量雄厚。朱家骅交代罗宗洛的接收原则有三：要完整接收，避免损失；接收后即筹备复课，暂可留日籍教师担任功课，以后找到合适的人再替换；暂时一仍旧贯，求得稳定，以后逐步按中国的大学规章改正。⑥

罗宗洛、马廷英、陆志鸿于 1945 年 10 月 17 日到达基隆（其他人员稍后到达），罗宗洛接收台湾大学日记起于是日。当日记载："（乘坐美国旧军舰）上午十时望见陆地……十二时抵基隆，下午……终于登陆。基隆同胞出迎者甚众，吾人被导至邮政局大厦中休息。当地人士以茶点招待，女学生殷勤进茶，各面有喜色……六时许抵台北，沿途各站皆有台胞伫立欢迎，车过时欢呼挥手，状极愉快。"到达住所（台北大学总长官舍），"驿前灯火辉煌，同胞以万计夹道欢呼，情形之热烈，为余平生所仅见，足见台胞民族意识之盛旺"。⑦他们对台北帝大的接收工作自此热烈支持气氛中展开。

当时台湾省行政长官公署长官陈仪尚未到达，台湾光复仪式尚未举行。为了工作顺利开展，罗宗洛吸收台北帝大唯一台籍教授杜聪明和台湾第一个哲学博士林茂生加入他领导的教育部台湾区教育复员辅导委员会，分别负责医学部和文政学部的接收，分配随后到达的苏步青、陈建功、蔡邦华分别负责理、农、工三学院的接收。接收的方式，经多次商议决定分步骤开展：首先分头去各处参观，充分了解实际情况；在基本了解情况后，开始与大学当局接触，并令他们全面编造人员、图书、仪器及药品等清册；随后对这些清册与实物对照进行逐一清点；俟完成，最后正式接收。

在第一阶段，罗宗洛一行费时约三周，分头以"个人名义访问各教授，并参观其研究室之设备"，"与在大学任教之本省人士谈话听取其报告"，"与本省学生谈话听取其报告"；⑧10 月 30 日，罗宗洛等到大学本部与帝大总长安藤一雄见面，指示接受方针，要求其从速准备好财产、设备和机构、人员清册，进入第二阶段；第三阶段正式接收并清点财产，11 月 15 日上午十时举行大学交接仪式，罗宗洛偕教育部台湾区教育复员辅导委员会成员陆志鸿、马廷英、杜聪明、林茂生及教育部督导员王泳等出席，安藤一雄率原帝大各部部长及各部门负责人参加，安藤委"森本庶务课长交出种种印信、清册，经余（罗宗洛——引者注）检点后，交由陈英湛君收下……随即至学生课、农学部、会计课、南方资源科学研究所、理学部接收，各出会计账簿由余盖章……下午一点半，继续接收图书馆、预科、文政学部、南方人文研究所、工学部等处，三时半完毕"。[9] 日方共移交大学及各部官印 85 枚，清册 65 个，[10] 象征主权转换。财产清点工作量巨大，接收人员人手不够，遂动员在台大服务的台湾同胞，如助教、讲师等青年 20 余人和高年级的台湾学生分片进行，历经一月完成。实际开展中正式接收的时间有所提前，主要是受到教育部的来电催促所致。

接收后的大学名称，初仅取消"帝国"二字而冠以"国立"，称"国立台北大学"，后根据教育部指令确定为"国立台湾大学"[11]，教育部任命罗宗洛代理台湾大学校长职务。依照中国学制，罗宗洛将台湾大学进行了一些必不可少的改造，分设系、科，各"学部"改称"学院"，并将文政学部划分为文学院及法学院，再加上理、医、工、农共为 6 个学院、设 22 系。原有的大学预科，改为先修班。

二、中国人与日本人

台北帝国大学原创于日本殖民者，所以它的接收，直接相关的是兼有战胜国和被侵略国双重身份的中国政府，与兼有战败国和侵略国双重身份的日本政府之间的关系。具体就大学而论，便是代表"帝国"方面的安藤一雄当局与代表中国方面的罗宗洛一行。在接收过程中，中国人与日本人之间的关系处理，始终是最重要的一面。从罗宗洛日记观察，总体上，对于中国接收人员的指令，日人采取了配合的态度，但也出现不满之表示。

日本侵华战争给中国人民带来了深重灾难，按照自然情感，来台外省人最容易有报复和傲视的心态，但教育部派出接收台北帝大的这批学者，却基本上能够抑制这种情绪性心态，着眼于民族根本利益而理性从事。这一方面是因为他们肩负教育部赋予的三项指示；另一方面也因为他们大多是学界信服的优秀学者，有完全的信心兵不血刃而折服日人。

接收人员中，且不论杜聪明和林茂生皆为日人熟知的台湾知识精英，外省来台的罗宗洛、陆志鸿、马廷英和随后到达的陈建功、苏步青、蔡邦华，也都有在日本长期求学的经历，且服务于或曾经服务于教育界，是学有专长、能够深刻体会专业价值的著名科学家。这些与日人方面有交集的特质，对于从日人手中接收大学的使命来说，相当有利。他们与台北帝大日籍教授之间，不少存在直接或间接的师友关系，在接收过程中运用得当，自然会产生助力。仅从罗宗洛日记所反映者看，日比野教授与罗氏均曾受教于坂村，因此两人"相见甚欢"，[12] 不日还"送坂村师著书《植物生理学》来，并附情辞恳切之信及三年前坂村师至彼之信"；[13] 山根教授为罗氏师辈，"在札幌时待余甚厚'；松本教授系罗氏留学时代的老友，"相见之下，悲喜交集"；松本的助教授山本和太郎则"与余同学"；[14] 涩谷教授"亦札幌同学也"；后藤教授乃挚友，见面即"握手拥抱，喜极而涕"，告以乃师坂村教授曾来台湾，"屡念及余"；[15] 矶永吉教授为"高吾师坂村先生一级"的长者；[16] 奥田教授"与坂村师甚亲密"；[17] 早板教授为马廷英之师兄，"于余为大先辈"。[18] 师友相见，畅叙旧情，在因战争胜败而产生的接收关系中，无疑能够发挥缓冲敌对情绪的客观功能。

而就日人方面看，虽然大学当局未必甘心将其"手创"的大学拱手奉送中国，但战败的处境使得他们不得不放低姿态，表现出诚意来换取可能的利益。10月30日罗宗洛等与安藤总长见面后，他们即提出切望中国接收大学后继续"扩充其设备，发展其机构"；在此前提下，"学生、生徒之学业，希望不致停顿，而在可能范围之内，教职员之研究，希望亦能继续"；并表示大学现有教职员"均愿以其所体得之知识与技术，对于台湾以及华南方面人文科学、自然科学之探究，农工业之开发，医疗卫生之普及，协助中国政府"。[19] 留用、延续和发展的期待，尽管未必没有更深一层的心计，但至少在形式上与中国政府教育部决定大学续办、日籍教授原职续聘以及中国台湾省长官公署决定日籍学生继续上课的政策并不矛盾，可以想见会得到罗宗洛的正面回应，而在得到这种正面回应之下，帝大当局自然失去了讨价还价的正当性。

而且，日籍教授毕竟属于学界人士，有别于军界战犯。他们中有日鸟教授那样的"巧言令色"者，[20] 以及一些抱有帝国主义思想和企图者，却也不乏人格正直，甚至有对军国主义颇有反感者，如"松本先生人品学识均较优秀，将来宜招集优秀之青年从之学习"；[21] 古生物学权威早板"为人正直豪爽，系纯正之学者，出语辛辣，不畏权势，颇为日本军部所嫌恶云"；[22] 农业实验所所长矶永吉"自言自大学毕业后，即来台，在此服务及今已卅五年。一生心血尽费于兹，此身行作台湾之士，已在整理著作《稻作讲义》。不幸战争勃发，所内驻兵，所员被征从军，致工作停顿。言下切齿于军人之无智"。[23] 教授的学者身份，心态上比较倾向于在学言学。接收人员第一天接触日籍教授，日比野就与其谈及"台大已有 18 年历史，设备甚新，接收后愿继续扩展，勿使停顿"，这一看法后来证明代表了多数日籍教授的共识。有的日籍教授还主动为大学的日后发展出谋划策。如建议乘接收之机将大学在台中的两处山林农场连成一气，作为以后生态学的研究基地和创造林科的基础；^㉔ 力劝保存特色鲜明，"规模之大，设备之美，非札幌所可比拟，实为东洋第一"的农艺化学教室，"以为造成农艺化学人才之摇篮"。^㉕

当然更重要的还是中国接收人员所采取的策略步骤和处理问题方式，克服了日方可能的消极抵御心理。罗宗洛等一开始就有意识地避免简单化接收方式，而以访友式的沟通了解为起步，到达台北即席不暇暖进行访问教授和参观设施的工作，从 10 月 19 日到 30 日，每天都有参访行程，表现出令日人钦佩的诚恳和负责的精神。^㉖ 在此过程中，针对过渡状态中出现的有损学校和有碍教授生活的情况，尽可能协助加以排除。如当了解到原住大学官舍的山根教授，一时难以寻获新居，"前日立命迁出，非常狼狈"时，罗宗洛"不禁惶然，无地自容"，表示"虽非我所要求，但人借我名义要求，我当负此责任。明日必须前去'请罪'"。^㉗ 次日果然至农场访山根告以住宅无须急迁（其他教授亦然），山根非常高兴。^㉘ 当涩谷教授偕庶务课长森本留治郎来报，"国军第 107 师迫击炮队士兵约 400 人，口称奉师长命入驻大学，顽不肯退"，罗宗洛遂派马廷英前往说谕，兵退。这种处理方式，表面上对日方是一种"迁就"，实质上却显示了以德报怨的大国风范，对日人也是一种感化，有利于大学接收第一原则"完整接收，避免损失"的彻底实现。罗宗洛在日记中表示，接收"工作进行至为顺利，日方颇有诚意"。^㉙

接收后的台湾大学，不少日人教职员继续在校发挥原有职责，日人子弟也继续在台接受教育。日人向新的学校当局提出的更多是一些有关生活待遇问题和日籍学生教育资格问题。

表 1　原帝大各部教授辞留情况表

单位：人

部所	文政	理学	工学	农学	医学
解职数	19	1	3	2	4
留用数	4	10	14	17	14

根据《接收台北帝国大学报告书》"留任日籍教授名表""各部分留任日籍教授名额表""各部分解

职日籍教授名额表"制作,其中文政学院数据以留任教授名表为准。

关于生活待遇,日人的目标主要是维持原有水准不致降低,且各人去留自主。原帝大总长安藤一雄一再向罗宗洛提出要求,包括一般薪酬标准[30]和多数教授的普遍愿望,[31]也包括对"颇有思归"教授的通融[32]和一些教授的特殊诉求。[33]除了本校日籍教授,与大学业务有关的校外日本技术人员也屡屡向大学当局求助。如1945年12月初原工业研究所所长池田铁作来访,以台湾技术协会会长资格邀罗氏等出席协会恳谈,"称技术协会拥有各种技术之专家,对台湾之产业各有独特之意见",要求合作。罗宗洛以初到斯地,一切生疏,表示需待巡游全岛后再行会谈。当月巡游全岛完成,1946年1月底台湾技术协会再次邀请罗氏等举行中日两国技术者恳谈会,池田铁作虽"言欲以日人在台湾之经验,对于新台湾之建设有所贡献云",罗宗洛当然看得出,"实则彼等前途极不安定,生活亦苦,欲余等向长官进言,俾有所改善"耳。[34]对于这些日本教职人员的生计和去留,罗宗洛采取尽量优容的做法。

日籍学生教育资格问题,根据罗宗洛所记,接收前夕,"安藤总长来谈,希望认日籍学生为留学生,余未允,许请示教部"。[35]接收后日生上课受到民族热情高涨的台籍学生阻止,前总长安藤更四访罗宗洛。第一次:"前总长安藤来谈,医学部学生不准日生上课,杜聪明似无力制止,彼欲以前总长资格向长官有所请求,余告以余等之决意,彼乃退去。"[36]第二次:"安藤前总长来谈,言医学专门部学生之父兄闻专门部有取消之说,相与集议,咸谓彼等之祖先来台殖民,业经二世,现虽战败,无意言归,其子弟亦无法回国就学,希望能与本省人同受教育云云。余唯唯否否不予以明确之回答。日本侨民之无意回国,可谓显然。"[37]第三次:"安藤一雄偕森于菟(前医学部长)来,言医学部日籍学生,虽于上星期六开始上课,但日籍学生代表前往中国学生处要求此后和好相处时,为中国学生所拒,恐有危险,今日起又不敢上课,欲余出告示晓谕云云。余允考虑。"[38]第四次:"前总长安藤一雄前谈医专三年级台湾学生不允日籍学生实习,特来报告,又言日籍学生已尽量谨慎,但仍不为台湾学生所谅,可否召集日籍学生予以训话,最好规定'日籍学生须知',俾有所遵循云云,语带讽刺。余漫应之。"[39]在这一过程中,安藤由一再请求,到语带讥刺,表现出越来越明显的不满。

罗宗洛以"漫应之"应对安藤的"语带讥刺"不是没有根据的。教育部交代的接收原则,只允在教授不足情况下暂时续聘日籍教授,并未涉及在读的日本学生问题，其要求"继续上课"也没有谈到日本学生是否在继续上课的范围之内，允许日生照常上课是出自省公署的优待政策，按照制度，教育部管辖的国立大学可选择不执行。这些学生基本上是在台日人的子弟，日人以种种原因，多不愿返国，所以借藤上树、得寸进尺，不仅要求校方保证维持期间日生上课的权利不受"干扰"，而且要求永久与本省人同受教育，并确定其"留学生"的地位。安藤之外，医学专门部日籍学生父兄志愿代表原田、八十川、赤司等人也曾来校请愿，希望医专恢复正常功课，将来医专取消，中国学生可转入预科，希望日本学生同样办理。这些超出教育部指示范围的要求，校方难以满足。罗宗洛感觉到"在今日之状况下，中日学生势难和平相处，而陈公洽取优待之政策，允日生照常上课，招致许多困难，日人又不自量，得寸进尺，提出种种要求，实属无理"。[40] 不过，日人得寸进尺时，大学接收已经完成，日方已经不再具有关系主体的资格，而变成被动的关系对象了。在此情况下，经罗宗洛等向长官公署交涉，1946 年 1 月中旬乃把全部日本学生遣送返国，而获聘日籍教授则继续留任（到 1949 年 8 月傅斯年校长任内，国内教授已可完全取代，才全部遣返回日本）。

应该说，中国从日本手中接收台湾大学，过程基本平顺。接收时表现出"颇有诚意"的日方在接收后出现"语带讽刺"的情况，主要是因为中国民众在光复台湾时所释放的去殖民化激情，与日人欲长期居留台湾的心理期待之间存在明显的落差，这种落差恰巧与日人交涉角色中的主客易位相应，未构成明显的敌对事件。

三、"外省人"与"本省人"

来台"外省人"与台湾本省人之间，起初彼此毫无嫌隙、完全信任、不分彼此。

据罗宗洛日记，他们一行到达台北时，台湾医学教授杜聪明与省公署接管台湾的先遣人员林忠一起前往迎接，双方一见如故。罗氏约请杜聪明次日上午谈话，告知政府接收政策，了解大学详情和日人、本省师生想法。[41] 随后几乎每天杜氏都会与罗宗洛、马廷英、陆志鸿等见面，罗氏等也委以其向台湾师生解释政策之责，并热情邀约他一同参加教育复员辅导委员会，共同进行接收工作。杜聪明欣然表示接受。后来探听得在台湾同胞中颇有名望的哥伦比亚大学哲学博士林茂生，请其加入，亦得愉快地接受。接收后成立的"校务维持委员会"、"校务会议",这两位台湾人士都是当然的成员。

杜、林二人加入后,罗宗洛每遇重大问题,都会优先征求他们的意见。其中杜聪明因为原在帝大任职,熟悉情况,受征询的机会更多。为了大学日后改造开展得更加顺利,罗氏等人经常就学科存废和发展问题,征求杜聪明的意见。如:10月19日,"所谈系预科应否存在问题。杜君主张废去预科,将学生并入高中。此意见虽与余相反,但颇有理";[42]11月10日"晚杜聪明兄来谈,对于医专合并问题有所商讨";[43]11月27日"晚杜聪明兄来谈医学专门部事,决定一、二、三年生转入预科,毕业后再入大学医学院"。[44]而有关大学医学部的事务,更是授命杜聪明全权处理,他"负责办理接收的单位很多,包括台北帝大医学部、台北医专、台北帝大附属医院、热带医学研究所、日本赤十字支部及附属医院等等"。[45]11月5日,杜聪明在全校接收前十天,实现医学部及其附属机关的接收。大学维持期间,医学院、医专先后发生台湾学生擅自进行"解放式"(即解散日籍学生)的事件,杜聪明说服和"镇压"不力,罗宗洛、马廷英、陆志鸿等人亲自出马,召集本省教职员、学生谈心,动之以情、晓之以理、警之以纪,大力协助解决。而教师聘任方面,也充分尊重杜聪明,"杜聪明兄提出整理医学院人事之具体办法,教授除武藤一人外,皆留任,此外皆以中国人补充"。[46]杜聪明教授任职25周年的日子,大学联合台北市政府特别举办了祝贺会和宴会。[47]

林茂生原本不在台湾大学任职,加之他所负责的文政学部,由于与意识形态关系紧密,不便多留用日籍教授,而国内教授又一时接济不上,根据省公署和大学维持委员会的意见,在接收后事实上处于暂缓运作的状态,所涉事务不多。但罗宗洛对于林氏十分尊重,不仅授命其代理改组后的文学院长,[48]授权他审查文学院拟聘教师资格,就文学院未来发展提出意见,而且委派他兼任先修班科主任,全面负责先修班教学和管理。彼此之间,气氛融洽。

罗宗洛等对于其他本省教职员,也相当关心和重视。接收前,曾有在医学部服务之台湾医学者六七人至罗寓讨论日籍教授问题,提出"目下在职之日籍教授著名者不多,而台湾医学者优秀者甚多,可取而代之","日籍教授向来压迫台湾人,不使抬头,留之亦未必肯热心指导"两条理由,主张日籍教授无需留用。[49]这种意见虽不可行,却使罗宗洛等外省人更真切体会到在日据时期本省员工所受的歧视,接收以后,其一面续聘日教,一面"对台湾人员普遍升级,并任用大批新助教",[50]以体现光复做主之意。一些教师对续聘日教等过渡性措施不太理解,有"此大学究以日人为主抑以中国人为主""光复的是台湾抑是日本"等愤激之语，[51] 罗氏乃专门召集本省职员谈话，请其理解教育部政策，协助接收，并保持秩序。[52] 最后总算得到谅解，他们还怀着极大的热情废寝忘食地参与了接收校产的清点工作，使大学接收顺利完成。

改制为国立大学后，台湾大学的教师和职员聘用，既贯彻了稳定大学运行的宗旨，也体现了中国人当家做主的目标。新聘的教授和职员，只要是当时在台湾的中国人可以胜任的，都尽量聘用中国人担任：包含台湾本省人和来台外省人。据台湾大学向台湾省参议会一届一次会议提出的报告书，接收之前大学共有教职员 1841 人，其中本省人士仅有 600 人，位次较高的仅有教授 1 人和助教授 1 人。接收后，大学着力于"设法裁遣日人，拔擢本省人士"，留用日人以技术上必须者为限，获聘者 264 人，而本省人士获聘任教者已达 134 人，增加幅度显著。[53]

表 2 接收后增聘本省籍教职员人数（不含续聘）

单位：人

院所	文学院	理学院	工学院	农学院	医学院	先修班	附属医院	研究所	总务
人数	4	4	12	13	18	3	73	2	5
其中副教授以上	3	2	3	5	1	3	9	1	

根据《接收台北帝国大学报告书》"新聘本省籍之教职员名表"统计，见《史料集》，第 176—178 页。

对于台湾学生，来台接收人员感受到他们回归祖国的满心期待。日本刚刚投降，台湾学生即与其他中等和专科学校学生结成"台湾学生联盟"，在台北"台湾第一剧场"集会，提出"训练自治精神""发扬中华文化"的行动纲领，努力于辅导中国军队进驻台湾，协助维持本岛秩序，宣传三民主义，普及国语运动，推动新生活运动，建设三民主义之新台湾。[54] 在日人统治下的台北帝大，台湾学生常受日生欺侮，现在得翻身，急切"欲乘此机会将日人在台势力一扫而光"。[55] 接收前学生代表向罗宗洛等表达学生联盟之决议，声明四点：（1）为使台湾教育彻底祖国化，应注意中国精神及国语之普及；（2）日人及日籍教师应遣送回国，必须将日人之势力一扫而光；（3）缺乏技术人员及学术人才时，宁招聘欧美优秀人士，不用日人；（4）如因日人之退出，而致大学之程度降低及产业停顿，学生等愿负其责。[56]

罗宗洛、陆志鸿、马廷英等理解学生的正当要求，同时谆谆告以不得不利用日本人才之苦心，而且提出日籍教授是我国战利品的说法，劝学生等放宽心胸，不可以一时感情而误百年之大计。[57]为了解开学生心结，接收之初，罗宗洛等专门召集本省学生讲话，循循善诱，指出："在目前状况之下，酌留日籍人员，为不可避免之事，官厅犹如是，何况学校。学术无国境，尊师重道，实吾国数千年来之信条，诸君对于日籍教授，尊以师礼，不可以一时意气，为不敬之行动，更应爱惜光阴，殷勤为学，使人知我台北大学不但设备好，教师优，即学生亦为全国首屈一指者。如此，则本大学才不愧为国立大学矣。"又说："我国做人，以忠恕为主，忠者律己应严，恕者待人应宽，日人过去压迫台湾同胞，是日人的不是，但我们不可施以报复，所谓'己所不欲，勿施于人'，我们应该不念旧恶，发挥大国民的气概。何况这个局面是暂时的，不久，政府必有妥善办法，望诸君善体斯意，保持秩序。"[58]

接收人员的晓谕，有些学生能够接受，[59]有些却仍然激烈反对，乃至"以学习国语为辞"[60]拒绝上课。他们最不能接受的，是接收后仍然要和日本学生一起上课。接收当日及次日，医学部和医专台湾学生先后自作主张召集日籍学生举行解散仪式，命日籍学生从此不要来校上课，并对尝试上课的日生进行强力阻止。在校方一再沟通和努力下，日生虽得照常上课，台生却仍明确拒绝日生"和平共处"的要求，在精神上吓阻日生。学生在这件事上并无错处，接收人员乃决定满足学生心愿，遣送日生返国的决定就是因此做出的。此后，台湾大学的学生由原有本省学生和先后新录取的先修班学生、大学部学生以及从日本转学回来的台湾留学生构成，实现了完全的中国化。

可见，来台外省接收人员纵然在执行教育部和省公署政策过程中，与台湾本省教职员和学生之间，产生过意见分歧，但这种分歧主要是针对如何处理日籍教授和日籍学生，对外省人员本身并无不信任、不信服；而且，分歧的焦点，是本省人要求大学彻底去日本化、彻底祖国化，这在根本上，与外省来台人员情感和意志完全一致。所以，当分歧解决或化解后，双方都能够真诚相待，互相配合，出现具体问题也能协商解决。

然而，随着大学改制和改造，一些具体的矛盾开始出现。最为突出的是大学的经费出现难以为继的危机，战争炸毁的设施无法修缮，优质师资无法延揽。罗宗洛苦于教育部与台湾省行政长官公署之间的相互推诿，数度提出辞职。建设高水准大学的理想与这种官僚主义造成的严峻现实撞车，使台大师生渐生失望，本省人对在台掌权外省人的欢呼雀跃之情不再。其次，与经费危机相联系，一些正面的冲突也开始在本省人与掌握校政的外省人士之间萌生。其中附属医院罢诊事件，便是一次影响较大的典型例子。事情发生在1946年2月9日至4月8日罗宗洛赴重庆述职和争取经费期间，原委和经过大致是：⑥

台湾大学接收时，根据帝大时期医学部和附属医专的惯例，在为其附属医院聘任编制内医师的同时，还将一批编制外助理医师留用，前者有"委任状"（聘书），后者无"委任状"。无委任状者中还有"有给"（有薪）与"无给"（无薪）的差别，这些职位绝大多数为本省青年医务工作者担任。帝大时期，他们受到日人的歧视，升迁机会很少，负气出走者时常有之；大学国立后他们即陆续向学校提出改革动议，任无给职助理医师者，希望能补日人离去后余下之有给职务，仍无给者亦要求学校能发委任状。罗宗洛赴渝述职离台登机前，曾向送行的医学院长杜聪明交代，可尽快提出名单给代理校务的总务长陈建功，能办即办。

2月下旬，杜聪明向校方提出助理医师名单70名，请求补发委任状，其中30名无给职请改为有给。代理校长事务的陈建功则以请求委任人数众多，且无薪改为有薪，将使本已难以为继的学校预算雪上加霜，未敢贸然做主，答复兹事体大，须留待罗校长返校决定。这个答复未能令名单中之当事人满意，遂一再催促；而陈建功亦一再表示不便轻易办理。求拒之间，双方情绪也逐步升高，3月19日名单中之当事人推派代表前往校长室陈情，据称接见者校长办公室主任秘书周颂久（外省人）态度强硬，称"祖国无此制度"，"罗校长对此事并无任何指示"，"因为预算尚无着落，尚无法补足编制内职员"，"校长不在，委任状不能发"，"无聘书的人，不是台大职员，故无权作要求"，引起代表强烈不满，返回医学院后群情激愤。21日下午杜聪明院长召集全院职员开会，以"职员一同"名义草拟"要求书"，正式向学校提出书面通牒，限学校于本月22日午后5时实现编制内原额补足和编制外无给职者发出委任状，否则"大学当局，应负一切责任"。由于校方未予妥协，22日第一附属医院宣布罢诊，25—27日第二附属医院继起响应，两院已有委任书及有薪之医生，亦均参加，事态遂致扩大。4月1日医学院学生亦开会发表声明支持罢诊运动；医学院基础学教室（即教研室）全体职员，向学校提出决议书，要求解决此事。师生的决议和声明主张，均超出事件本身范围，有涉及"学校民主化"及改革学校机构之说。情形趋于复杂，而渐有严重之势。⑥

罢诊事件迅速成为社会新闻事件，《台湾新生报》《民报》《人民导报》等媒体密集跟踪报道，而台北市市长游弥坚也亲自邀约对立双方协调商谈，无法达成协议。好在4月9日罗校长即返回履职，迅速接见罢诊代表，做出决定：发放无给职委任状；编制内有给聘书暂时保留，待行政院通过台大预算后，将在预算许可最大限度补充缺额；赞同大学民主化，台大将尽量制度化。10日下午全体罢诊医员召开会议，决定自次日起复诊，事件落幕。

在这次事件中，杜聪明的角色尤其值得观察。杜聪明是台湾本省人中第一个接触罗宗洛等外省来台接收人员的，当即被邀加入接收队伍，还受到完全不分彼此的信任和重用，但在这次事件中却表现暧昧。他本人有着校务委员的身份，应属校方的一分子，然因这次事件以他所拟定的一份名单而起，他的情感立场便难免依违于校方与职员方之间，甚至实质上倾向于职员。当罢诊之议出，没有证据表明他曾经有力劝止，而且决议罢诊的院会就是他主持召开的；[63] 而当罢诊渐趋扩大之时，他所充任的角色亦只是调停，而且调停中还增设了"改正校务当局的官僚态度"的条件。[64] 后来罗宗洛返台，罢诊职员代表亦由杜氏引领接见，[65] 杜氏还在介绍事件过程中对职员方多有维护。

罗宗洛的低调而快速的处理，使罢诊事件终得平息。对于事件的是非，当时《台湾新生报》有持平之论：一方面，就学校当局来说，"学校当局，办法没有错，但在答复时言语态度之间，或有忽略轻视对方要求的地方，而致引起反感……办法虽是，而应付较差，或是使这事难以转圜的原因吧；同时，这事件迁延时间太长，早应该电请罗校长明白答复，不应延宕，发生变化"。另一方面，就职员方面来说，"要求委任书，要求给薪，是正当的事，只要有过去的成例可援，或是学校事实上可以办到，社会自有同情与公论，当然可以办到。现在以罢诊为手段，未免有点迹近要挟，学校对此极感棘手，依则系受胁迫，且开恶例，不依则事态扩大，影响全校"。何况"我们以为学校当局并未拒绝各位的请求，不过要各位等罗校长回来解决，这短少的期间，各位应可等待。各位的要求，并未绝望，而遽出以罢诊的手段，未免有点躁急"。[66] 就事论事，两相比较，罢诊的做法似乎比校方更难谅解，但是罗宗洛在征求各方意见之后，[67] 终决定不给参与者处分。

大学接收时"竭诚协助"的台湾本省人士，接收后却出现不愉快的"罢诊风波"，主要是因为他们面对的问题逐渐从民族认同转向了具体的实际权利的争取。光复既已解决，这种转向相当自然，倘若居于掌权者地位的"外省人"能谦和以对，坦诚沟通，放软身段，应不至于激化成为严重对立事件。遗憾的是，由于罗校长出差在外，代为处理校务的陈建功、周颂久等不便擅自主张，在与本省籍职工沟通上又存在瑕疵（有评论归咎于"周主任秘书一个人的专横"和被周主任秘书滥用的"专制的制度"⑥），致使本省员工和师生火上浇油，双方矛盾上升。这里牵涉到的正是光复后本省籍员工相关切身利益的处理方式与"外省人"从接收台湾到改造台湾过程中的角色转换及其处事方式的冲突。

四、结论和余论

台湾光复所发生的"国界"问题，主要是台湾同胞的去殖民化和国族认同问题，也有在台日本人对中国政府和接收人员的态度问题。这两个方面，从台湾大学接收前后的情形来看，基本没有意外。台湾师生的民族意识，没有因为殖民时代的"皇民化"教育而淡化，反而随着殖民者的失败、随着回归祖国怀抱而更加炽烈。台湾大学的原主办人，对于中国政府派来的接收人员，一方面争取在"在学言学"的框架内维持其实质的存在和利益，另一方面在主权性质的移交方面，于接收人员所显示的泱泱大国风范之前，也大致展现了作为战败国国民应有的配合态度。

关于台湾地区"省界"问题（或省籍问题，即"本省人"与"外省人"——主要是"外省当权者"的隔阂）的出现，学界有两种意见，一种认为是始于光复后"外省人"的赴台，一种认为是"二二八事变"之后的事。⑥从接收台湾大学的情况看，这两种意见都不完全确切。其实，台湾光复、罗宗洛等外省人来台之初并没有"省界"问题，相反突出的只是中国人与日本人之间的"国界"问题，是台湾师生认祖归宗的兴奋和去殖民化的急切期待。台湾本省人士杜聪明、林茂生以及台湾大学学生一般都能主动支持和配合外省接收人员的工作；外省接收人员也能充分尊重台湾本省人士，注意发挥他们当家做主的作用，对于一些师生爱国心切的激烈要求，也能动之以情晓之以理以图说服。"省界"问题也不是到"二二八事件"才出现。固然"二二八事件"影响到台湾大学，出现了要求"台湾人当校长"的"强行接收大学"活动，杜聪明、林茂生等人士都曾程度不同参与其间，确实相当清晰地显示了"本省人"对"外省人"的不满，但这一切并不是突然发生的，罢诊事件标志着接收初期合作无间的省籍关系已经出现裂隙，"有国界、无省界"的形势已经潜变到"省界显、国界隐"的局面。

台大罢诊事件不是孤立事件，显示"省界"裂隙在台湾光复之后不到一年的时间内确已产生。由于当时国民党忙于内战，所派到台湾掌权的一些"外省人"不仅习于简单粗暴，而且行为不检严重。林茂生所办的台北《民报》曾激烈抨击国民党当局接收台湾后的一些不良表现，台中知识界刊物《新知识》连篇发表感慨："我们要和平，有兵的人还要打；我们要民主，操政的偏要自己做'主'；我们要自由，有权的人要把持生杀人民的'自由'；我们要建设，他们要破坏要贪污；我们要进步，他们却要在倒退中求个人的利益"[70]；"六百万的台省人，现在对'光复'不仅不感到兴奋，反而个个都有点近于'讨厌'的情绪"；[71]

痛斥"打碎了旧枷锁，又有了新铁链"。[72] 一些外省赴台新闻记者也感受到"台省人民现在正在五十一年来从未有的苦闷里。在胜利时怀抱着过高的热望，但现在他们是失望了，由失望而沉入悲观的深渊里"；[73] "内地人（即"外省人"——引者注）对于台湾人的威严，和征服者（指日本殖民者——引者注）对于被征服者，实在没有什么两样"。[74] 实际上，在罗宗洛日记里，更早就记载了来访人苏绍文少将谈到的"台湾人对于光复之感想"——"去了一只狗，来了一只猪，猪之工作不及狗，唯食量甚大云；又云光复以来最高兴者有三种人：小偷、强盗、赌徒是也"。[75] 内战胶着下，国民党当局一再丧失纠错时机，裂隙不仅未能及时弥合反而越长越大，日益延伸出事务面以外的"自治"性诉求，影响到本已达成的国族认同。据何兆武先生回忆，1946年秋天他曾到台北建国中学教书，一次去商店买东西，按照在大陆的习惯要求减价，老板娘的回答是"不行，这不是你们中国"。[76] 这位台湾普通店主的说法印证当时的台湾确有本省人在内心深处不认同中国，并存有对"中国人"的偏见。由此观之，"二二八事件"的发生，毋宁是迟早的事。

相对来说，台北帝大的接收比台湾省政府接收做得成功。"据日人方面及本省人方面之批评，此次接收台湾，以大学之接收为最完善，而接收人员中亦以接收大学者为最廉洁云云。"[77] 但由于权力和权利的处理上存在瑕疵，在罗宗洛离台回重庆述职请款、陈建功代理校务期间，还是发生"台湾光复后第一次的不祥事件""台湾最高智识分子第一次的风潮"[78]，这一发展与从日人手中接收之初"台胞民族意识之盛旺"相对照，与一年后"二二八"悲剧事件相联系，不禁令人叹惋。

注释：

① "文革"时期罗宗洛在牛棚中作为"交代材料"而撰写过接收台北帝大的有关回忆，这些材料连同所保存的当年接收台大、任职台大时的日记，1968年曾被内部刊印为《罗宗洛回忆录》，见者甚少。1998年8月—2000年4月，上海《植物生理学通讯》始将其连载，公诸社会，使这段历史在今人面前得以生动呈现。然限于刊物的学科性质，较少引起人文学者注意。台湾大学历史系

李东华教授多年研究本校早期历史，得到相关资讯后，与保存上述资料原稿的罗邦煦先生联络，恢复连载中讳隐之处，连同台湾大学档案中遗存的若干资料、若干台湾报刊资料，合集成《罗宗洛校长与台大相关史料集》（以下简称《史料集》），2007年由台大出版中心出版。

② 有关教育部对台北帝国大学的接收，大陆地区的研究成果有杨荣庆的《光复初期国民政府对台北帝国大学接收及改制的困境——以罗宗洛、陈仪之争为中心的考察》（《台湾研究集刊》2011年第1期），就罗宗洛与陈仪的治校理念和他们在师资、人事、经费上的争执进行了专题论述。台湾地区代表性成果是李东华教授的论文《罗宗洛与国立台湾大学之接收改制》（《史料集》代引言）及《光复初期（1945—50）的民族情感与省籍冲突：从台湾大学的接收改制作观察》（《台大文史哲学报》2006年12月号）和欧素瑛博士的专书《战后初期台湾大学的再出发（1945—1950）》（台湾古籍出版有限公司，2006年）。后两者均以1945—1950年的台湾大学为观察对象，但李文重在综论罗宗洛、陆志鸿、庄长恭、傅斯年掌校期间本省人士民族情感的变化过程，欧书则主要论述的是大学人文、医学、农学等学科的学术研究进展情况。这些著作（尤其李东华教授的论文）都对本文所涉论题直接间接有所探讨，本文也多有资鉴，特此致谢。

③ 《罗宗洛回忆录》，《史料集》，第114页。另据黄宗甄，教育部之所以委派罗宗洛接收台北帝大，与战争结束前夕罗宗洛曾向朱家骅提出教育日后接收帝大的建议有关，见黄宗甄：《科学巨匠：罗宗洛》，石家庄：河北教育出版社，2001年，第128页。李东华由此认为朱家骅这项借调，是"经过深思熟虑的决定"。见《史料集》，第6页。

④ 《罗宗洛回忆录》，《史料集》，第114、115，115页。

⑤④ 罗宗洛：《接收台北帝国大学报告书》，《史料集》，第156，166页。

⑥ 《罗宗洛回忆录》，《史料集》，第114、115，115页。

⑦ 罗宗洛：《接收台湾大学日记》，1945年10月17日记事，《史料集》，第199—200页。

⑧ 罗宗洛：《接收台北帝国大学报告书》，《史料集》，第156，166页。

⑨ 罗宗洛：《接收台湾大学日记》，1945年11月15日记事，《史料集》，第225页。

⑩ 罗宗洛：《接收台北帝国大学报告书》，《史料集》，第168页。

⑪ 台北帝国大学本来有时也简称"台北大学"，罗宗洛在接收前即经常使用这一名称，接收后罗宗洛的讲演，发表在《台湾新生报》，便使用"国立台北大学之展望"为题（11月21日）。1945年11月10日，教育部曾以高字第57333号公函，提请行政院院会讨论将"台北帝国大学"更名为"国立台北大学"，但经1945年11月20日行政院第721次会议决议名称改为"国立台湾大学"，行政院秘书处于11月24日以公函复知教育部（据黄俊杰、孙震：《傅斯年与台湾大学的教育理念》，《北京大学教育评论》2005年第1期）。在罗宗洛日记中，1949年12月19日罗宗洛等巡访台湾全岛回到台北，接"教育部送到公文三件，其一派余为国立台湾大学代校长"。

⑫ 罗宗洛：《接收台湾大学日记》，1945年10月19日记事，《史料集》，第202，202、203页。

⑬ 罗宗洛：《接收台湾大学日记》，1945年11月6日记事，《史料集》，第219页。

⑭ 罗宗洛：《接收台湾大学日记》，1945年10月19日记事，《史料集》，第202，202、203页。

⑮ 罗宗洛：《接收台湾大学日记》，1945年10月20日记事，《史料集》，第204、205页。

⑯ 罗宗洛：《接收台湾大学日记》，1945年10月26日记事，《史料集》，第209页。

⑰ 罗宗洛：《接收台湾大学日记》，1945年10月30日记事，《史料集》，第214页。

⑱ 罗宗洛：《接收台湾大学日记》，1945年10月22日记事，《史料集》，第206页。

⑲ 罗宗洛：《接受台北帝国大学报告书》，《史料集》，第167页。

⑳ 罗宗洛：《接收台湾大学日记》，1945年11月14日记事，《史料集》，第225页。

㉑ 罗宗洛：《接收台湾大学日记》，1945年11月9日记事，《史料集》，第222，222页。

㉒ 罗宗洛：《接收台湾大学日记》，1945年10月22日记事，《史料集》，第206页。

㉓ 罗宗洛：《接收台湾大学日记》，1945年10月26日记事，《史料集》，第209页。

㉔ 罗宗洛：《接收台湾大学日记》，1945年11月4日记事，《史料集》，第218页。

㉕ 罗宗洛：《接收台湾大学日记》，1945年11月9日记事，《史料集》，第222，222页。

㉖ 见罗宗洛《接收台湾大学日记》，当日记事，《史料集》，第201—212页。

㉗ 罗宗洛:《接收台湾大学日记》,1945 年 10 月 19 日记事,《史料集》,第 202 页。

㉘ 罗宗洛:《接收台湾大学日记》,1945 年 10 月 20 日记事,《史料集》,第 204 页。

㉙ 罗宗洛:《接收台湾大学日记》,1945 年 11 月 15 日记事,《史料集》,第 225 页。

㉚ 罗宗洛:《接收台湾大学日记》,1946 年 1 月 19 日记事。安藤提出聘任日人教授时希望注意:"(1)日人于本年俸外,每年有三次赏金及退职赏与;(2)各人因官阶及任职先后俸给颇有差别,将来仍请保留此等差别;(3)与中国人相比较时,位置较高之日人,其薪给不可低于位置较次之中国人。"《史料集》,第 274 页。

㉛ 罗宗洛:《接收台湾大学日记》,1946 年 4 月 13、17 日记事,《史料集》,第 287、289 页。

㉜ 罗宗洛:《接收台湾大学日记》,1946 年 2 月 4 日记事,《史料集》,第 283 页。

㉝ 罗宗洛:《接收台湾大学日记》,1946 年 4 月 11 日记事,《史料集》,第 286 页。

㉞ 罗宗洛:《接收台湾大学日记》,1945 年 12 月 3 日、1946 年 1 月 30 记事,《史料集》,第 236、281 页。

㉟ 罗宗洛:《接收台湾大学日记》,1945 年 11 月 10 日记事,《史料集》,第 223 页。

㊱ 罗宗洛:《接收台湾大学日记》,1945 年 11 月 22 日记事,《史料集》,第 229 页。

㊲ 罗宗洛:《接收台湾大学日记》,1945 年 11 月 24 日记事,《史料集》,第 230 页。

㊳ 罗宗洛:《接收台湾大学日记》,1945 年 11 月 26 日记事,《史料集》,第 232 页。

㊴ 罗宗洛:《接收台湾大学日记》,1945 年 12 月 5 日记事,《史料集》,第 237 页。

㊵ 罗宗洛:《接收台湾大学日记》,1945 年 11 月 26 日记事,《史料集》,第 232 页。

㊶ 罗宗洛:《接收台湾大学日记》,1945 年 10 月 17、18 日记事,《史料集》,第 200 页。

㊷ 罗宗洛:《接收台湾大学日记》,1945 年 10 月 19 日记事,《史料集》,第 203 页。

㊸ 罗宗洛:《接收台湾大学日记》,1945 年 11 月 10 日记事,《史料集》,第 223 页。

㊹ 罗宗洛:《接收台湾大学日记》,1945 年 11 月 27 日记事,《史料集》,第 233 页。

㊺ 杜淑纯:《杜聪明与我》,台北:"国史馆",2005 年,第 232 页。

㊻ 罗宗洛:《接收台湾大学日记》,1945 年 11 月 30 日记事,《史料集》,第 235 页。医学部原有日籍教授 18 人(含 1 人兼职),杜聪明提出留用 17 人,实际留用 14 人,只多辞退 3 人,基本上体现了杜的意见。杜聪明同时着力培植和提拔台籍师资,亦得到校方支持。见《杜聪明回忆录》,台北:杜聪明博士奖学基金会,1982 年,第 117—118 页。

㊼ 罗宗洛:《接收台湾大学日记》,1945 年 11 月 25、26 日记事,《史料集》,第 231、232 页。

㊽ 据杜淑纯《杜聪明与我》转述,罗宗洛本拟聘请林茂生为正式的文学院长,尖陈仪所反对。见该书第 232 页。李东华的研究也指出,林茂生当时未被直接聘为文学院长,原因之一是陈仪力主文、法两院意识形态色彩浓厚,性质特殊,宜大陆学者担任院长,以利传播口华文化。见李东华:《论陆志鸿治校风格与台大文学院(1946.8—1948.5)》,《台大历史学报》第 36 期,2005 年 12 月,第 280 页。

㊾ 罗宗洛:《接收台湾大学日记》,1945 年 10 月 26 日记事,《史料集》,第 211 页。

㊿ 《罗宗洛回忆录》,《史料集》,第 117 页。

51 罗宗洛:《接收台湾大学日记》,1945 年 11 月 15 日记事,《史料集》,第 225 页。

52 罗宗洛:《接收台湾大学日记》,1945 年 11 月 17 日记事,《史料集》,第 227 页。

53 国民政府档案【二(2)1522】,陈鸣钟、陈兴唐编:《台湾光复和光复后五年省情》,南京:南京出版社,1989 年,第 370—371 页。

54 《标榜三民主义,组织台湾学生联盟》,《台湾新报》1945 年 9 月 29 日。

55 杜聪明转述,罗宗洛:《接收台湾大学日记》,1945 年 10 月 18 日记事,《史料集》,第 200 页。

56 罗宗洛:《接收台湾大学日记》,1945 年 10 月 21 日记事,《史料集》,第 205、206 页。

57 罗宗洛:《接收台湾大学日记》,1945 年 10 月 21 日记事,《史料集》,第 205、206 页。

58 黄得时:《从台北帝国大学设立到国立台湾大学现况》,《台湾文献》第 26 卷 4 期、27 卷 1 期合刊,第 237 页。

㊾　罗宗洛：《接收台湾大学日记》，1945 年 10 月 22、23 日记事，《史料集》，第 206、207 页。

⑥　罗宗洛：《接受台北帝国大学报告书》，《史料集》，第 179 页。

⑥　罗氏《接收台湾大学日记》1946 年 2 月 9 日—4 月 8 日因出差在外而中断，关于事件相关描述主要参考和借助李东华《光复初期（1945—50）的民族情感和省籍冲突：从台湾大学的接收改制作观察》（《台大文史哲学报》2006 年 12 月号）第 192—194 页和欧素瑛《战后初期台湾大学的再出发（1945—1950）》第 54—55 页之相关叙述。

⑥　社论：《台大附属医院罢诊平议》，《台湾新生报》1946 年 4 月 5 日。

⑥　《台大附属第一医院职员提出要求书》，《民报》1946 年 3 月 22 日。

⑥　《杜院长の斡旋も空し罢诊事件ますく纷纠》，《台湾新生报》1946 年 3 月 27 日第 4 版。

⑥　罗宗洛：《接收台湾大学日记》，1946 年 4 月 9 日记事有"颂久兄报告医学院罢诊经过，杜聪明亦来谈"；10 日记事有"下午杜聪明率医院代表四人来谈话，结果允明日起复诊"。《史料集》，第 286 页。值得注意的是，先前罗宗洛日记在提到杜聪明的时候，常加"兄"为后缀，罢诊事件发生后，则未再用此后缀。

⑥　社论：《台大附属医院罢诊平议》，《台湾新生报》1946 年 4 月 5 日。

⑥　罗宗洛《接收台湾大学日记》1946 年 4 月 10 日记事有"其后台湾科学振兴会代表施江南等四人来陈述对于此次罢诊风潮之意见，语多袒护闹事之人。四人去后，（新生报）记者周某来访，其态度大体与施江南等无异"（《史料集》第 286 页）；17 日记事有"徐庆钟、陈绍馨以本大学毕业生先辈资格来谈，希望对于医院罢诊风潮主责任者，从宽办理"（《史料集》第 289 页）。显示罢诊行为之发生，得到社会之同情。故尽管有"林茂生、许汝铁报告医学院派人来煽动先修班及本部学生情形"（12 日记事，《史料集》第 287 页），罗氏仍决定宽谅。

⑥　《台大附属医院罢诊问题》，《人民导报》1946 年 4 月 8 日，第 1 版。

⑥　前者如杨渡在评论光复初外省人士赴台后引起台湾偷牛屠牛的现象时，就指出"它意味着社会秩序开始混乱了"（杨渡编著：《激动一九四五》，台北：巴扎赫出版社，2005 年，第 79 页）。后者如陈芳明认为，战后台湾社会内部的政治紧张与文化矛盾冲突，台湾社会国家认同问题的出现，都"铸造于一九四七年发生的二二八事件"这个"主要的分水岭"（陈芳明：《为了不让历史重演》，《二二八事件学术论文集》台北：前卫出版社，1988 年，序言）。

⑦　翔（王思翔）：《光复纪念》，《新知识》第 1 期，1946 年 8 月 15 日，第 1 页。

⑦　赖明弘：《光复杂感》，《新知识》第 1 期，1946 年 8 月 15 日，第 11 页。

⑦　杨逵：《为此一年哭》，《新知识》第 1 期，1946 年 8 月 15 日，第 13 页。

⑦　暮时：《台北来鸿》，福建《中央日报》1946 年 4 月 29 日。

⑦　丁文治：《感慨话台湾》，上海《侨声报》1946 年 5 月 26 日。

⑦　罗宗洛：《接收台湾大学日记》，1946 年 1 月 18 日记事，《史料集》，第 273 页。

⑦　何兆武：《上学记》，北京：三联书店，2013 年，第 246 页。

⑦　日比野语，见罗宗洛：《接收台湾大学日记》，1946 年 1 月 8 日记事，《史料集》，第 268 页。

⑦　邱山水：《台大附属医院罢诊问题》，《人民导报》1946 年 4 月 8 日。

何卓恩，华中师范大学中国近代史研究所、台湾与东亚研究中心。

"共识赤字"及其对台湾政治发展的影响

汪曙申

台湾地区向西式民主体制转型以来经历三次政党轮替，蓝绿对峙的政治生态愈演愈烈，围绕国民党和民进党两大党之间的权力博弈十分突出，政治场域中"共识赤字"问题严重。长期以来共识文化缺位与台湾政治转型的历史背景、制度设计、权力生态、社会意识变迁等有着密切关系，它们深刻影响着台湾政治运作和社会发展。

一、"共识赤字"问题的形成

观察近代以来民主意识的孕育、发展及其相关体制的建立和扩散，选举制度、政党制度以及权力运作的机制和效能等莫不受到国家和地区间各种差异化因素的影响。一般而言，民主政治所根植的社会在价值观念、民族宗教、文化心理、国族身份等问题上是统一的（同质）还是分裂的（异质），会影响民主制度的实际运作和效能发挥。第二次世界大战以后，以美国、英国为代表的多数决民主模式（Majoritarian democracy）在第三波民主化浪潮中被广泛移植和模仿，但又不断地在一些国家和地区出现水土不服的民主失败或衰退现象，结果要么造成转型社会的政治动荡或武装暴力，要么导致陷入效率低下的治理困境。

对于非西方国家和地区在模仿民主制度中形成的这种困境，有的学者认为其关键原因是社会严重异质化甚至分裂而导致民主体制难以在攸关社会发展的重大问题上形成普遍性共识，很难通过多数决民主体制去解决存于于不同政党和团体之间广泛且深层的利益冲突。如沃尔特·白芝浩（Walter Bagehot）和厄奈斯特·巴克（Ernest Barker）强调共识作为民主发展基础的重要性，认为这种共识要么是对特定基本原则的共同信仰，要么是对游戏规则达成程序共识。[①]

利普哈特（Arend LijPhart）提出共识民主理论（Consensus Democracy），认为造成多数决民主模式在异质化程度高的社会产生困境的根本原因在于，多数决民主制度内含的竞争性和排斥性会带来社会和政治的冲突、对抗，而为解决多元社会民主稳定运作的问题，特别是在那些存在明显的民族、宗教、文化和意识形态分歧和冲突的国家和地区，应采取一种体现共识而非对抗、包容而非排斥且尽可能扩大大多数的共识民主模式。利普哈特认为，与多数决民主不同的是，共识民主的良好运作得益于存在体现合作主义的机制。② 共识民主理论是在认识到传统多数决民主制度难以解决后进国家和地区民主转型问题的基础上提出来的，它从民主政体所具有的制度化特征如政党制度、行政与立法关系等角度来分析如何扩大共识的核心问题。

利普哈特认为，共识指的是组织团体在观点、意见和信念上的团结或总体一致。③ 政治学者萨托利将价值、程序与政策作为理解共识的三个重要层面。国内学者将政治共识定义为"政治共同体的社会成员对于政治基本目标和基本结构的一致观念"，④ "人们对于社会政治系统的价值、准则以及程序等方面所形成的一致意见"。⑤ 笔者认为，在以两党或多党为主、以定期选举为权力转移途径的西式民主体制下，政治共识体现在以下两个层面：第一，政党、利益团体和选民对所处社会制度的价值理念和基本原则持大体相同的立场、态度。即他们普遍认同西式民主政治的核心观念、制度设计和运作程序；第二，政党、利益团体和选民虽不可避免在一些问题领域存在歧见甚至冲突，但认同这些歧见和冲突应当通过民主制度所确立的规范、准则和程序予以处理，并且愿意接受既有制度处理后的结果，不会轻易使用反制度的体制外行动去整体推翻既定结果。毫无疑问，民主体制下多元复杂的利益结构和权力博弈，使得政治共识的达成并不那么容易，它需要依靠一个社会的政党及精英们之间经过反复的沟通、协商和谈判，就攸关各方重要利益的政治议程达成妥协并付诸实践。根据在历史文化传统、种族宗教、心理归属认同等方面存在的差异程度，西式民主社群中一般存在"同质性较强"和"异质性较强"两种类别。在异质性较强的社会，政治系统内部的冲突性和不稳定性因素更多，通过协商达成政治共识更难，因而更易造成"共识赤字"。本文认为，"共识赤字"是在一段时期内民主体制中的参与主体如政党、利益团体及其所代表的社群难以就问题或议程达成一致的观念、立场和政策所造成的共识缺失状态。事实上，"共识赤字"的形成与不同国家和地区的历史传统、文化背景、经济社会状况及制度发展水平相关，宜以比较视野、个案分析来具体研究它的成因和表现。

　　具体到台湾地区，"共识赤字"的形成、发展与民主转型的社会条件有着直接的联系。从 20 世纪 80 年代末以来，台湾地区逐步形成以政党竞争、多层普选为特征的制度结构。在政治转型中，主要政党、利益团体和社会民众在对西式民主的价值认同上保持了一致性，也认为转型后的制度设计仍有不完善而需要改进的空间。在李登辉执政的 90 年代，台湾社会对改革体制、扩大政治参与的需求大幅上升，攸关权力分配和运作规则的"修宪"被纳入政治议程。这一时期，围绕"宪政改革"展开的各党派博弈和斗争是观察岛内社会"共识赤字"问题的重要参照。一方面，李登辉压制国民党"非主流派"，推动改造国民党的"旧法统"，以渐进式"修宪"扩大"总统"权力，寻求"中华民国台湾化"，培育"台湾主体意识"。另一方面，民进党否定"中华民国宪政秩序"合法性，以"台独"论述为基础主张"制宪"，在第一次和第二次"宪改"过程中调动社会力量向国民党当局抗争施压。在"修宪"还是"制宪"问题上，国民党和民进党立场差异甚大。在国民党全面掌控行政和立法系统的情况下，民进党无法达成体制内"制宪"目标，但亟欲通过改造体制扩大政治参与空间，遂在克服内部歧见后调整策略，选择接受参与"修宪"进程。在李登辉时期，国民党、民进党在"修宪"的意涵和方向上存在分歧，但最后在妥协中推动以"台湾化"、"本土化"为导向的"宪改"进程，包括全面改选"国会"、实施'直选'、"废省"等制度变革。这一结果既是因为权力不断坐大的李登辉选择走"本土化"和"独台"路线，也与民进党为扩权争求制度条件的策略是分不开的。国、民两党因意识形态鸿沟导致"共识赤字"问题并未解决，但为追逐各自利益，在以"修宪"落实直接民权和"本土化"的问题上通过反复博弈，形成了阶段性妥协，这深刻影响了台湾地区政治制度的变迁。

　　2000 年台湾地区首次政党轮替，随之而来的蓝绿阵营分化组合和党争政争升级进一步扩大"共识赤字"。这一方面是陈水扁宣布停建"核四"促使国民党、亲民党和新党组成泛蓝政党联盟，与民进党、"台联党"为主的泛绿政党联盟形成对垒。2004 年"大选"前夕"3·19 枪击案"引发国、亲两党主导的大规模抗争活动进一步激化蓝绿对立。另一方面是因为陈水扁在两岸关系上抛弃"中间路线"，提出"一边一国论"，继而推动"去中国化""正名""制宪""公投"，与国、亲两党致力维护"中华民国宪政体制"产生根本性矛盾，蓝绿阵营在两岸政策上的分歧大幅激化。在陈水扁执政 8 年期间，泛蓝、泛绿阵营缺乏互信，缺乏制度化的沟通管道，在众多政策领域立场相悖，各自支持群体和民众亦呈现分裂状态，"共识赤字"问题明显加重。

2008 年国民党重新执政后，马英九曾试图做"全民总统"以缓解蓝绿政党的裂痕，但在政治版图固化和民进党极力"反马"的情势下无功而返，最终被迫退至固守蓝营基本盘的立场。在马英九主政期间，国民党和民进党在两岸政策主张、台湾对外关系、经济发展模式、能源产业政策、社保教育改革等诸多领域存在显而易见的重大分歧，在一些政策上还引发激烈政争和街头运动，不断激化蓝绿对抗，使得"共识赤字"问题迟迟难以解决。

从政治转型历程看，"共识赤字"已成为台湾地区政治文化中十分突出的问题。台湾"共识赤字"的形成和扩大有哪些特殊的历史背景和成因，受到哪些结构和制度性因素的制约，对台湾政党政治会构成何种影响，其未来将会呈现怎样的新形态和新特征，是本文尝试探讨的问题。

二、对"共识赤字"问题的解释

解释台湾地区政治中的"共识赤字"问题，除了比较西式民主社群中所具有的一般性因素外，有必要从台湾政治转型发展中找寻其相对特殊的成因。

（一）历史视角。政治学者阿尔蒙德在分析民主时强调对态度和情感认识的重要性。[⑥] 在政治转型社会中，民众对民主态度和情感的构建很难回避转型之前长期威权或独裁统治对社会心理造成的深层次冲击。有学者认为复杂独特的历史使得台湾形成多元政治文化结构，包括中国传统政治文化、台湾本土政治文化、现代自由主义政治文化等内容。[⑦] 在长达 38 年"戒严"时期国民党对"党外势力"和"台独"活动的严控和压制，使民进党和"台独"势力对国民党统治形成强烈的心理"抵制"和"反抗"，这在民进党"美丽岛世代"和老一代"台独"群体当中表现得尤其突出。

尽管解除"戒严"体制后台湾政治走向开放，国民党迈向"本土化"和"台湾化"，在威权时期受政治迫害的群体逐步退出政治舞台，民进党和"台独"阵营仍旧将国民党视作带有鲜明威权性质的外来政党。比如，在国民党党产问题上，民进党始终抨击它是威权时期"党国体制"下的非正义遗留产物，并以立法方式予以彻底清除。在"本土化"问题上，民进党一直批判国民党抱持"大中国"意识不放而忽视台湾"本土性"观念。在深化民主问题上，民进党鼓吹巩固"台湾主体意识"和落实"住民自决权"，批判国民党大陆政策"框限台湾人民的选择"。这些表现显示，台湾地区在民主化进程中建立起来的现有制度，不可能从根本上解决历史遗留下来的政治对立心理和意识形态上的深刻分歧。相反，在激烈的政治竞争中，这种历史印记和对立心理以一种合法党争的形式被反复放大，不断被强化、固化。长期以来政治的斗争性和零和性，加剧了国民党与民进党的互疑和不信任感，滋生出一种自然倾向彼此否决的政治文化。台湾特殊的政治历史经历和复杂的权力生态，使民主转型后的政治文化从一开始就未走向一致或趋同，而是呈现出割裂和互斥现象，阻碍蓝绿政党凝聚共识，这是导致"共识赤字"问题的重要历史成因。

（二）制度视角。台湾地区"共识赤字"的形成可追溯至长期威权统治的历史，而其演变发展又与岛内政治转型中的制度变迁相关联。在民主转型社会，政治制度的设计和调整往往对政治文化产生影响。利普哈特认为，选举制度会影响一个政治系统的行政与立法关系，相对多数决选举制往往形成行政主导，而比例代表制则会产生更为平等的行政立法关系。⑧"台湾仿照西方历史经验建立了多数决民主的政治体制，而按照共识民主论的观点，多数决民主体制在同质性弱、异质性强的分化社会中较容易造成对抗和冲突。"⑨从制度上看，台湾地区"宪政"架构和地区领导人及"立委"选制的设计造就了"行政主导、立法为辅"的政治形态。"双首长制"下实行地区领导人选举的相对多数决当选制和"立委"选举的"单一席位选区制"，实际上是一种"有利大党""赢者全拿"的权力分配规则，比较容易造成政党之间的割裂或走向"零和"状态。这种制度结构使得构建合作主义（corporatism）的政治文化相对困难得多。这是因为：首先，从20世纪90年代起台湾逐步走向相对均衡的两党制，现有选举制度不仅压缩"第三势力"小党的生存空间，维持国、民两党轮流执政的局面，而且促使国、民两党为夺取政权必须首先巩固各自基本盘，这也就使其不能轻易在建党以来长期主张的理念和价值上改弦易辙。其次，在高度意识形态化的政策领域（两岸、文教、能源等），国、民两党"立委"或基于自身理念，或受选区民意压力，或受本党党纪约束，在"立法院"协商和表决上往往形成集团式对立，其长期叠加作用的结果便是单个问题领域的"共识赤字"持续扩大。再次，迄今台湾政治形态仍是"行政主导型"而非"行政立法权力均衡型"，地区领导人倾向兼任执政党主席加强了"行政权"对"立法权"的影响，这便压缩了在野党与执政党在一些重大争议政策上讨价还价的空间，增加构建共识型政治文化的难度。从民主模式的制度指标看，台湾地区尚不属于利普哈特所称的"共识民主"模式。

（三）权力视角。台湾政党轮替带来常态性的权力洗牌，政权更迭不仅攸关政党的资源消长和发展基础，而且关系各政治势力的权力及各种庞大的衍生利益。从权力角度探讨台湾"共识赤字"问题，不可忽视政治精英或领导者之间的竞争性互动及其效应。虽然民主政治体系在制度结构中开展运作，但制度的实践和发展无法从根本上规避政治精英所持观念和行为所施加的影响。有西方比较政治学者在分析民主的稳定性时强调政治精英的角色，认为即使在一些存在分裂性因素（宗教、种族、文化等）的国家（地区），政治精英也有可能通过努力去克服这些分歧所带来的不稳定性效应。[⑩] 这种克服或弥合分裂性因素的实现，需要各党派精英充分展现利普哈特所指出的"协合式民主原则（consociational principle）"，用以防止选举激烈竞争破坏建立起来但仍较为脆弱的合作体制。从台湾政治发展看，各党派精英或领导者较难坚持和兑现上述"协合式民主原则"。其一，分配政治上"赢者全拿"效应加剧"政治极化"，制约合作主义。国、民两党在权力竞争上是"此消彼长"的关系，"抑制对方、壮大己方"成为党争的基本策略，不存在赢者反向对手释出资源的选项，相反会利用新获得的资源和能力设法弱化对手。如民进党执政采取各种手段促使国民党地方派系松动、游离甚至转向，制定通过"政党及其附随组织不当取得财产条例"斩断国民党金脉。其二，政治精英或领导者之间存在意识和观念上的鸿沟，彼此在一些重大政策领域往往持"相互否决"立场。国民党领导者继承"中华民国宪法"，坚持在其定位下以"一中各表"为核心的两岸论述。民进党领导者从"美丽岛世代"、律师世代到"非典型民进党人"蔡英文，都是以"一边一国"作为两岸政策的基础，"中华民国宪政体制"仅有工具性价值。特别是在长期频繁选举中，因选战诉求上的区隔需要，加之强力反复的政治动员和操作，真正能够缩小双方意识观念分歧的土壤难以培育起来。其三，国、民两党领导层内部的权力博弈也牵制党际间合作主义的形成。国民党"本土派"或"台湾派"若朝民进党的政策靠拢会受到"中华民国派"的制约，民进党"务实派"若完全朝"中华民国路线"靠拢也会受到"基本教义派"牵制。因此，岛内政治精英虽认识到"共识赤字"给台湾社会发展造成负面影响，但始终难以实践和推行党际间的合作主义。

（四）社会心理视角。20多年来，与台湾民主转型相伴的是政治意识和社会心理的"台湾化"和"本土化"，其产生一项重要效应是台湾社会认同发生明显的偏移。这种偏移表现在身份认同上越发偏向"台湾人"，在统"独"认同上日益偏向"独立"或广义的"维持现状再独立"；与之相应的是，"中国人"身份和统一选项受到更大程度地否定或排斥。在这种认同偏移转化过程中，岛内社会心理在身份和统"独"问题上出现了分裂和对立。这一现象在李登辉、陈水扁"分离主义"施政下不断扩大，在马英九任内也未得到遏制，加剧了社会心理层面上的异质性特征，限制既有政治制度缩减分歧和凝聚共识的功能。"当前台湾民主体制出现难以整合的困境是因为'国家'结构出现了正当性危机。身份认同与政治社群想象上的分歧变成台湾内部最具破坏性、撕裂性的矛盾，这个尖锐的矛盾阻断社会共识、消耗内部精力、诱发政治恶斗。"① 政治意识和社会心理趋向"台湾化"和"本土化"所带来的另一效应是台湾社会整体的保守心态趋升。社会民意的保守性对政治决策构成了明显制约。比如，台湾社会在全球化冲击下对进一步开放市场的犹豫心理加重，一部分民间社团或利益集团以"程序正义""世代正义""族群正义"为手段，大力抵制全球化和区域经济一体化浪潮，一些青年群体固守"小确幸"的生活态度和方式。这些都干扰或牵制政治领导者整合资源因应台湾经济发展面临的迫切挑战。岛内社会在身份、统"独"认同以及如何改革以因应挑战等方面的深刻分歧，显示台湾社会异质性因素强大，这也是导致台湾政治缺少共识文化的重要因素。

（五）媒体传播视角。 在选举型社会，利益汇聚和表达成为政治系统运作的重要部分。随着信息革命带来大众传播形式快速变革，政治参与过程中的利益汇聚和表达方式也在不断变化，呈现出由下而上、成本缩减和能量扩大的趋向，这使得既有政治系统在处理多元利益时承受更大压力。台湾政治转型以来，媒体舆论逐步从国民党控制走向相对独立，但因历史传承或现实因素，媒体仍具有较明显的政党偏向性，尤其是"绿化"现象严重。这对"共识赤字"问题的影响表现在：一是媒体强化执政监督时也加剧了多元化诉求主张之间的冲突性。媒体对复杂但立意良好的政策常予以简单化解读，或是将自身或其政治盟友的单方利益包装成普遍民意诉求，通过传统和新兴传媒广泛传播、扩散，扩大整个社会在该政策议题上凝聚共识的难度；二是政党借助媒体宣传己方和否定对方的理念及政策激化相互分歧。近些年来，岛内主要政党重视抢占舆论主导权，特别是重视利用传播速度快、范围广的新媒体去影响社会民众对特定政治议题的态度，这无疑强化媒体舆论作为政治社会化工具的功能，也加剧政党之间理念和政策的差异化和对立化，弱化了政治领域"共识文化"生成的社会基础。

三、"共识赤字"对台湾政治的影响

在选举型社会中，"一种共识取向的文化往往是共识民主各项制度安排的基础。"⑫ 一般来讲，同质性社会比异质性社会更有利于在不同利益攸关方的竞争中争取和凝聚共识，从而使制度和机制得以更好发挥管控政治冲突和分歧的功能。有学者认为："台湾在民主化过程中虽然以较为平稳的态势进行了政治转型，但是不断展现的共识缺失却给台湾带来了诸多结构性危机。"[⑬]台湾地区自推行政治转型以来，"共识赤字"问题日趋严重，业已成为制约政党政治良性运转和改善民主治理的重要因素。

（一）削弱台湾政治体制的调适能力。在全球化和信息革命时代，衡量一个政治系统运作成效的一项指标是制度安排的调整和应变能力。白鲁恂（Lucian W. Pye）将能力作为政治发展的一项重要标准，其中包括对社会发展中出现新问题的反应和调适能力等。[⑭]制度安排如要具备正向的调适能力，需要其本身随社会环境需求不断修正和完善，也要求存在于制度环境当中的各利益主体之间维系一种偏向理性的竞争关系。台湾政治发展中"共识赤字"问题持续存在，明显干扰和削弱了制度安排的调适能力。一方面是制度发展受到制约。台湾历经多次制度变迁形成的"双首长制"会造成"双重民主合法性"问题，即行政和立法部门在出现政策分歧时均可诉诸各自的合法性，因此导致行政与立法关系出现不顺或紧张进而影响当局施政。考虑到"双首长制"容易产生权责不明和行政立法不同步影响施政效率等问题，近年来通过推动"修宪"改进制度再次被岛内蓝绿政党所重视和提及。2015年时任国民党主席朱立伦从解决"政治失能"出发提出以"内阁制"取代"双首长制"，主张重新检讨"单一选区两票制"，恢复"立法院"对"行政院长"任命的同意权。民进党主席蔡英文也提出"修宪"主张，涉及"下修公民投票权至18岁，降低修宪门槛，赋予公民联署修宪权，增加立委席次总额，废除考试院、监察院"等问题，但反对恢复"阁揆"同意权。由于国、民两党缺乏互信加之选举算计，双方在修改制度和游戏规则问题上无法达成一致，使得推动制度发展持续缺乏党派共识。另一方面是政治权威弱化。"共识赤字"不仅强化不同属性政党和社会利益团体之间的观念和政策鸿沟，而且降低社会大众对精英民主和执政者能力的信任度，制度安排的正当性（"民主信用"）以及领导者的权威由此被弱化。

（二）扩大"党争民主"负面效应。有学者认为，因政党参与和组织选举，竞争性选举必然是"党争民主"。[⑮]台湾政治转型以来，民主制度分配和调节利益的工具价值突出，伴随政党轮替的是大量政务官和公营事业职位以党派为界线进行重新配置或瓜分。从实行竞争性选举情况看，台湾"党争民主"特征明显，包括政党倾向于利用族群矛盾和认同冲突寻获选举利益，"否决政治"现象持续存在，在政党纵容或鼓噪下的民粹主义抬头等。"共识赤字"扩大"党争民主"的消极影响主要表现为：第一，各政党长期在重大问题领域无法达成相对妥协，加深相互之间的猜疑；各政党在这些议题上反复式的政治动员和对立，则减弱相互之间进行合作的动因。第二，在"分裂的政治文化"中，政党领导者首先必须承担对本党支持者的政策义务，尤其是在野政党很难违背支持者的核心关切而给处于政治光谱另一端的执政党背书。在特定情势下，在野政党还会号召动员支持者以各种政治参与的形式，如选举投票、集会游行、媒体传播等，向执政当局施压以促其调整政策。国民党反对陈水扁当局推动"法理台独"，民进党反对马英九当局"九二共识"主张，均是此种现象。第三，在重大政策上社会共识的缺位会加剧不同利益群体之间的紧张和对立，这在政党操作下容易滋生和扩大民粹主义政治。在政治权威走向弱化的背景下，一部分或少数人采取激进的体制外途径介入决策或推翻决策，不仅会绑架多数民意，而且会破坏支撑"宪政民主"的基础性原则。如2014年"太阳花学运"中部分学生违法占领台"立法院"，不仅致使马英九当局与大陆签署的《两岸服务贸易协议》无法通过，还严重伤害了台湾社会的法治精神和自由秩序。

（三）加深民主治理困境。民主通过分配权力的制度安排规范社会和创造福利，治理能力越来越成为衡量民主制度效用的关键。在亨廷顿指出的"第三波"民主化国家和地区中，既建立和巩固西式民主又实现经济社会持续发展的仅为少数。有学者在分析亚洲民主受到的框限时提出"全球化资本主义对于民主体制的钳制"，认为民主"已经失去政策选择的自主性，已经没有办法完成对公民或对自己社群的保护"。[16] 其所指出的是民主治理在资本全球化时代所面临的现实挑战。台湾实践西式民主以来，伴随向现代社会转型，竞争性选举的实施和主体性意识的兴起扩大了社会层面的分歧和政治上的"共识赤字"，加剧了全球化时代民主治理困境。它表现在：民主制度结构下的立法功能、决策功能受到削弱，包括立法效率偏低，决策的权威容易被挑战等；执政当局向社会进行政策说服的成本增大，加大制度治理的负担；政党对一些攸关社会发展但存在严重分歧的棘手问题拖延不决或有心无力，导致将来解决问题会面对更大困境。

四、结　论

历经三次政党轮替，台湾形成国、民两党主导、多党并存的政党制度，两个大党相互竞争与制衡成为政治常态。在全球化扩张和信息传播革命普遍削弱政治权威的背景下，台湾民主制度运作的有效性需要能够整合多元利益的共识文化作为支撑。然而，台湾政党政治中长期欠缺合作主义，社会及大众亦因认同分歧出现意识观念冲突，"共识赤字"问题日渐突出。台湾"党争民主"的形态还将延续，蓝绿政党在核心政策上的差异尚难弥合，社会上统"独"意识的对立难以去除，这些都使得短期内消除"共识赤字"欠缺条件。未来一个时期，"共识赤字"问题仍将从负面方向制约台湾政治发展，不利于台湾社会提升治理能力。理论上，只有逐步减少"共识赤字"，分处不同政治光谱的政党才可能缓解互疑和超越分歧寻求合作。共识民主理论主张权力分享（power-sharing）并据此构建制度，提出化解歧见和减少冲突的路径，可为台湾社会解决"共识赤字"问题提供理论借鉴。也就是说，通过逐步修正制度以缓解政党竞争的烈度，来实现更大程度的政治包容和权力分享，以搭积木方式为"共识文化"构建创造条件。当然，付诸实践的关键是推动以鼓励政党朝中间移动的制度变迁，如台湾地区领导人选举采取绝对多数决制，增加"民意代表"选举的比例代表性，建立权责更相符的政治机制等，以此约束"否决政治"和扩大政党合作。

注释：

① Dankwart A. Rustow, "Transitions to Democracy: Toward a Dynamic Model", *Comp arativePolitics*, Vol.2,No.3（April,1970）, p. 337.

② Arend Lijphart, "Negotiation Democracy versus Consensus Democracy: Parallel Conclusions and Recommendations", *European Journal of Political Research* 2002（41）, p. 108.

③ Arend Lijphart, "Consensus and Consensus Democracy: Cultural, Structural, Functional, and Rational-Choice Explanations", *Scandinavian Political Studies*, Vol. 21, No. 2, 1998, p. 99.

④ 李风华：《政治共识：一种新的政治观念研究路径》，《政治学研究》，2012 年第 1 期，第 69 页。

⑤ 周显信、叶方兴：《政治共识：一种政治社会学的分析视角》，《马克思主义与现实》，2012 年第 3 期，第 187 页。

⑥ Gabriel A. Almond, and Sidney Verba, "*The Civic Culture: Political Attitudes and Democracy in Five Nations*", Princeton, NJ: Princeton University Press, 1963, p.5.

⑦ 王为：《台湾社会政治文化结构变迁及其冲突性特征》，《太平洋学报》，2012 年第 2 期，第 14 页。

⑧ Arend Lijphart, "Constitutional Choices for New Democracies", *Journal of Democracy*, Volume 2, Number 1, Winter 1991, pp. 72-73.

⑨ 汪曙申：《行政与立法关系视角下的马英九执政困境分析》，《台湾研究集刊》，2015 年第 4 期，第 14 页。

⑩ Arend Lijphart, "Consociational DemocRacy", *World Politics*, Vol. 21, No. 2（January 1969）, pp. 211-212.

⑪ 朱云汉：《国民党与台湾民主转型》，参见朱云汉等著：《台湾民主转型的经验与启示》，北京：社会科学文献出版社，2012 年版，第 217 页。

⑫ 阿伦·利普哈特：《民主的模式》，北京：北京大学出版社，2006 年，第 225 页。

⑬ 陈星：《台湾民主化与政治变迁——政治衰退理论的视角》，北京：九州出版社，2013 年

版，第 92 页。

　　⑭　Lucian W. Pye, *"Aspects of Political Development"*, Little, Brown and Company, 1966, pp. 46-47.

　　⑮　杨光斌:《让民主归位》，北京：中国人民大学出版社，2015 年版，第 66 页。

　　⑯　朱云汉:《东亚民三困境与当代思维陷阱》，参见朱云汉等著:《台湾民主转型的经验与启示》，北京：社会科学文献出版社，2012 年版，第 302 页。

　　汪曙申，中国社会科学院台湾研究所台美关系研究室副主任、副研究员。

两岸经贸关系转型方向与路径创新

——基于"一带一路"建设视角的分析

王　敏

一、问题的提出

2013 年 9 月及 10 月，国家主席习近平在访问哈萨克斯坦和印度尼西亚时，分别提出共建"丝绸之路经济带"和"21 世纪海上丝绸之路"（即"一带一路"）的倡议，此后亚洲基础设施投资银行（以下简称"亚投行"）等重要机制与平台陆续启动，标志着"一带一路"建设作为新时期中国推动对外经济合作的重要战略举措，已步入全面落实阶段。2015 年 3 月 28 日，国家发改委、外交部、商务部联合发布了《推动共建丝绸之路经济带和 21 世纪海上丝绸之路的愿景和行动①》（以下简称《愿景和行动》），从顶层设计的高度阐明了"一带一路"建设的时代背景、共建原则、框架思路、合作重点、合作机制等关键要素，擘画了"一带一路"建设的美好愿景和落实纲领。

作为台湾最大的贸易伙伴、出口市场、进口来源地及对外投资目的地，大陆自提出"一带一路"倡议之初就引发了台湾岛内工商界的高度关注，特别是大陆发起建立"亚洲基础设施投资银行"（以下简称"亚投行"）获得国际社会广泛支持以来，台湾当局态度日趋积极，并向大陆提出加入的申请。台湾产官学等各界人士多认为，"一带一路"建设作为大陆推动对外经济合作的重要平台，将创造巨大商机，台湾不能错过，必须通过参与的方式分享红利。众所周知，中国大陆对境外国家和地区参与"一带一路"建设始终抱持欢迎的态度，多次强调"一带一路"是开放、包容的发展规划，是"协作曲""交响乐"而非"独奏曲"。②《愿景和行动》也明确提出，"为台湾地区参与'一带一路'建设作出妥善安排"。国台办等部门也在多个场合公开表示欢迎台湾以适当方式参与"亚投行"及"一带一路"建设。在备受海内外高度关注的两岸领导人首次会面上，马英九再次表达参与的意愿，习近平总书记也给予积极的回应，公开表示"愿意首先与台湾同胞分享大陆发展的机遇，欢迎台湾同胞参与'一带一路'建设，也欢迎台湾以适当方式参与'亚投行'"。③ 由此可见，"一带一路"建设有望成为未来推动两岸经济合作乃至两岸关系深化发展的重要平台。

值得深思的是，虽然两岸对于台湾参与与否的大方向已达成高度共识，但对台湾如何参与、怎样参与等具体问题尚没有清晰的规划。尽管岸学界对台湾参与"一带一路"的成果逐步增多，吴福成④（2015）、谭谨瑜⑤（2015）、蔡宏明⑥（2015）等学者都认为台湾是"一带一路"建设不可或缺的重要支撑点，但对台湾的参与更多的是从对台湾经济利益的单方角度出发，对台湾的参与对两岸关系的意义以及参与方式等的研究也很少。本文认为，在当前两岸关系已发生大变局的背景下，在两岸关系发展过程中长期扮演"压舱石"角色的两岸经贸关系也正处于转型的"十字路口"，面临向上提升抑或向下沉沦的重要转折期，迫切需要构筑新的平台以注入新的动力。大陆主导的"一带一路"建设则有望成为两岸经贸关系迈向"升级版"的新路径，推动两岸经贸关系在发展理念、动力机制、合作方式等的创新升级。鉴于此，大陆应以"一带一路"建设为依托，确立两岸经贸关系转型方向，创新两岸经贸关系发展方式，为民进党执政后的两岸关系和平稳定扮演更积极的角色。

二、当前两岸经贸关系面临诸多制约

自20世纪70年代末以来，在经济全球化与区域经济一体化潮流的深刻影响下，两岸经贸关系取得了长足的发展。历经30多年的发展，在全球及两岸政经形势发生深刻复杂变化的背景下，当前两岸经贸关系已步入转型升级的"十字路口"。

（一）两岸贸易与投资增速放缓，两岸经济依存度提升面临"天花板"

台商对大陆投资是过去30多年来两岸经贸关系发展的最主要动力。台商对大陆投资先后在20世纪80年代中后期、90年代初及本世纪初两岸加入WTO等时期形成3波投资热潮，但近些年特别是2005年后，在大陆宏观经济环境变化等因素影响下，台商对大陆投资增速明显放缓，部分年份更连续下滑。虽然根据台湾"投审会"统计，台商对大陆投资金额基本保持较平稳态势，但大陆在台湾对岛外投资的比重一度由最高的 70% 以上趋于下滑，部分年份比重不足 5 成，但同期台湾对越南等东南亚国家和地区投资增速明显。从商务部统计看，大陆实际使用台资金额除 2008 年小幅增长 7% 外，2003—2009 年连续 6 年出现衰退，2010 年受两岸签订 ECFA 带动大幅增长 31.7% 外，2011—2014 年再次出现连续 5 年下滑。[⑦] 与此同时，由于过去台商对大陆投资是拉动两岸贸易的主要力量，台商对大陆投资增速放缓同时也造成两岸贸易增长日渐乏力。根据商务部统计，2000—2004 年，两岸贸易以年均近 30% 的速度快速增长，但 2005 年后增速回落至 20% 以下。2011 年两岸贸易增速更下滑至 10% 以下，2012、2014 年增速分别只有 5.6% 和 0.6%。不少研究指出，这样的增速其实还包含了两岸间存在较大比重的套利等"虚假贸易"，若剔除这些水分，两岸实际贸易增速更低。[⑧] 台湾"国贸局"统计也显示，2000—2004 年，两岸贸易平均增速高达 25% 以上，但 2005 年后，两岸贸易平均增速明显放缓，2005—2012 年平均增速不到 10%，特别是台湾对大陆出口增速明显下滑，2011 年后多为个位数的微幅增速，部分年份甚至出现负增长。[⑨]

在两岸贸易与投资增速下滑的背景下，两岸经贸依存度也出现稳中略有下降的趋势。近年来台湾对大陆进口依存度有所增加，2003—2014 年由 10.1% 上升至 18.1%，自 2013 年起大陆（含香港）超过日本，成为台湾最大进口来源地，但台湾对大陆出口依存度却有所下滑，由 2009 年的 41.1% 滑至 2014 年的 39.7%，而同期东盟的比重由 14.8% 升至 18.7%。自 2007 年后，大陆在台湾对外贸易的依存度始终在 29% 左右，在台湾出口版图中的份额也始终在 40% 左右（见图 1），这显示当前两岸经贸依存度特别是台湾对大陆经贸依存度似已面临"天花板"，若无新的动力注入，台湾对大陆经贸依存度可能将继续徘徊甚至出现下降势头。

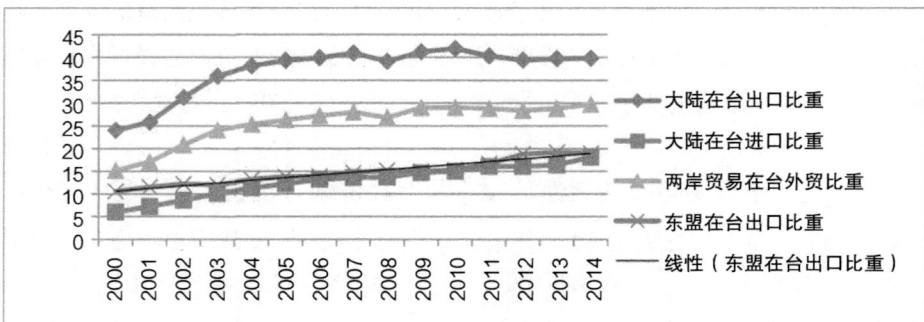

图 1　2000 年以来台湾对大陆经贸依存度变化

资料来源：作者根据台湾贸易统计年报绘制而成

（二）全球及两岸各自经济加快转型，既有的两岸经济合作方式面临挑战

两岸经贸关系是开放的经济体系，既是两岸各自经济系统互动演化的产物，也根植于全球经济和产业分工网络。过去两岸经贸关系得以快速发展，与两岸经济要素互补性强等因素密不可分，更与经济全球化与区域经济一体化潮流背景下世界经济体系深度调整的时代大背景息息相关。但近些年来，全球与两岸经济转型加快，使既有的两岸经济合作方式面临挑战：首先，两岸经济合作的最终市场欧美经济难以像过去那样快速扩张。两岸经贸关系作为以大陆为核心的东亚生产网络体系的重要组成部分，过去发展主要是台资利用大陆廉价劳动力、土地等生产要素加工出口欧美市场。虽然目前欧美占台湾对外出口市场的份额仅约 2 成左右，但若考虑到经大陆及东盟的间接出口，欧美占台湾对外出口的最终份额高达 6 成以上。⑩ 当前，全球经济形势依然复杂多变，世界经济增长动力不足，其中发达国家经济分化态势明显，美国经济虽已迈上复苏轨道，但美国相继推动"出口倍增"等计划，竭力推动对外出口和贸易平衡，欧盟、日本等经济则继续陷入泥沼中。其次，在后国际金融危机的背景下，世界经济发生深刻变革，金融危机前以"美国搞金融、中国搞制造"为代表的世界产业分工格局步入重组期。欧美发达国家纷纷推动"先进制造伙伴（AMP）""工业 4.0"等计划以抢占未来高端制造业的制高点。过去两岸以电子信息等制造业为主体的产业合作结构面临更大挑战。再次，两岸各自经济也步入新一轮转型升级期，对两岸经贸关系产生深远影响。近年来台湾经济转型升级面临严峻挑战，陷入"闷经济"困境，台湾当局推出"生产力 4.0"的新战略。大陆经济也已步入"新常态"，经济增速放缓、产业结构加快升级以及推动实现包容性增长已将成为未来大陆经济发展的主要特征。大陆推出"中国制造 2025"等计划，客观上将加速提升大陆在全球产业链上的地位，但也造成两岸产业的竞争性趋于增强，给台湾产业造成不小的竞争压力。最近一段时期，"红色供应链"引发台湾岛内高度关注，对未来两岸经贸关系产生复杂影响。

（三）民进党上台后两岸制度性经济合作很可能将陷入停滞乃至倒退局面

自 2008 年两岸关系迈入和平发展的新时期后，两岸在坚持"九二共识"和反对"台独"的共同政治基础上重启会谈，先后举行 11 次会谈，签订 23 项协议，特别是两岸签订了具有重要里程碑意义的经济合作框架协议（ECFA），有

力推动了两岸经贸关系的正常化、制度化与机制化进程。当前，两岸关系正处于重要的十字路口，面临方向性的抉择：首先，民进党在2016年"大选"中大获全胜，不仅赢得地区领导人，同时也在台湾立法机构中占据主导地位。由于民进党顽固坚持"台独"、否认"九二共识"，民进党完全执政后，过去两岸建立在共同政治基础上的制度性经济合作很可能将停滞，两岸经贸合作也将面临倒退的巨大风险。其次，蔡英文在选前提出"经济发展新模式"的政见，宣称将降低对单一市场（暗指大陆）的依赖，推动"新南向政策"和加入跨太平洋伙伴关系协议（TPP），这显示蔡英文的经济合作路线充斥着强烈的"拒斥大陆、倒向美国"的色彩。[11]若这一政见在岛内实施，无疑将对两岸经贸关系产生严重冲击。再次，台湾民意对两岸经贸合作的态度也出现微妙复杂变化。过去深化两岸经贸合作始终获得岛内绝大多数民意的支持，但随着近年来台湾经济低迷、两岸经济竞争性增强及民进党的抹黑，当前两岸经贸合作却被污名化为"两岸政商集团""两岸买办获利"，导致两岸经贸关系面临着越来越大的民意挑战。

三、"一带一路"是两岸经贸关系升级的重要依托

面对深度变革中的两岸经贸关系，构建相应的制度平台注入活力显得尤为必要。当前大陆大力推动的"一带一路"建设有望为两岸经贸关系转型提供强大的动力，若两岸善用这一平台与机制，有望推动两岸经贸关系在发展理念、动力机制、合作模式等领域升级。

（一）发展理念升级：增量、协助、分享

2008年以来，两岸经济合作虽然给台湾经济及民众带来了巨大的红利，但由于多种因素的制约，两岸经济红利未能公平分配至岛内各阶层，导致不少普通民众对两岸经济合作"无感"，少数民众在岛内绿营势力的蛊惑下更产生"两岸经济合作对其利益有害"的错误认知。[12]在此背景下，推动两岸经贸红利更公平分配对于未来两岸经贸关系健康长远发展无疑具有重要的现实意义。借助"一带一路"建设这一平台推动两岸经贸合作，将进一步丰富两岸经贸合作的理念，推动两岸经济合作协调持续发展。

首先，推动两岸经济发展方式由过去的以"存量"为主，即主要聚集于挖掘两岸自身经济合作潜力的思维，向"增量"的思维方式转变，即两岸携手共

同开拓"一带一路"沿线国家和地区市场。当前,两岸经济合作面临越来越大的阻力,继续沿用过去的"存量"的思维方式效果不彰,特别是民进党2016年上台后,两岸既有的制度性经济合作方式无法推动。但若两岸经济合作的重心由过去的两岸逐渐转向第三地,即两岸通过加强产业合作,共同开拓第三地市场,不仅可以更大限度地实现资源优势互补,也可以在深化两岸经济合作前提下减少台湾岛内疑虑,增强两岸经济合作动力,推动两岸深化经济合作与携手共同开拓第三地市场的良性循环。

其次,推动两岸从过去的"单打独斗式"即"兄弟登山、各自努力"的第三地合作方式走向"母鸡带小鸡",即大陆协助台湾,带领台湾走向国际市场。当前,在大陆以外的境外市场上,两岸企业间合作的广度和深度都不够,台湾不少企业在第三地市场经营时更愿意与美日等企业合作。如不少台湾企业选择与日本新干线合作进军东南亚市场抢占高铁订单,这客观上对大陆与日本的高铁竞争及两岸关系带来不利影响。[13]当前中国大陆在"一带一路"建设沿线国家和地区推动建设许多工程项目,其中不少项目台湾企业均有相当大的比较优势,若两岸通过合作,发挥"CHAIWAN"(大陆加台湾)[14]效应,无疑让两岸业者分享更大"蛋糕",强化大陆对台湾企业发展的拉动效果,实现"两岸共同合作,共赚全球钱"的目标。

再次,推动两岸经济合作由"拒斥式"的思维向"共享式"的方向升级。"一带一路"建设是包容、共享的发展倡议,摒弃过去传统的"零和博弈"的冷战思维,强调兼容并蓄,互利共赢。过去受两岸政治互信不足的制约,大陆对台湾积极发展与其他国家和地区经济合作关系的抱持疑虑,担心台湾当局借机大做政治文章;台湾对自身经贸依赖大陆也高度忧虑,力图发展与其他经济体合作来分散所谓的经济与政治风险。这种拒斥式的经济思维不仅对两岸经贸关系发展产生不利影响,也在相当程度上损害两岸政治互信。台湾若积极参与大陆主导的"一带一路"建设,不仅能满足其对参与区域经济合作的愿望,同时也可与大陆分享商机,深化两岸经济合作,增进两岸政治互信,推动两岸经济合作思维迈向共享式。

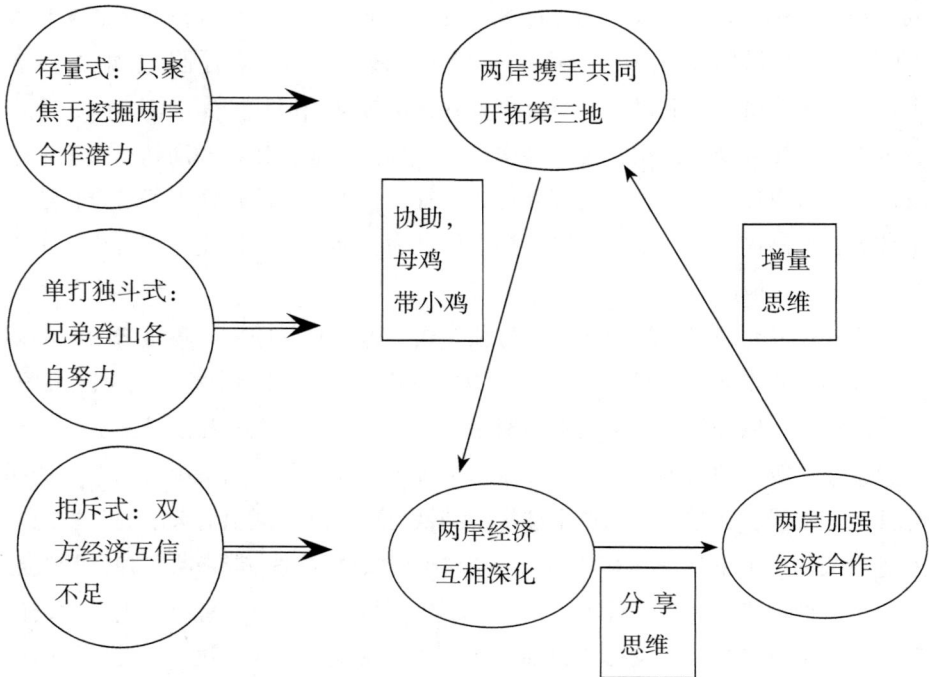

图2 "一带一路"促进两岸经贸关系发展理念升级

图片来源：作者自绘

（二）动力机制升级：由主要依赖欧美市场迈向更多元化的驱动机制

当前，虽然大陆已成为台湾最大的贸易伙伴、出口市场及进口来源地，但欧美市场仍是两岸经贸关系发展的最主要动力。大陆虽然在两岸经贸关系中扮演着越来越重要的角色，但与欧美相比仍存在不小的差距。2009年爆发的国际金融危机就是最典型的例证。2009年台湾对美国直接出口下滑23.5%，该年大陆在"4万亿"计划等刺激下，经济成功"保8"，然而当年台湾对大陆出口并未同步增长，相反大幅衰退16%。[15]这显示美国仍是台湾的最主要最终市场，美国经济下滑直接导致内需减弱，传导至两岸经贸关系，造成台湾对大陆出口大幅衰退。这种高度依赖于欧美的动力机制与过去欧美占主导的全球经济格局息息相关，有其存在的现实逻辑，但随着后国际金融危机时期世界经济的再平衡，这种高度依赖欧美市场的动力机制不仅难以为继，而且也具有较高的风险。"一带一路"建设有望为两岸经贸关系增加更多动力，促进两岸经贸合作的驱动机制更加多元化。

首先，"一带一路"沿线国家和地区多为新兴市场，将可为两岸经贸合作创造巨大经济红利。"一带一路"建设贯穿欧亚大陆，一头是活跃的东亚经济圈，另一头是发达的欧洲经济圈，中间广大腹地国家和地区经济发展潜力巨大。据初步统计，"一带一路"建设沿线65个国家和地区（"一带一路"是开放的，不限于这65个）多为发展中经济体，人口占全球的63%，但经济总量只占全球的29%，经济发展空间巨大。⑯这些经济体对发展对外经济合作意愿较强，在基础设施建设等领域资金需求很大。除东南亚、欧盟等地区外，"一带一路"沿线主要国家和地区不仅与大陆经济联系较少，与台湾的贸易、投资往来也很少，很多地区都是台商投资的"处女地"（见表1）。若台湾通过参与亚投行及"一带一路"建设，可在大陆的协助下通过两岸合作的方式拓展这些地区商机，进一步密切台湾与这些地区经贸关系。

其次，提升大陆在两岸经贸关系发展中的"引擎"地位。过去两岸经贸关系之所以能快速发展，欧美经济扮演着十分重要的"火车头"角色。虽然大陆近年来在两岸经贸关系中的地位逐渐提升，但角色与作用还不能与欧美相提并论。"一带一路"建设不仅是大陆所实施的对外经济战略，也与大陆内部的长江经济带、京津冀协同发展、自贸区等区域发展战略充分对接，可谓内外联动、协调发展的规划。目前，大陆许多省市都明确提出以"一带一路"建设为依托，推动区域经济转型发展。台湾参与"一带一路"建设不仅可与大陆一起"走出去"，也能借此实现"走进去"，全面融入大陆区域发展战略与规划，增强大陆市场对两岸经贸关系的发展动力。

表1 2014年台湾与"一带一路"沿线主要国家地区的贸易暨投资概况

单位：亿美元，%

国家／地区	贸易额	占台湾外贸比重	台湾对其累计投资额	占台湾对海外投资（不含大陆）比重
东盟	936.4	15.9	241.43	26.3
南亚5国	85.75	1.46	2.39（印度，其他国家数据无）	0.3
波斯湾8国	441.77	7.51	/	/
中亚5国	1.4	0.02	/	/
南太平洋7国	133.82	2.3	35	3.9
欧洲	509.4	8.7%	39.8	4.4

注：南亚包括印度、巴基斯坦、孟加拉、斯里兰卡、马尔代夫，波斯湾包括伊朗、伊拉克、科威特、

阿曼、卡塔尔、沙特、阿联酋、巴林；中亚包括土库曼斯坦、哈萨克斯坦、乌兹别克斯坦、吉尔吉斯斯坦和阿富汗，南太平洋包括澳大利亚、新西兰、巴布亚新几内亚、斐济、汤加、萨摩亚、瓦努阿图
资料来源：台湾2014年对外经贸发展概况及投资统计年报

（三）合作方式的升级：多层次的合作体系的形成完善

自20世纪70年代末以来，两岸经济合作取得了令外界高度瞩目的成就，主要体现在市场与制度两大层面。在市场层面，两岸民间的经贸往来突破台湾岛内重重阻力，使两岸贸易、投资等领域的功能性合作达到前所未有的新高度。在制度层面，2008年以后两岸在坚持"九二共识"、反对"台独"的共同政治基础上推动经济合作，签署了包括ECFA在内的23项协议，有力促进了两岸经贸关系制度化与机制化进程。台湾参与"一带一路"建设，有望进一步充实和完善目前两岸经济合作体系，并为未来岛内可能政治变局后深化两岸经济合作预留一定空间。

首先，丰富两岸"官官合作"层次与体系。2008年以来，两岸"两会"重启会谈，同时根据ECFA规定，在"两会"框架下成立的两岸经济合作委员会也成为推动两岸经济合作的主要平台。台湾若参与"一带一路"建设，两岸可能在两岸经合会下成立专门的参与小组，推动台湾经济发展与大陆"一带一路"建设的对接合作，同时台湾若加入亚投行、丝路基金等相关机制，有望为两岸公权力部门更多的沟通交流搭建更多平台与机制。

其次，推动两岸"官民合作"与"民民合作"。"一带一路"建设以推动"五通"（政策沟通、设施联通、贸易畅通、资金融通、民心相通）为路径，重在促进大陆与境外地区的互联互通，合作主体不仅包括政府部门，也涵盖国企、民企等。若台湾深度参与"一带一路"建设，即使岛内发生政党轮替，两岸"官官合作"的管道被迫中断，两岸完全可以利用"一带一路"建设及相关机制培育新的合作方式，"官民合作"（大陆官方与台湾民间的合作）、"民民合作"（两岸民间企业间合作）的新模式将不断涌现。这将为两岸经贸关系继续保持平稳发展、增进两岸民众福祉提供有效保障。

四、"一带一路"建设视阈下推动 两岸经贸关系转型升级的路径选择

当前，在过去既有的两岸制度性经济合作平台很可能停摆等背景下，大陆

应致力于利用好"一带一路"这一平台，稳步深化两岸经济合作，探索新路径，为两岸经贸关系转型升级及台湾同胞优先分享大陆改革红利创造更多条件。

（一）两岸应在公权力合作的基础上，将以

"五通"为核心的两岸互联互通为未来两岸经贸关系"升级版"的标杆 "一带一路"建设作为大陆主导的对外经济合作战略，公权力部门在其中扮演着十分重要的角色。台湾要真正参与"一带一路"建设，分享实质红利，两岸公权力部门的对接不可或缺。大陆明确提出，将以"五通"为核心推动"一带一路"建设，台湾若真正参与，应主动融入"一带一路"的总体规划，[⑰] 特别是"21世纪海上丝绸之路"建设，这无论从地缘抑或是经济、文化等层面均具有很高的合理性。推动两岸"五通"建设，需要两岸公权力部门相向而行，加强沟通与协作。从"五通"的内容看（见表2），"五通"的标准与过去大陆所倡议的两岸"三通"不可同日而语。"三通"可谓两岸经贸关系的正常化水平，而"五通"可以说是两岸经贸关系制度化、机制化与自由化达到很高阶段的水平，应成为未来两岸经贸关系"升级版"的标杆。

表2　两岸"五通"建设主要内容

五通	政策沟通	短期内推动两岸产业政策、货币政策、贸易政策、对外经济政策等宏观经济政策协调；长期推动两岸经济发展总体规划的对接及共司经济治理机制的建立
	设施联通	促进两岸基础设施互联互通，加快京台及昆台高速建设，推动海峡隧道建设及两岸高铁等连接，加快两岸自来水、电力等基础设施对接，推进两岸港口、航空等资源整合与聚落的形成
	贸易畅通	推动两岸服务贸易协议的生效实施，适时签订两岸服贸协议补充办议，同时加快两岸货物贸易协议谈判，力争签订高水平协议，促进两岸人员、资金等无障碍流动及往来
	资金融通	推动两岸货币更便捷双向流通，利用人民币国际化的契机，推动台湾成为新的"人民币离岸中心"，长期则促进两岸货币融合，共推"中匡元"或"中华元"等两岸统一货币符号的形成
	民心相通	推动两岸文化、社会等领域交流合作，共建"两岸命运共同体"，追求两岸同胞间心灵的契合

资料来源：作者根据构想绘制而成

（二）搭建多层次平台体系，为台商融入"一带一路"建设提供有力支撑

台湾参与"一带一路"建设需要两岸相关部门搭建相应的平台。鉴于岛内可能发生政党轮替，大陆应从两岸关系大局出发，建立起为台湾民众谋福祉的相关机制与平台：一是两岸"两会"可在坚持"九二共识"、反对"台独"的共同政治基础上，在两岸经济合作委员会下设立两岸参与"一带一路"建设等小组，共商两岸合作方式与路径。二是若岛内发生政治变局，两岸既有的经济合作机制将很可能被迫中断，但大陆可单方面在相关的职能部门下设立小组，出台专门政策，欢迎台湾企业尤其是"三中一青"群体参与。三是大陆应善用自贸区等平台，特别是发挥好福建自贸区的优势。福建自贸区是新时期大陆倾力打造的首批自贸区，是"深化两岸经济合作的示范区和建设21世纪海上丝绸之路的核心区"。大陆应利用好福建自贸区，发挥好其作为制度创新试验田的作用，鼓励台商利用福建自贸区这一"跳板"参与"一带一路"建设。此外，"一带一路"沿线国家和地区基本均与大陆建交，大陆驻外使馆、贸促会等机构可专门建立相应的平台与机制，为台商在当地投资或两岸合作共同投资提供政策支持、涉外保护等"公共产品"。

（三）采取试点方式，加强两岸在境外基础设施建设、工业园区等领域合作

目前，大陆为推动"一带一路"建设，已明确提出将推进中蒙俄、新亚欧大陆桥、中国—中亚—西亚、中国—中南半岛、中巴（基斯坦）、孟中印（度）缅（甸）等6大经济合作走廊建设。[⑱]笔者认为，两岸可从发挥两岸各自比较优势的角度出发，选择部分经济走廊，以试点方式推动两岸合作。在这6大经济走廊中，可率先推动两岸在中国—中南半岛及孟中印缅等两大经济走廊合作，主要原因在于东南亚及南亚地区与两岸地缘关系都较为密切，近年来经济发展较为迅速，且是台商极力拓展的新兴地区之一。两岸可率先在高铁、核电、能源等领域加强合作，如发挥台湾在高铁等工程服务、管理等方面的优势，推动两岸以投资联合体等形式联手争夺高铁订单，同时在大陆目前主导建设的境外工业园区中充分吸收部分有管理等优势的台企参与，特别是可吸收过去台商在东南亚部分国家和地区建设的工业园区营运和管理的经验，推动两岸在境外工业园区建设、管理等领域的交流合作，推动两岸在境外地区携手合作，共同开拓境外市场。

（四）积极应对两岸共同参与"一带一路"衍生的相关风险

毋庸讳言，大陆推动"一带一路"建设也面临着诸多的风险，这些风险既有经济层面的，也涵盖地缘政治、民族、宗教文化等领域。对两岸共同参与"一带一路"建设而言，也存在更多的不确定性。首先，从经济层面看，台湾中小企业实力较强，在海外市场也很活跃，但若参与"一带一路"建设中的工程建造等基础设施建设又存在"先天性不足"，参与的能力不够、风险很高。

其次，从政治风险看，民进党上台后，两岸关系很可能陷入"冷和平"的局面，马英九当局虽然提出加入亚投行的申请，但民进党上台后很可能出于"捍卫主权"等考虑放弃参加，这将极大增加台湾岛内业者参与"一带一路"的风险。此外，两岸在民进党上台后可能缺乏类似两岸经济合作委员会等的机制，两岸在参与"一带一路"建设等将也缺少沟通、对接的平台。如何规避这些风险、极大化参与"一带一路"建设的利益将成为考验两岸中国人智慧的重要课题。

注释：

① 《推动共建丝绸之路经济带和 21 世纪海上丝绸之路的愿景和行动》，商务部网站，2015 年 4 月 9 日，http://www.mofcom.gov.cn/article/i/jyjl/l/201504/20150400933572.shtml，2015 年 12 月 12 日检索。

② 《王毅："一带一路"不是中方"独奏曲"而是各国"交响乐"》，国务院新闻办公室网站，2015 年 3 月 9 日，http://www.scio.gov.cn/ztk/wh/slxy/31200/document/1396107/1396107.htm，2015 年 12 月 15 日检索。

③ 《习近平同马英九会面》，《人民日报》，2015 年 11 月 8 日，第 1 版。

④ 吴福成：《细说"一带一路"》，台湾：《产业》，2015 年第 5 期；《"一带一路"战略政策对台湾企业的机会与挑战》，台湾经济研究院网站，http://www.tier.org.tw，2016 年 2 月 20 日检索。

⑤ 谭瑾瑜：《一带一路与亚投行战略下台湾因应之道》，台湾："国家政策研究基金会"，http://www.npf.org.tw/3/15173，2016 年 2 月 20 日检索。

⑥ 《蔡宏明：台湾应耐心期待"一带一路"商机》，香港：中评网，2015 年 11 月 29 日，http://www.zhgpl.com/crn-we-bapp/touch/detail.jsp?coluid=5&docid=104023285，2016 年 2 月 20 日检索。

⑦ 商务部台港澳司：《大陆与台湾贸易、投资情况》，商务部台港澳司网站，http://tga.mofcom.gov.cn，2016 年 2 月 20 日检索。

⑧ 王敏：《2014 年两岸经贸关系克难前行》，华广网，2015 年 1 月 6 日，http://www.chbcnet.com/pl/content/2015-01/06/content_1033939.htm，2016 年 2 月 20 日检索。

⑨ 《2014 年对外贸易发展概况》，台湾"国贸局"网站，www.trade.gov.tw，2016 年 2 月 20 日检索。

⑩ 王敏：《两岸服务业合作与两岸经贸关系转型升级》，《现代台湾研究》，2014 年第 2 期。

⑪ 王敏：《蔡英文"经济发展新模式"将加剧台湾经济发展困境》，香港：中评网，2015 年 8 月 20 日，http://www.crntt.com/doc/1038/9/3/6/103893614.html?coluid=7&kindid=0&docid=103893614&mdate=0820004902，2015 年 2 月 10 日检索。

⑫ 王敏：《2014 年两岸经贸关系回顾与展望》，《现代台湾研究》，2015 年第 1 期，第 17 页。

⑬ 《马英九抛新构想：台日合作高铁输出亚洲》，香港：中评网，2015 年 9 月 30 日，http: //2fmgb. chinareviewnews. com/doc/1039/4/8/5/103948549 _4.html? coluid=93&kindid=2910&docid=103948549&mdate=0930010033，2016 年 2 月 20 日检索。

⑭ "Chaiwan" 效应是两岸（大陆和台湾）英文的合称，最早由韩国媒体发明，意指两岸合作发挥巨大效应，给韩国产业造成很大压力。

⑮ 《2010 年对外贸易发展概况》，台湾"国贸局"网站，2011 年 5 月 16 日，http: //www. trade. gov. tw/Pages/Detail. aspx? nodeID=1340&pid=511454&dl _DateRange=all&txt _SD=&txt _ED=&txt _Keyword=&Pageid=0，2015 年 12 月 1 日检索。

⑯ 王义桅:《"一带一路"为何如此受欢迎？》，《人民日报》（海外版），2015 年 12 月 8 日，第 1 版。

⑰ 王敏:《台湾参与 21 世纪海上丝绸之路的战略构想与可行路径》，《亚太经济》，2015 年第 1 期。

⑱ 《我国将推进"一带一路"六大经济合作走廊建设》，中华人民共和国中央政府网站，2015 年 9 月 23 日，http:// www. gov. cn/xinwen/2015-09/23/content _2937361. htm，2015 年 12 月 12 日检索。

王敏，中国社会科学院台湾研究所经济研究室助理研究员，两岸关系和平发展协同创新中心成员。

战术性"三不"政策：
"双重战略困境"下的美国两岸政策

信　强

随着民进党在 2016 年 1 月台湾"二合一"选举中大获全胜，赢得地区领导人和"立法院"选战，实现"全面执政"，岛内政局出现重大变化。由于民进党始终拒绝接受"九二共识"，坚持"台独"立场，导致两岸关系势必进入紧张与摩擦不断的多事之秋。在两岸关系即将发生重大转折之际，美国的两岸政策则在"双重战略困境"的困扰和制约之下，开始出现战术性调整，从而势必会对未来台海局势产生重大影响。

一、美国"双重战略困境"解析

美国的两岸政策无疑是影响台海局势发展的最大的外部因素。作为多年来深度介入台湾问题的超级大国，美国利用两岸之间的固有矛盾，翻手为云，覆手为雨，谋求其在西太平洋地区战略利益的最大化，也严重阻挠和迟滞了两岸走向和解与统一的进程。但是，随着国际战略形势的不断演变，美国在台海的政策行为面临着日益凸显的"双重战略困境"，限缩着美国在台海问题上的政策空间。

美国的"双重战略困境"主要体现在两个层面。其一是在全球战略层面，美国作为利益遍及全球的超级大国，一度凭借其冷战后一超独霸的强大国力，在全球四处出击。但是随着其国力的相对衰落，美国已经无法同时兼顾多个战略区域，如欧洲、中东、亚太等地区，更加不能保证足够的战略资源投入，进而亦无法在多个战略区域均保持明显的战略优势。

具体而言，首先，因俄罗斯吞并克里米亚以及中东地区"伊斯兰国"的兴起，导致美国不得不在欧洲和中东两大利益攸关的区域，同时面对两场地缘政治危机。自普京 2012 年再次出任总统以来，采取了一系列措施维护俄罗斯地缘战略利益，强力回应以美国为首的西方国家对俄的战略挤压，力图重振俄罗斯的大国雄风，由此导致俄美关系纷扰不断。而 2014 年乌克兰危机的全面爆发，尤其是俄罗斯以公投方式合并克里米亚之举，导致美欧日联手在经济、政治、外交和安全领域对俄罗斯施加强大压力，试图迫使俄罗斯做出战略让步。

例如在经济和金融领域，美欧在 2014 年 3 月克里米亚"公投入俄"之后，随即启动了对俄多轮严厉的制裁措施。在 2015 年 11 月于土耳其召开的 20 国集团峰会上，美欧又决定将对俄经济制裁再延长 6 个月，直至 2016 年 7 月为止。在制裁的压力下，2015 年俄罗斯卢布大幅贬值，GDP 为负增长 3.7%，导致俄罗斯蒙受了巨大的经济损失。在外交领域，美欧等国在 2014 年 3 月强硬抵制俄罗斯索契 G8 峰会之后，又宣布将俄罗斯"开除出"八国集团。2014 年 9 月 16 日，欧盟不顾俄罗斯的强烈反对，与乌克兰签署"伙伴关系协定"，使得乌克兰由此获得欧盟"准成员资格"。在军事和安全领域，北约开始在波罗的海地区部署重型武器，连续在乌克兰境内举行大规模军事演习，并着手向乌克兰提供先进的武器装备，将北约的战线直接前推至俄罗斯的"家门口"。2015 年 8 月，在美国的主导下，北约启动了冷战结束以来最大规模的联合空中演训，以应对俄罗斯"日益增强的侵略行动"。10 月 3 日，北约以乌克兰危机为背景，举行名为"三叉戟接点"的军事演习，这也是北约有史以来举行的最大规模的军事演习。面对美欧西方国家阵营的抵制和打压，俄罗斯也针锋相对，2015 年 12 月 31 日，普京总统签署新版"国家安全战略"，首次明确将美国以及北约视为俄政治对手和安全隐患，并通过举行军事演习、导弹试射、军机抵近拦截等方式，捍卫自身的安全边界和战略利益。如此种种，导致美俄关系跌入冷战结束以来的冰点，陷入高层交往基本冻结、经济往来几乎中断、政治和安全互信极度缺失的状态，并且很难在短期内得到缓和。

此外，中东乱局则进一步恶化了美国的全球战略困境。自小布什政府出兵伊拉克，推翻萨达姆政权之后，中东地缘政治格局出现剧烈变化，传统的地缘战略平衡被打破，至今无法得到恢复，并衍生出一系列安全威胁，其中最严重的恶果之一便是迄今依然烽火不断的叙利亚内战。更令美国始料未及的则是恐怖主义势力"伊斯兰国"（Islamic State）的迅速壮大。受益于持续多年的中东乱局，以及美国和部分中东国家的纵容和默许，"伊斯兰国"这一极端恐怖主义"怪胎"在数年间得到了迅速发展，不仅在叙利亚和伊拉克攻城略地，而且在中东乃至全球发起肆无忌惮的恐怖主义袭击,成为危害地区乃至全球安全的毒瘤。叙利亚冲突的延烧,伊拉克局势的持续动荡,"伊斯兰国"的猖狂肆虐,使得逊尼派和什叶派之间的冲突、宗教极端主义与世俗化力量的较量被逐步引爆,有可能瓦解本已十分脆弱的中东地缘政治与安全格局。此外,中东战乱的影响已经开始向其他地区外溢,引发灾难性的连锁反应,其中尤以难民危机为最。面对中东乱局,美国陷入进退维谷的窘境,2015 年 10 月 31 日,奥巴马总统被迫违背最初的"不出兵"承诺,授权派遣"少于 50 人"的特种部队赴叙利亚,协调和训练当地反对派武装打击"伊斯兰国",这也是美国首次派遣部队进入叙利亚地面战场。2016 年 4 月 25 日,奥巴马宣布再向叙利亚派遣 250 名特种部队士兵,帮助当地武装获得更多的美军近距离空中支援,这是自叙利亚内战以来美国最大的一次地面增兵计划,意味着美国很难如愿从中东"全身而退"。

近年来,美国战略界对亚太地区的重视与日俱增,并且宣布了雄心勃勃的"重返亚太"战略,试图将其战略重心,尤其是军事和经济重心,转向迅速发展的亚太地区,以巩固美国在该地区的主导地位,进而维护美国在全球的霸权。但是乌克兰危机导致美俄交恶,使得欧洲安全局势在后冷战时代首次成为美国最为紧迫的关注,美欧与俄罗斯的安全博弈将长期存在,甚至不排除在一定的情势下进一步升级和恶化。战火纷飞的叙利亚,陷入无政府状态的利比亚,动荡不已的也门,教派厮杀不断的伊拉克,使得中东有可能再次成为地缘政治的火药桶,危及美国对该地区的传统影响力和控制力,如此种种,均在不同程度上干扰了美国进行全球战略调整的节奏,阻碍了美国有效推动"亚太再平衡"战略的步伐。虽然美国依然试图主导全球事务,维护其全球利益,但是此起彼伏的危机,对国力日渐捉襟见肘的美国提出了严峻的考验,并且令美国陷入顾此失彼的战略困境。

美国"双重战略困境"的第二个层面体现在中美关系层面。近年来,随着中国国力的迅速发展,美国战略界对于中国的崛起和未来发展方向的担忧日益加剧,并且通过力推"亚太再平衡"战略,与中国展开激烈的战略竞争。但是与此同时,美国也深切地认识到,中美之间存在着巨大的共同利益,如果无法实现与中国的战略协调与合作,美国将无法应对和解决一系列共同的挑战和威胁,最终将损害美国的国家利益,从而导致中美既竞争又合作的"竞合"状态成为新常态。

就中美战略竞争而言,其中最为显著的无疑当属两国在西太平洋地区的地缘战略博弈。例如在东海方向,美国利用因钓鱼岛问题而不断升温的中日摩擦,调整和强化美日同盟，借机增强在日本的前沿军事部署。同时美国还积极鼓励安倍晋三政府突破"战后体制"，推动日本加强自身军力建设，解禁集体自卫权，修改"武器出口三原则"，出台"新安保法案"，力图使日本成为美国在西太平洋围堵和牵制中国的一张王牌。

又如在南海方向，中美更是展开了激烈的地缘政治较量。针对中国在南海所控岛礁的陆域吹填作业，美国以维护"航行自由"为名，不断向中国发起挑衅。2015年10月27日，美国海军"拉森"号宙斯盾导弹驱逐舰以维护"航行自由"为名，驶入南沙渚碧礁和美济礁12海里范围内巡航。[1]11月2日，五角大楼公然宣称，美军将每季度两次派遣军舰进入中国南海岛礁12海里范围内开展巡航，意味着美军的挑衅行为将趋于常态化和制度化。11月5日，美国国防部长阿什顿·卡特（Ashton Carter）登上正在南海巡弋的"罗斯福"号核动力航空母舰，公然指责中国"试图破坏地区稳定与力量均衡"。[2]11月7日，卡特明确将中俄两国视为"潜在的威胁"，声称美国将坚定推行"亚太再平衡"战略，以应对中国"试图改变地区现状"的海上行动。[3]11月8日，美军派遣两架B－52战略轰炸机飞抵中国在南海施工的岛礁周围空域。12月10日，美军两架B－52战略轰炸机"误入"中国南海华阳礁上空两海里范围之内。2016年1月，美菲两国开始在南海展开首次"联合巡航"。2月，美国"柯蒂斯·威尔伯"号宙斯盾驱逐舰驶入中国西沙群岛的中建岛附近海域，执行所谓的"自由航行"任务，这是数十年来美国首次派遣军舰进入西沙海域进行挑衅。4月，规模近万人的美菲"肩并肩"联合军事演习在南海开锣，在演习结束之际，防长卡特登上参加军演的"约翰·斯坦尼斯"号航空母舰，再次指责中国"导致地区局势紧张"，宣称军演过后部分美军将留驻菲律宾，以"帮助维护地区安全与稳定"。[4]如此种种，表明美国为了维护其在西太平洋地区的海洋霸权，遏制中国向海洋方向的拓展，不惜从幕后走上与中国直接对抗的前台。

但是值得注意的是，尽管中美在东海和南海已经拉开了地缘政治利益博弈的序幕，两国之间在经济、贸易、金融、社会、人文交往等方面的交流合作却日渐加深，相互依赖程度不断提高。2015年，中国首次成为美国最大的贸易伙伴，两国贸易总额接近5600亿美元，充分显示了中美共同利益的不断扩大。[5]在诸多非传统安全领域，两国也取得了颇为丰硕的合作成果。例如在打击恐怖主义暴行方面，2015年11月19日，"伊斯兰国"残忍杀害了一名中国人质和一名挪威人质。12月2日，一对效忠"伊斯兰国"的美国夫妇在加州制造枪击事件，导致14人丧生，17人受伤。14日，奥巴马总统在五角大楼发表讲话，明确表示美国将与中国等国合作，"以前所未有的力度"对"伊斯兰国"极端组织展开军事打击。27 日，中国通过了有史以来首部《中华人民共和国反恐怖主义法》，赋予中国军人在国外采取军事行动的权利。面对恐怖主义这一全人类的公敌，中美积极合作，推动建立国际反恐统一战线，联手对日益猖獗的暴恐犯罪活动展开打击。

又如针对全球气候变化问题，作为全球最大的两个温室气体排放国，近年来中美两国元首在多次会晤中均明确承诺致力于节能减碳，并推动国际社会采取联合行动。[6] 在 2015 年 11 月召开的第 21 届巴黎"联合国气候变化大会"上，中美两国携手合作，努力促使国际社会达成一个全面、均衡、有力度、有约束力的气候变化协议，最终推动《联合国气候变化框架公约》近 200 个缔约方一致通过了《巴黎协议》，该协议的圆满达成再次彰显了中美合作对于应对全球性挑战的重要性和不可或缺。

伴随着中国军事现代化进程尤其是远洋海军的迅速发展，为了捍卫国家主权和领土完整，中国大陆近年来在东海和南海采取了一系列积极的应对措施，激化了美国对中国的战略疑虑，进而对中国加以战略围堵和牵制，也使得中美关系中对抗和竞争的一面得到凸显。但是鉴于中美拥有广泛而且重大的共同利益，包括维持全球经济增长、确保全球金融秩序的稳定、维护地区和平与安全、应对恐怖主义以及气候变化等非传统安全挑战等，美国又不得不与中国展开战略协调与合作。因此，如何维持两国"竞争"与"合作"之间的微妙平衡，在中美摩擦加剧的情况下保持合作，同时竭力避免发生直接冲突，成为美国必须严肃面对的两难课题。[7]

二、战术性"三不"：
"双重战略困境"下的美国两岸政策

在上文所述双重战略困境的制约之下，面对岛内政局的变化，美国的两岸政策制定面临着棘手的难题。一方面，美国为了维护其在西太平洋的地缘政治利益，保持对中国大陆的安全威慑，牵制中国大陆崛起的进程，不可能"放弃"台湾这枚战略棋子，或是大幅度减弱对台湾在各个领域的支持。随着中美在西太平洋地区地缘政治竞争的升温，美国利用台湾问题以牵制中国大陆的意图必然随之加强。

由于民进党始终坚持"台独"理念，拒不接受一个中国原则，两岸关系势必再起波澜，甚至发生严重倒退，这无疑有利于美国利用两岸关系的紧张，拉拢民进党当局，联手制衡中国大陆的崛起。

然而在另一方面，美国疲于应付难解的乌克兰危机和中东危机，并不希望在亚太地区再出现一场新的危机，也没有能力同时与中俄两个大国在欧亚大陆的东西两端陷入对抗。中美两国所拥有的广泛的共同利益，也导致美国必须在台湾问题上谨慎行事，防止两国关系因此受到严重损害，甚至引发中美外交和安全危机。基于此，美国也不能听任民进党当局肆意妄为，尤其是要坚决防止蔡英文效仿当年的陈水扁，推行冒险的"台独"政策，冲撞中国大陆划设的战略红线。对于美国而言，如果放任民进党当局为一己私利推进"台独"议程，导致中美两国直接对撞，无疑是因小失大，在战略上将是"不可承受之重"。

为了谋求自身战略利益最大化，美国针对台湾问题多年来形成了所谓的战略性"三不"政策，亦即"不统、不独、不武"。尽管目前美国这一"三不战略"并未发生根本改变，但是在经历了八年的两岸和平发展局面之后，面对极有可能再度出现的台海危局，美国在全球和中美关系"双重战略困境"的制约之下，为了继续保持其在台海问题上的战略主动性，对其两岸政策做出了一些战术性的调整，对此笔者将之归纳为战术性"三不"政策，亦即"不挑衅"（No provocation）、"不胁迫"（No coercion）和"不紧张"（No tension）。

首先，"不挑衅"针对的是奉行"台独党纲"，拒绝接受一个中国原则的民进党当局。经历过陈水扁不断挑战台海红线，令中美关系紧张不断的八年任期，美国对于民进党推行"台独"政策的危险性已有深刻的认识，因此对于始终坚持"台独"立场的民进党，美国可谓是忧心忡忡。在选举前后，美国高官和重要学者利用多个场合，一再向蔡英文和民进党喊话，明确警告后者不要贸然挑衅大陆，导致两岸关系出现重大转折。例如早在2015年3月，美国"在台协会"前执行理事施蓝旗（Barbara Schrage）便指出，对于大陆所坚持的"九二共识"，"民进党必须展现他们了解问题的严肃性，不能闪躲，找到一个可以关照到中国大陆、美国和希望维持现状的台湾民众的方案"。[8]5月21日，美国负责亚太事务的副助理国务卿董云裳（Susan Thornton）在蔡英文访美前夕于布鲁金斯学会发表演讲，时隔数年重新做出"反对单方面改变现状"的公开表态。[9]2015年9月21日，美国总统国家安全顾问苏珊·赖斯（Susan Rice）再次表示："我们仍然信守'一个中国'政策，这个政策的基础是三个联合公报及《与台湾关系法》。我们的根本利益在于和平与稳定的台海两岸关系，我们反对任何一方单方面改变现状。"[10]2016年1月11日，美国前国防部长威廉·佩里(William Perry)在华盛顿表示:"如果 16 日取得政权的主政者,不承认或漠视'九二共识',将造成两岸分歧扩大,未来台湾和大陆很可能立即发生'相互确保经济毁灭'的严重冲突。对台湾来说,这是非常重大的冲击。"[11]在蔡英文赢得选战之后,美国众议院外交委员会亚太小组委员会于 2 月 11 日召开听证会,探讨两岸关系的未来走向,董云裳在出席作证时再度表示,蔡英文曾向美国承诺在两岸关系方面会"维持现状",也表示明白自己有义务提出维护两岸关系繁荣、稳定的具体政策,因此美国希望她在上台后能够保持两岸之间的对话与沟通。[12]

面对美国一再释放出的警讯,民进党则一直在竭力向美国和外界表示,上台执政后不会挑衅大陆,保证不会成为"麻烦制造者"。例如 2015 年 6 月 2 日,蔡英文在访美之际投书《华尔街日报》,表示对于两岸关系而言,她的首要工作将是建立透明机制,以强化两岸的互信与合作,声称"通过有原则的交流、合作及对话,我会确保合作的精神继续指引两岸关系的改善"。[13]6 月 3 日,蔡英文于著名智库战略与国际研究中心发表《台湾迎向挑战:打造亚洲新价值的典范》主题演讲,声称要建立"一致性、可预测、可持续的"两岸关系,并首次提出会在"现行宪政体制下,依循普遍民意,持续推动两岸关系的和平稳定发展"。[14]12 月 22 日,蔡英文在参加"台湾经济发展论坛"时表示,一旦有"执政"机会,跟国际也好、跟大陆也好,期待有好的沟通,并提出"沟通、不挑衅、不会有意外"的两岸互动三原则。[15]在当选之后,蔡英文又于 2016 年 1 月 21 日接受岛内媒体专访,承认"1992 年两会达成了若干共同认知与谅解",她理解和尊重这个历史事实,并希望在此基础上持续推动两岸关系的和平稳定与发展。[16]蔡英文之所以做出上述表态,一个主要目的就是回应美国的压力,缓解美国对其两岸政策的疑虑,进而争取美国的支持。

其次,"不胁迫"针对的则是大陆。对于大陆而言,"两岸同属一个中国"是不容置疑的基本原则,也是两岸关系得以实现和平发展的政治基础。如果民进党当局拒绝接受"一中"原则,那么两岸进行良性互动的基础将随之崩解,台海和平发展局面也将戛然而止,甚至引发"地动山摇"的后果。美国担心如果民进党拒不调整大陆政策,在上台后继续推行"法理台独",势必会导致大陆的强烈反制和惩罚。鉴于大陆在综合实力方面相对于台湾所具有的巨大优势,台湾显然无法承受大陆的压力。美国自然不乐见大陆对蔡英文当局施压,甚至出台严厉的惩罚措施,令台湾在安全、政治、经济、"外交"等领域付出沉重代价。为此,美国一直以"尊重台湾民主""维护台海现状"为名,要求大陆展现所谓的"灵活性、创造性和弹性"，反对大陆对台湾当局采取"胁迫"方式，或是予以"惩戒"。

例如在蔡英文访美前夕，美国副助理国务卿董云裳便曾指出，美国在与台湾讨论美国在两岸关系利益的同时，也与大陆方面保持对话，美国鼓励大陆领导人在处理台湾问题时保持耐心，显示出灵活度与克制。[17] 6 月 1 日，美国国务院副发言人玛丽·哈夫（Marie Harf）表示，欢迎并期待与到访的蔡英文展开富有成效的交流，强调美方相信能够"支持台湾安全及免于胁迫的自由"，推动台湾经济繁荣，协助台湾民众在国际社会上享有应有的尊重。[18] 2016 年 1 月 12 日，美国国家安全委员会前亚洲事务高级主任迈克尔·格林（Michael Green）声称，美国应当向两岸清楚表明美方的利益和重要原则，即在于维持《与台湾关系法》，信守一个中国政策，确保台湾人民"不受胁迫地选择未来"。[19] 2 月 23 日，美国太平洋司令部司令哈里·哈里斯（Harry Harris）上将在国会参议院军事委员会举行的听证会上表示，随着台湾再次实现政党轮替，基于《与台湾关系法》，美国将继续推动对台军售，以"有效吓阻（大陆）对台湾的胁迫与侵略"。[20] 2 月 26 日，美国国家安全委员会亚洲事务高级主任康达（Daniel Kritenbrink）在表态美国"不支持台独"的同时，再次要求大陆"在未来两岸关系中展示灵活性和创造性"。[21]

最后，"不紧张"所针对的则是两岸总体局势，亦即不希望两岸关系因民进党上台而出现紧张，甚至爆发激烈的冲突。例如 2015 年 12 月，由美国"在台协会"前理事主席卜睿哲（Richard Bush）领衔，美国布鲁金斯学会发布题为《台湾 2016 年 1 月选举及其对中美关系的意涵》的政策报告，表示如果台海出现两岸惩罚与反应互动的状况，美国将可能回到"双重威慑"（dual deterrence）策略，亦即通过明确警示北京和台北美国在和平与稳定方面的"持久利益"，以阻止台海紧张情势升温。[22] 2016 年 1 月 13 日，总统副国家顾问本·罗兹（Ben Rhodes）针对即将举行的台湾选举表示，无论哪一方获胜，美国都希望其能够维持良好的两岸关系，美国始终"支持两岸对话，避免紧张情势，并有能力透过对话和平解决问题"，一旦两岸紧张局势升高，不符合任何一方的利益。[23] 1 月 16 日，美国国务院发言人约翰·柯比（John Kirby）在祝贺蔡英文当选之际，再次表示美国对于两岸和平稳定的延续具有"深切的利益"，并希望蔡英文在上台后继续推进台海地区的和平与稳定。[24] 2 月 11 日，副助理国务卿董云裳在众议院听证会上重申，美国在两岸和平稳定方面拥有"持久利益"，呼吁两岸在"尊严和尊重"基础上开展对话，避免台海冲突的发火点在蔡英文上台执政后引爆，为台湾带来灾祸。[25] 2 月 26 日，国家安全委员会亚洲事务高级主任康达在战略与国际研究中心发表演说，再次强调美国不会改变长期一贯的两岸政策，在追求两岸稳定方面有"根本的利益"，美国赞赏两岸此前推进台海稳定方面所采取的措施，并希望未来能够得到延续。[26] 4 月 28 日，在国会众议院外交委员会举行的听证会上，美国副国务卿安东尼·布林肯（Antony Blinken）再次呼吁两岸"在尊严与尊重的基础上进行建设性对话"，因为这种对话为海峡两岸奠定和平与稳定的基础，并促使两岸关系得到显著改善。[27] 美国高官上述种种言论，均明确显示出美国担心未来两岸关系恶化，导致台海局势发生不变的忧虑。

就美国"战术性三不"政策之间的逻辑关联而言，"不挑衅"和"不胁迫"是美国分别针对两岸双方所提出的要求，是力求实现美国所追求的台海局势"不紧张"这一总体目标的手段。台湾"不挑衅"和大陆"不胁迫"，两者均服务于实现台海"不紧张"的目的，亦即防止得来不易的台海和平与稳定因民进党重新上台受到冲击，乃至威胁地区和平与安全，甚至使中美关系重演 1996 年台海危机的一幕，导致中美两国关系受到严重损害。

三、结语：美国两岸政策调整前景展望

在美国对其全球战略进行重大调整，并高调推行"亚太再平衡"战略之际，台湾问题有可能随着民进党上台执政，再次成为中美之间一个危险的"火药桶"。然而，时移势易，美国对台政策的制定和推行，正在面临着日益凸显的"双重战略困境"的约束和困扰。在全球战略层面，美国的战略困境在于，随着乌克兰危机和叙利亚危机的爆发和延续，导致美国必须面对欧洲和中东这两大战略重点区域的乱局，致使其无法专注于亚太地区，"重返亚太"的力度也随之大打折扣。在中美关系层面，美国的战略困境在于，虽然美国对中国的防范心理日渐加重，两国之间的竞争和摩擦也不断加剧，但是中美之间广泛的共同利益又使得美国不愿意，也不可能承受与中国全面对抗的代价，而为了应对一系列地区和全球性挑战，美国也必须积极寻求与中国开展互利共赢的合作。

囿于上述"双重战略困境"，美国无疑不希望中美两国因民进党当局的"台独"冒险而爆发冲突，从而迫使美国在欧亚大陆的东（欧洲）、中（中东）、西（东亚）三个地缘政治板块，同时陷入三场成本高昂、旷日持久的危机，这显然有悖于美国的国家利益。基于此，美国在传统的对台战略性"三不"政策的基础上，开始实施要求台湾"不挑衅"，大陆"不胁迫"，进而确保台海"不紧张"的"战术性三不"政策，在利用台湾问题牵制中国大陆的同时，防止两岸关系走向冲突，甚至将美国裹挟在内，从而保持美国在台海问题上的战略主动性，实现其地缘政治利益的最大化。

对于美国所面临的战略困境及其对美国两岸政策的影响，我们应有一个清醒、客观、辩证的认识。一方面，上文论及的美国所面临的双重困境是战略性的、结构性的，其困境的实质是随着美国综合国力的相对衰落，与中国实力差距的相对缩小，使得其干预和主导全球事务，包括台海事务的能力在不断下降，承受相关战略风险和代价的能力也在不断下降，这将是一个长期的，同时不可逆转的趋势。随着中国综合国力的迅速发展，以及中美两国国力的不断接近，共同利益的不断增多，上述双重战略困境给美国带来的束缚和限制势必会进一步增大，美国在台湾问题上翻云覆雨、左右逢源的政策空间也势必会不断缩小。

在另一方面，我们也应清醒地认识到，尽管在全球和中美关系两个层面美国的确面临着困境，但是美国的对台政策调整就其本质而言是短期的、战术性的、功能性的调整，并不意味着美国在近期会改弦更张，大幅度调整甚至彻底改变其对台战略和政策行为。究其原因，主要在于以下三点：首先，美国国力的下降只是相对的，就其综合国力而言，美国依然在许多重要领域保持着较大的领先优势，尤其是在军事和安全领域，美国不仅在军费预算方面遥遥领先于所有国家，具有"代际差距"的武器装备优势，而且拥有遍布全球的基地网络以及众多的军事同盟。鉴于中俄等国与美国的综合实力差距依然明显，追赶的进程也不会一帆风顺，在目前以"一超多强"为特征的国际体系权力结构中，美国的"一超"地位在短期内也很难被撼动。因此较之中俄等国，美国仍然拥有更大的战略主动权，也享有更为充裕的政策调整空间。

其次，尽管美俄关系在近期无法得到全面恢复，两国政要之间口诛笔伐，两军之间剑拔弩张的态势也仍将持续，但是双方高层业已开始试探修补破损的双边关系，开展有限度的合作，以缓解紧张关系。例如在乌克兰，美俄已然开始探讨如何落实"明斯克协议"，实现实质性停火。在叙利亚，随着俄罗斯宣布从叙利亚撤军，美国国务卿约翰·克里应邀出访莫斯科，商讨两国如何在中东进行合作。未来如果乌克兰危机和叙利亚危机能够实现"软着陆"，"伊斯兰国"在国际社会的共同打击之下，其扩张的势头能够被成功遏止，甚至被基本消灭，将使得美国在欧洲方向和中东方向的战略压力随之减轻，美国则可以继续集中精力于亚太地区，甚至不排除美国可能会主动做出重大妥协，与俄罗斯修好，以便专心应对中国的崛起。

再次，在"亚太再平衡"战略的推进过程中，美国已经明确将中国视为主要（甚至是唯一）的潜在对手和安全威胁。针对中国与日、菲、越等国之间愈演愈烈的海洋领土争端，美国借机在亚太地区投棋布子，巩固既有的同盟体系，加强在该区域的前沿军事存在，以牵制中国向深海远洋挺进的步伐。例如通过与菲律宾签署新的军事协议，美军得以重返苏比克和克拉克等重要的海空军基地，并通过开展美菲联合军事演习和联合海上巡逻，在南海加强对中国的战略压力。又如美国也对越南予以了异乎寻常的公开支持，通过开展军事演习等方式试图使越南向美国靠拢，甚至图谋染指越南金兰湾，与菲律宾形成掎角之势，威胁我在南海的航路安全。与此同时，美国还积极拉拢印度和澳大利亚等国介入东海和南海争端，推动日本加强与菲、越、印、澳等国的军事和安全合作，构建针对中国大陆的地区安全架构，使得东亚地区安全局势的复杂性和不确定性日益增大。[28] 在可预见的未来，围绕东海和南海争议，中美两国在西太平洋地区的摩擦很有可能继续升温。届时不排除美国会默许甚至纵容民进党当局制造事端，从而使得"台湾牌"更加有效地服务于美国的亚太战略目标，联手对中国大陆进行围堵和制衡。

注释：

[1] David Larter, "Destroyer's Patrol in South China Sea Shadowed by China's Navy", The Navy Times, October 29, 2015, available at: http://www.navytimes.com /story /military /2015 /10 /27 / china–navy–shaddows–lassen–spratly–islands–patrol /74680390 /, cited February 25, 2016.

[2] "Ashton Carter Visits US Carrier in S China Sea", Taipei Times, November 06, 2015, available at: http://www.taipeitimes.com /News /front /archives /2015 /11 /06 /2003631798, cited February 25, 2016.

[3] Ashton Carter, Remarks on "Strategic and Operational Innovation at a Time of Transition and Turbulence" at Reagan Defense Forum, November 07, 2015, available at: http://www. defense. gov /News /News － Transcripts /Transcript–View /Article /628147 /remarks–on–strategic–and– operational–innovation– at–a– time–of–transition–and–tur, cited February 25, 2016.

[4] 吴汉钧：《卡特今天将登上航母，在有争议南中国海游弋》，联合早报网，2016 年 4 月 15 日，参见：http://www.zaobao.com /realtime /world /story20160415–605613，检索时间2016 年 4 月 16 日。

[5] 《在十二届全国人大四次会议记者会上李克强总理答中外记者问》，新华网，2016 年 3 月 17 日，参见：http:// news.xinhuanet.com /politics /2016lh /2016–03 /17 /c_128805588.htm，检索时间 2016 年 3 月 20 日。

[6] 《中美气候变化联合声明》，新华网，2014 年 11 月 12 日，参见：http://news.xinhuanet.com / energy /2014–11 /13 /c_127204771.htm，检索时间 2016 年 2 月 25 日；《美国政府发布"清洁

电力计划"最终方案》，人民网，2015 年 8 月 4 日，参见：http://world.people.com.cn /n /2015 /0804 /c157278-27406243.html，检索时间 2016 年 2 月 25 日。

[7] 即便是在冲突迭起的海洋安全领域，中美两国也在开展务实的合作。参见信强：《中美海权博弈"二元性"刍议》，《美国问题研究》，上海：上海人民出版社，2015 年。

[8] Barbara Schrage，"U.S. -Taiwan Relations Post-Elections"，Heritage Foundation，Mar20，2015，available at: http://www.heritage.org /events /2015 /03 /taiwan-elections，cited May 03，2016.

[9] [17] Susan Thornton，"Taiwan: A Vital Partner in East Asia"，Brookings，May21，2015，available at: http://www.brookings.edu /events /2015 /05 /21-taiwan-vital-partner-east-asia，cited May 03，2016.

[10] Susan Rice，"National Security Advisor Susan E. Rice's As Prepared Remarks on the U.S.-China Relationship at George Washington University"，The White House，September 21，2015，available at: https: //www.whitehouse.gov /the-press-office /2015 /09 /21 /national-security-advisor-susan-e-rices-prepared-remarks-us-china，cited May 02，2016.

[11] "Leaders Speak: Defense Secretaries，Harold Brown，William Perry，William S. Cohen，Chuck Hagel"，National Committee on U.S. China Relations (NCUSCR)，January 11，2016，available at: https://www.ncuscr.org /content /leaders-speak-defense-secretaries，cited May 05，2016.

[12] [25] Susan Thornton，"Subcommittee Hearing: The Future of U.S.-Taiwan Relations"，U.S. House Committee on Foreign Affairs，February 11，2016，available at: https: //foreignaffairs.house.gov / hearing /subcommittee-hearing-future-us-taiwan-relations，May03，2016.

[13] Tsai Ing-wen，"Taiwan Can Build on U.S. Ties"，Wall Street Journal，June 1，2015，available at: http://www.wsj.com /articles /taiwan-can-build-on-u-s-ties-1433176635，cited February 25，2016.

[14] Tsai Ing-wen，"Taiwan Meeting the Challenges: Crafting a Model of New Asian Value"，CSIS，June 03，2015，available at: http://csis.org /event /tsai-ing-wen-2016，cited February 25，2016.

[15]《宋楚瑜强调支持"九二共识"，蔡英文抛"三原则"》，人民网，2015 年 12 月 24 日，参见：http://tw.people.com.cn /n1 /2015 /1224 /c104510-27971437.html，检索时间 2016 年 2 月 25 日。

[16]《短评：红绿对话中》，中时电子报，2016 年 1 月 25 日，参见：http://www. chinatimes. com /cn / newspapers /20160125001553-260310，检索时间 2016 年 2 月 25 日。

[18] Marie Harf，"Daily Press Briefing"，U.S. Department of State，June 01，2015，available at: http:// www.state.gov /r /pa /prs /dpb /2015 /06 /243057.htm#CHINA2，cited May 06，2016.

[19] Michael Green，"Asia Forecast 2016"，CSIS，January 12，2016，available at: http://csis.org /event / asia-forecast-2016-0，cited May 06，2016.

[20] Harry Harris，"Statement of Admiral Harry B. Harris Jr.，U.S. Navy Commander，U.S. Pacific Command Before The Senate Armed Services Committee on U.S. Pacific Command Posture 23Feb 2016"，U.S. Senate Committee on Armed Services，February 23，2016，available at: http://www. armed-services.senate.gov /imo /media /doc /Harris_02-23-16.pdf，cited May 05，2016.

[21] [26] Daniel Kritenbrink，"Banyan Tree Leadership Forum with Daniel J. Kritenbrink"，CSIS，February 26，2016，available at: http://csis.org /event /banyan-tree-leadership-forum-daniel-j-kritenbrink，May 06，2016.

[22] Richard Bush，"Taiwan's January 2016 Elections and Their Implications for Relations with China and

the United States", Order from Chaos: Foreign Policy in a Troubled World, Asia Working Group, Paper 1, December 2015.

[23] Ben Rhodes, "The Obama Administration's 2016 Foreign Policy Priorities", U. S. Department of State, January 13, 2016, available at: http://fpc.state.gov /251239.htm, cited February 25, 2016.

[24] John Kirby, "On Taiwan's Election", U.S. Department of State, January 16, 2016, available at: http://www.state.gov /r /pa /prs /ps /2016 /01 /251328.htm, cited February 25, 2016.

[27] Antony Blinken, "Obama Administration Policy in the Asia–Pacific: Testimony Before the House Foreign Affairs Committee", U.S. Department of State, April 28, 2016, available at: http://www. state.gov /s /d /2016d /256694.htm, cited May 08, 2016.

[28] 信强:《"次轴心"：日本在美国亚太安全布局中的角色转换》,《世界经济与政治》, 2014 年第 4 期, 第 53 页。

信强，两岸关系和平发展协同创新中心专家委员，复旦大学美国研究中心副主任、台湾研究中心主任，教授、博士生导师

"大陆经历"对台湾青年的影响
——基于实证研究的分析

尚红娟　　张一平

台湾 34 岁以下的青少年人口，占到社会总人数的 59%，[1] 是决定台湾未来的重要政治力量。而且，2000 年以来，两岸议题越来越容易成为引起"学运"爆发的原因。基于此，对两岸青年交流交往的效果，尤其是"大陆经历"对台湾青年产生影响的深入考察，对后续加强两岸青年融合，加速推进两岸青年心灵契合的方式方法的改善与改进可提供重要的借鉴与参考。

一、研究概况

课题组通过微信、纸质版、电子邮件等多种问卷方式，对分布在广州、北京、上海等地的台湾青年进行了调研，共计收回 300 份。所调查对象中，男女比例相当，其中男性占到 56.55%，女性占到 43.45%；年龄阶段以 18—22 岁的居多，占到 48.28%，学生为 55.86%，工作群体为 38.28%；学历则以专科大学层次的为主要群体，74.05%，籍贯为本省闽南人的比例较高，62.11%。

问卷采取自由选择，自由答卷的形式展开。问卷调查的主要目标，旨在考察"大陆经历"对其价值观产生的影响以及对大陆的观感和认识，深层次则为考察"大陆经历"对推进两岸青年心灵契合的有效性。文中对"大陆经历"的概念界定是不论出于何种目的，凡是有往来大陆的经历都视为"大陆经历"。文中出现的"台湾青年"皆为目前在大陆的台湾青年。

二、研究结论

"大陆经历"对台湾青年的两岸观影响不是很大，一定程度上还会产生部分负面影响。诸如在个人身份认定，对两岸经贸关系发展等议题的认识方面，目前在大陆的台湾青年或者是坚持原有立场，或者是调整原有赞成的立场转为反对。

"大陆经历"对于台湾青年对大陆社会、官方和人民等各方面的观感有着明显的效果。统计分析显示，台湾青年对大陆社会持欣赏态度的比例很低，对官方和人民生活水平的认同度不高；对官方性质的两岸青年交流活动的评价较高，参与交流的积极性较高，但是真正参加过此类活动的比例不高。"大陆经历"一定程度上强化了台湾青年自身的优越感。值得强调的是，大陆经历使得大多数台湾青年认为，大陆的崛起对台湾而言，机会是大于威胁的。

目前在大陆的台湾青年以学生和工作人员为主体，年龄在18—28岁的较多。政治参与度不高，但是较为偏蓝，对台湾的政治选举比较关注。

目前在大陆的台湾青年对大陆生活状态较为满意，与同学和同事关系较为融洽，但是对大陆社会的融入度不高，相对于岛内青年，对大陆新闻较为关注。

三、研究分析

本研究主要侧重于以下几个方面，一是台湾青年在大陆的生活状况，二是台湾青年对大陆、社会的观感，三是大陆经历对台湾青年两岸观的影响。

（一）台湾青年在大陆社会的状态

在大陆的台湾青年学历层次基本是专科大学以上，对大陆生活状态满意度较高，与同学或同事相处都较为融洽，对大陆新闻关注度较高，但是对于大陆社会的融入度不高。

（1）目前在大陆的台湾青年身份多是学生和工作群体。学生群体占据55.86%，工作群体38.28%，研习其他的占不足5%。以学习和工作为主体台湾青年，在大陆期间的住宿多是在学校或单位的宿舍，比例为48.78%，其次是个人租赁的占到17%，已经自购房产的有10%。来大陆的台湾青年学历层次基本在专科大学以上，比例高达94%。其中专科大学为74%，研究所以上为20%。

（2）台湾青年对目前的大陆生活满意度较高，41.72%台湾青年对目前的大陆生活表示非常或者比较满意，较为失望和很失望的则仅占到15.86%的比例。对于自购房产一族而言，满意度最高，寄宿家庭一族的满意度最低。以身份而言，学生族的满意度最低，研习族群的满意度最高。以学历层次而言，拥有高中职学历的青年满意度最低。就年龄阶段而言，23—28岁的青年满意度最高，超过50%，女性的满意度也远高于男性10%。

（3）台湾青年对大陆社会融入不够。台湾青年在大陆的生活社交圈以台湾人为主，55%的朋友是来自于台湾，大陆的朋友占到三分之一左右（35%）。高中职学历的青年，其台湾朋友的比例达86.67%。但是，29—34岁年龄阶段的、家长受教育程度在研究所及以上的、自购房产和寄宿在亲戚家的和在职工作的这些青年群体，其大陆朋友多于台湾朋友，而且比值都约在45%以上，均高于总体台湾青年所有的大陆朋友比例（35%）。

（4）台湾青年与大陆同学或同事相处较为融洽。三分之二台湾青年目前与周围的大陆同学或同事相处得很好，关系非常或较为融洽的比例占到66%。还有近三分之一的青年表示关系一般，有距离感，很难融入，没有共同语言。

（5）在大陆的台湾青年，较为关注大陆的新闻。有39%的比例在网络上最经常浏览的新闻台湾和大陆地区各占到一半，其次浏览大陆新闻的比例比台湾新闻高出10%。

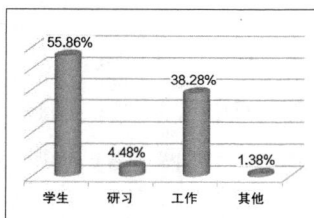

图1　来大陆台湾青年的身份

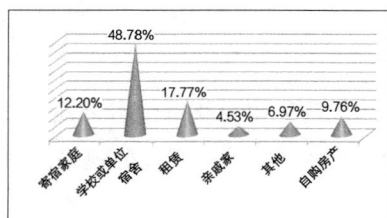

图2　来大陆台湾青年住宿状况

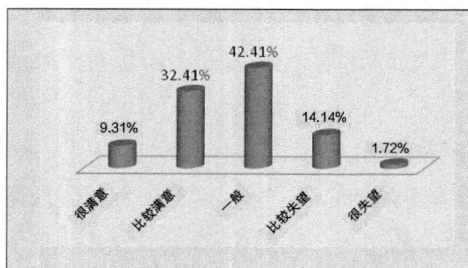

图3　来大陆台湾青年的生活满意度

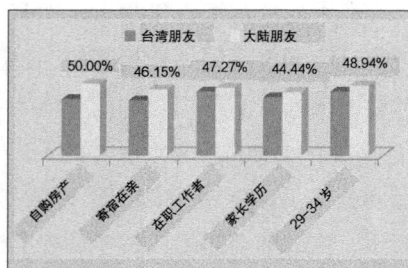

图4　有较多大陆朋友的台湾青年身份

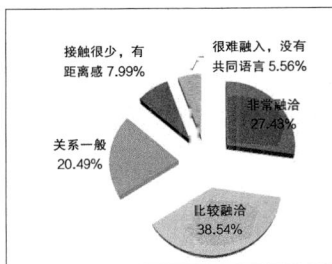

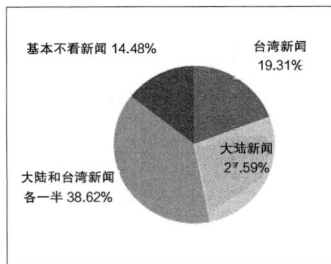

图 5　来大陆台湾青年的社会融入度　图 6　在大陆台湾青年对大陆新闻的关注度

（二）在大陆台湾青年的政治倾向

在大陆的台湾青年对国民党的支持远高于民进党，对台湾蓝绿两党的政治恶斗严重不满，对政治参与度不高，"九合一"选举中，仅有 10% 的比例参与投票。对台湾政治选举较为关注。

（1）台湾青年对国民党支持高于民进党。台湾青年对国民党（30.69%）的支持率远高于民进党（7.59%）。但同时对于两党的认同度都不高，六成以上表示没有偏向。初中以下学历较为倾向于民进党。

（2）台湾青年认为蓝绿政党恶斗严重影响台湾社会的发展。台湾青年认为，台湾目前发展面临最严重的三大问题中，蓝绿政党恶斗的比例（35.6%）远远高于经济发展缓慢（19.20%）以及官方治理能力不足（15.60%）。对于其他诸如国际环境、大陆发展的影响、国家认同社会贫富分化等问题的看法，比例均低于 8% 以下。

（3）台湾青年的政治参与度不高。政治性活动仅占其业余活动的 5.9%。与此同时，在参加的社团活动中，参与诸如政党之类的政治性团体的也仅仅占到 3.5% 的比例。

（4）台湾对台湾政治选举高度关注。在大陆的台湾青年，有三分之二的比例对台湾政治选举的关注度较高，一般和比较关注的群体比例为 73%。

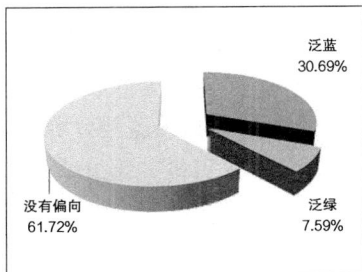

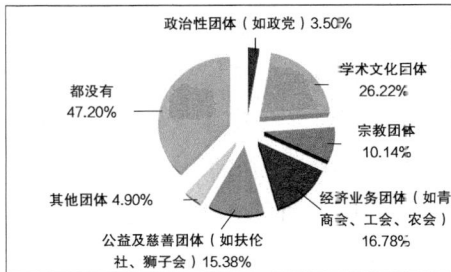

图 7　台湾青年政党偏向　　　　图 8　台湾青年社会活动的倾向

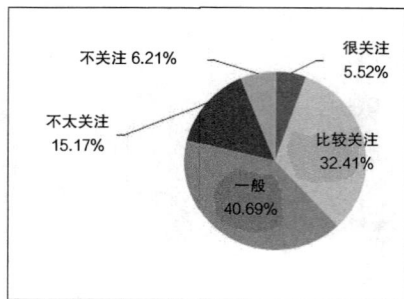

图 9　台湾青年对台湾选举的关注度

（三）在大陆台湾青年的两岸观

（1）台湾青年相较于大陆而言，有着强烈的优越感。参与过两岸交流活动的青年，高达 92% 的台湾青年认为台湾的居民条件优越于大陆，35% 左右的认为大陆地区的生活品质非常差，生活水准很落后。年龄越小，优越感越强；未婚群体的优越感明显强于已婚群体；学生群体明显强于工作群体。

（2）在大陆的台湾青年有三分之二尚未参加过学府或大陆官方邀请的具主题性的交流活动。

（3）参加过交流活动的青年，对活动感受评价较高。参加相关交流活动的青年，仅有不到 8% 的比例认为，交流活动具有统战色彩，27% 的认为是纯粹的观光交流，没有太多政治色彩；超过三分之一的从活动中发现大陆经济很发达，人民很友善。

（4）台湾青年参与两岸青年交流活动的态度较为积极。有 38.28% 的比例乐意参与，认为适当的交流有助于双方的深层次了解，三分之一的比例持不反感，但表面原有的政治立场不会因此改变；还有 28% 左右的需要看情形决定，态度较为摇摆。不足 7% 的明确表明比较反感。

（5）就在大陆的活动经历而言，台湾青年对大陆官方的印象比较多元。三分之一的比例认为大陆官方与台湾官方差不多，25% 的印象很差，仅有 14% 的比例表示印象很好，相当的坦率和开明。还有三分之一认为不了解。

（6）台湾青年对大陆一般居民的生活水平的认识同样较为多样。近三分之一的认为生活水平很落后，比台湾差；三分之一的认为还可以，比想象中的好，25% 左右的认为和台湾的一些县市差不多，各有 8% 的比例分别认为非常差，无法接受和很好，比台湾优越。

（7）台湾青年对大陆社会的印象不是很好。表示对大陆社会极为欣赏的比例最低，为 23.73%，有一半的比例表示没有明显的感觉，28% 左右的表示极为厌恶。

（8）一半以上的台湾青年认为大陆的崛起，对台湾来说是机会或是机会大于威胁，80% 的比例认为台湾和大陆的经贸关系应该加强。台湾青年对大陆的崛起态度较为乐观，不足三分之一的比例认为是威胁或威胁大于机会。

（9）台湾青年认为大陆对台湾当局不友善，对台湾人民比较友善。有近一半的台湾青年认为大陆对台湾人民比较友善，对台湾当局不友善；同时 35% 左右的比例认为对台湾当局比较友善，对台湾人民不友善。

（四）"大陆经历"的效果

（1）假设大陆和台湾在政治、经济、社会各方面的条件差不多时（强调的仅是双方趋于相近，不是谁比较好），不太赞成和不赞成两岸统一的比例高达 57%。在上述假设条件下，仍有 42% 的比例不赞成，15% 的完全不赞成统一，仅有 43% 的比较赞成和完全赞成。

（2）"大陆经历"对近一半的青年未产生明显的作用，其两岸服贸协议、ECFA 等两岸经济议题始终没有意见。仅有 21.45% 的青年在来大陆后，对于两岸服贸协议、ECFA 等两岸经济议题的看法有略微调整，较为倾向赞成。24% 的明确表示坚持原有立场，11% 的比例，调整看法则是倾向于反对。

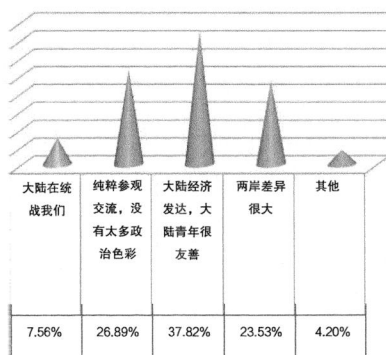

大陆在统战我们	纯粹参观交流，没有太多政治色彩	大陆经济发达，大陆青年很友善	两岸差异很大	其他
7.56%	26.89%	37.82%	23.53%	4.20%

图 10 台湾青年对交流活动的看法

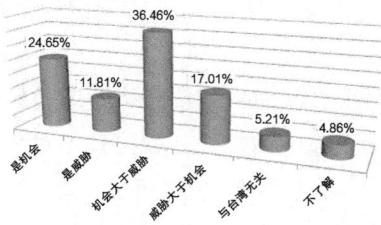

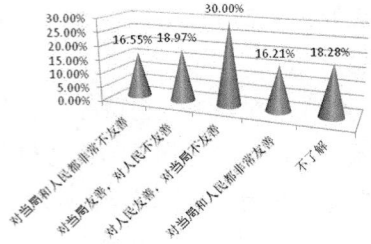

图 11　台湾青年对大陆"大国崛起"的看法　图 12　台湾青年对大陆两岸关系处理的态度

（3）"大陆经历"使得近一半台湾青年对大陆的印象变好。来大陆后，50%的台湾青年原先对于大陆的印象有所好转，42%的没有变化。仅有不足 8%的比例表示变差。

（4）"大陆经历"对台湾青年两岸统合观的影响，效果很不理想。仅有13.45%的台湾青年，调整原有立场，从反对到赞成。18%的改变立场，则是反对统一。28%的台湾青年明确表示坚持原有立场，40%的比例仍表示始终没有意见。

（5）"大陆经历"对台湾青年身份认同的影响，效果很不理想，一定程度上产生了负面影响，超过 52.34%的台湾青年不同意从文化或历史的角度，将自己定位为中国人。"大陆经历"对上述身份根源之类问题立场的影响不大。46%的比例表示态度没有任何的调整。21%的比例从原有的中国人立场转变为"两个不同国家"的立场。不足 9%的比例表示调整为较为赞成自己是中国人。

（6）"大陆经历"消解台湾青年对台湾热爱的效果有限。台湾青年维持对身份认定的原有看法主要基于对台湾社会的热爱，其次是所受学校教育形成的根深蒂固的印象。大陆经历的影响不足 20%。

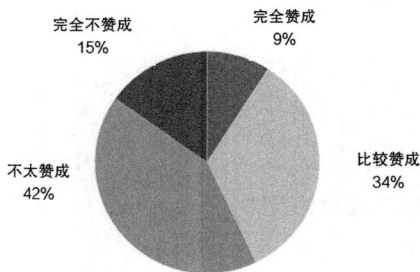

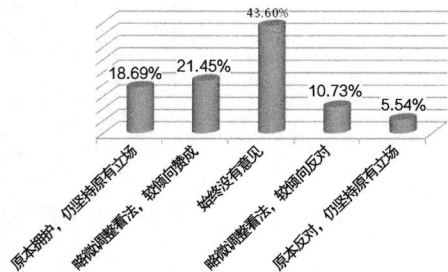

图 13　台湾青年来大陆后两岸统合观　图 14　来大陆后，台湾青年对两岸经济议题的态度

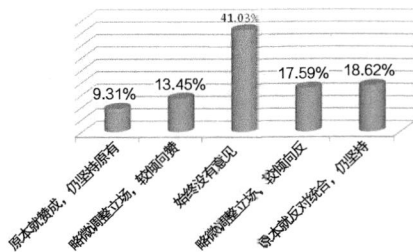

图 15 "大陆经历"对台湾青年两岸

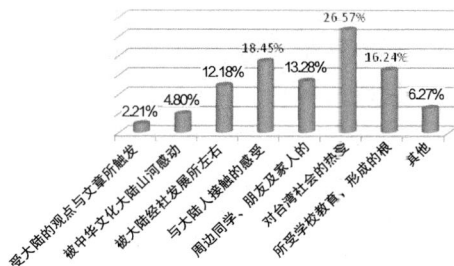

图 16 "大陆经历"对台湾情怀的影响度

四、研究建议

两岸文化同根同源，本为一家。甲午战败台湾割让日本后，两岸处于长期分离状态，文化建设在历史的发展中形成了各自的特色。尽管，经过 30 年的交流交往，两岸的经济结合和利益的融合已是十分广泛和深入，但经贸关系的发展，并不直接而且必然地带来两岸同胞的认同感差距的缩小。该实证研究对台湾青年"大陆经历"影响的考察结果更印证了此一说法。大陆经历不能从根本上消解或是弱化台湾青年对两岸统合以及自身身份认定的根本缘由在于：李登辉、陈水扁治台的近二十年时间里，致力于建构"台湾作为主权独立国家"的"国家认同"感，使得文化"台独"盛行，"台独"教育大兴其道；并且大力操弄两岸同胞由于历史和现实的条件下形成的种种疏离、矛盾、对立、敌意，以此作为对抗祖国大陆的筹码。在此过程中，作为意识形态灌输的政治载体，学校的"公民教育"成为以"本土教育"、乡土教育为掩护的台湾意识的"台独"教育，一套经过重新塑造的共同文化、或说是经过遗忘、刻意挑选的共同历史记忆，使得"台湾认同为优先"似乎成为主流趋势。因此，"大陆经历"对于当前的台湾青年，曾经接受过李、陈"台独"教育洗礼的中小学生，其所潜在的"台湾主体意识"、台湾文化而言，作用是微乎其微。

基于此，对于当前与未来的台湾青年而言，如何正确认识中华文化与台湾文化的异同，如何真正有效地增进其对中华文化的认同，是为"大陆经历"能对其产生正能量的重点所在。"大陆经历"的效果与影响的真正发挥，需要营造更多的文化色彩，在潜移默化的交流交往中逐渐构建起共同的文化认同。

所以，两岸青年文教交流是为关键，尤其是校际之间的师生交流。通过交流，可以深化两岸师生，尤其是学生，彼此间的了解和理解，从而为逐步建构起共同的新中华文化，形成两岸新的共同的文化认同打下基础。正如台湾顶山小学校长在访谈时，所表达的："就台湾目前文化认同的差异而言，一定程度上来说，需要注意的是，对于大陆的负面影响或许是从大陆过去的新移民自身的认识所造成的。目前，台湾的台商子女很多，对大陆来说都相对地比较熟悉。当然，沟通与交流还是必须要加强的。"的确，如果两岸没有充分的文化交流，台湾的"主体认同"或许会以异化了的，所谓"台湾国"的认同塑造逻辑，越走越远，其结果将无助于台湾问题的解决，并有损于两岸关系的和平发展。

而且，以文化为主题的交流，不仅要有广泛性、制度性和整合性[2]，更要有明显的针对性，即以台湾学生文化认同观的主要内涵——"公民教育"领域所倡导的、乡土文化、台湾文化、海洋文化等，进行全面的剖析和还原。在双方的相互交流中，让两岸的学生真实的认识、感受到台湾文化的历史根源，正确区别二者所存在的差异性、多元性。尤其是对"台独"分子所推广的，以"本土意识""台湾精神"为掩盖的"文化台独"要有明确的辨别和认识。要使其明白任何一种"文化台独"和"去中国化"都是打"本土化、多元化"的口号，在文化、民族精神层面通过渐进的方式，逐步地从文化教育上切断台湾与大陆的脐带联系，割断台湾同胞的民族认同和国家认同，从而逐步实现全面"去中国化"的目的，为最终实现"台独"预设基础。"文化台独"的实质都是为"台独"铺路，"打着本土化的旗帜"，明修栈道，暗度陈仓，从事分裂祖国的活动。对于"文化台独"所产生的危害性、欺骗性和煽动性，[3]尤其是对台湾民众文化认同的冲击，以及国家认同和统"独"心态的影响，必须要进行方方面面的警示与宣传。

目前，大陆的个人台湾行已经开放，陆生赴台也已成形，抓住这两大契机，在确保大陆民众对中华文化认同的前提下，使其成为台湾民众了解大陆的一扇窗口，担负起文化传播和交流的管道，使得文化差异在相互的了解认识中逐渐缩小。正如学者所指出，大陆同胞和台湾同胞生活在不同的政治制度和思想文化环境下，导致了截然不同的政治心理。在这个方面两岸的差异是很大的，如果不能认识到这个差异，就无法了解台湾民众真正想法和心态。要了解哪些政治心理因素影响到台湾民众对两岸关系的态度，对大陆的态度，了解哪些是他们容易去接受的，才能实现"寄希望于台湾人民"的目标。不然，就有可能由于导致台湾人民反感的不恰当言语和行动的不断出现，而导致两岸隔阂与矛盾不断加深。[4]故此，台湾与大陆之间"除了经济的交流之外，更应加强文化的交流，尤应以历史经验的交流促使两岸人民分享对方的历史经验，从而获致真心的相互了解"。[5] 即，通过历史经验的交流与分享而进行的文化交流，是缓和海峡两岸现阶段的紧张性的重要途径。鼓励台湾与大陆的文化交往和文化理解，逐渐使两岸人民产生新的集体记忆，从而切实改变两岸部分民众对彼此的"孤陋寡闻"现象。

注释：

[1] 台湾"行政院主计处户政司"统计，截至 2014 年底，台湾总人口 2343 万 3753 人。其中 15—19 岁青少年约 150 万，20—34 岁青年约 520 万，35—39 岁中青年约 200 万，分别占总人口 6.5%、22%、8.5%。广义上的台湾青年（15—39 岁）有 870 万人，占台湾总人口 37%。

[2] 杨毅周：《海峡两岸文化交流的意义》，《台声》杂志，2009 年第 7 期。

[3] 《评台湾当局"文化台独"：荒诞不经难以得逞》http://news.xinhuanet.com/newscenter/2003-10/13/content_1120010.htm。

[4] 陈孔立：《台湾民众政治心理与国家认同》，http://www.zaobao.com/special/forum/pages6/forum_tw080530b.shtml。

[5] 黄俊杰：《海峡两岸中华文化的发展：问题解析与未来展望》，两岸中华文化学术研讨会，台北二十一世纪基金会，1996 年版，第 255—268 页。

尚红娟，上海市教育科学研究院台湾教育中心副研究员，
复旦大学博士、博士后，美国休斯敦大学访问学者；
张一平，上海交通大学马克思主义学院副教授，
复旦大学博士，美国得州大学访问学者。

"两岸间"：一种特殊交往形态下的
两岸共同决策模式

段　磊

两岸交往目前体现为一种"政治对立与经济社会文化交往日益密切并存"的特殊形态。在这种形态下，两岸逐渐形成了一种"二元并存"的共同决策机制。本文提出"两岸间"的概念，尝试以之作为描述两岸特殊交往形态下产生的共同决策现象的理论模型，并借这一概念的理论预测力，分析当前两岸共同决策机制与这一理想模型间的差距。

一、两岸特殊交往形态下的共同决策现象

随着两岸关系和平发展的不断深入和两岸交往的日益密切，两岸之间日趋复杂的利益格局催生了双方公权力机关之间的共同决策现象。然而，两岸尚未能对两岸共同决策机制的形成原因、性质及其表现形式等问题形成一致的表述和解释。

（一）"两岸交往光谱"与两岸特殊交往形态

考察 1949 年以来的历史，两岸关系的发展，经历了从军事冲突到和平发展的巨大变化。总体而言，60 余年的两岸关系发展史可划分为以下四个阶段：（1）军事冲突、隔绝交往阶段。自 1949 年至 1978 年，两岸处于绝对意义上的军事对峙状态，大陆方面坚持以"武力解放台湾"为主的对台方针，两岸之间尚存在一些零星军事冲突，在这种情况下，两岸几乎不存在任何经济社会文化交往。（2）军事对峙、隔绝交往阶段。以 1979 年大陆方面发表《告台湾同胞书》为标志，至 1987 年台湾方面开放老兵赴大陆探亲为止的八年间，两岸之

间停止了长达30年的军事冲突，转入军事对峙状态，在这种状态下，两岸之间依然不存在大规模的经济社会文化交往活动。（3）政治对立、经济文化社会恢复交往阶段。自1987年台湾方面开放老兵赴大陆探亲，至2003年5月两岸关系进入和平发展新阶段前，大陆和台湾对待对方的政策均发生了一系列变化，双方的对峙情绪得到缓和，然而两岸在政治上仍处于对立状态。与此同时，两岸民间交往的绝对隔绝状态逐渐被打破，双方经济社会文化交往逐渐恢复。（4）政治对立、经济文化社会密切交往阶段。2008年5月，台湾地区政治局势出现了有利于两岸关系发展的重大转折，两岸关系迅速走上了和平发展的道路，两岸民间交往日益密切，双方经济、社会、文化关系发展较快。然而，由于两岸在政治议题上依然存在较大分歧，双方在政治上依然处于对立状态。

从两岸关系发展的历史和现状来看，两岸之间的"绝对隔绝"和"密切交往"并非是一种绝对对立或非此即彼的关系，而是体现为一种类似于光谱的渐变关系。我们可将这种用于描述两岸关系的光谱称为"两岸交往光谱"。自2008年以来，两岸双方秉持建立互信、搁置争议、求同存异、共创双赢的精神，按照先易后难、先经后政、把握节奏、循序渐进的思路，采取积极政策举措，促进交流合作和协商谈判，显著改善发展了两岸关系。[1]从两岸关系和平发展的实践来看，由于两岸在政治层面尚存在较大分歧，双方在短期内无法就两岸政治议题展开实质性对话。因此，两岸在实践中贯彻了"先经后政"的基本思路，形成了"政经分离"的交往模式。因此，从2008年以来两岸关系和平发展的实践来看，当前的两岸交往形态，介于"两岸交往光谱"的"武力对峙带来的完全隔绝交往"一端与"和平统一带来的全面深化交往"一端之间，处于一种"政治对立与经济社会交往日益密切并存"的特殊状态。在这种特殊交往状态下，随着两岸在经济、文化和社会问题层面利益格局的日趋复杂，两岸之间已经衍生出越来越多的共同事务。因此，两岸公权力机关不得不在双方尚处于政治对立的情况下，以寻求共识的方式解决涉及两岸共同利益的事务，进而透过各种渠道形成了一系列的共同决策。从两岸交往的实践来看，无论是以民间身份出现的两岸两会事务性商谈机制，还是以官方身份出现的两岸事务主管部门协商机制，均在实际上构成了两岸形成共同决策的沟通管道。

（二）"两岸共同决策"：概念与现状

基于两岸交往的主要特点和两岸做出共同决策现象的现状，本文尝试提出"两岸共同决策"的概念，以描述两岸公权力机关通过协商方式形成对两岸均有现实约束力的共同决策现象。两岸共同决策，意指"一个中国"框架下的海峡两岸，透过平等协商方式形成的，由双方以"自律"方式实施，对双方均有事实约束力的共识性决策。其特征有四：（1）从形成方式上看，两岸共同决策是双方通过平等协商，以"共识决"的方式形成的决策。两岸的政治对立状态使同属一个中国的两岸，在政治上依然处于"互不隶属"状态，因而双方形成共同决策的方式只能是经由协商达成共识，而非采取代议制民主式的"多数决"。（2）从决策的形成平台来看，两岸共同决策主要透过两岸两会事务性商谈机制和双方两岸事务主管部门沟通机制这两个平台形成。前者以两岸"民间团体"身份出现，却隐含着公权力机关的影子，在两岸政治对立状态下，承担着双方事务性协商的主要职能；后者则以双方公权力机关名义出现，却因受制于两岸政治分歧，而仅能承担补充性协商职能。（3）从决策的表现形式来看，两岸共同决策主要体现为规范化的两岸协议和非规范化的两岸共识，这些协议与共识对双方具有事实上的约束力。（4）从决策的实施方式来看，由于两岸之上并不存在一个具有强制执行力的"超两岸"机构，两岸共同决策无法依赖来自一个"超两岸"机构的"他律"，而需要两岸以"自律"方式共同实施。

从两岸关系发展的实践来看，目前两岸已经逐步形成了由两会事务性协商和两岸事务主管部门协商机制构成的"二元共同决策机制"。（1）在这一"二元机制"中，两岸两会事务性协商机制在两岸共同决策模式中处于主导地位。两岸透过这一机制形成的规范化的两岸协议正是一种具有软法属性的两岸共同政策。目前，两岸已签署23项事务性协议，这些协议充分反映出两岸在处理事务性问题上的共识，对构建两岸关系和平发展制度框架起到重要推动作用。然而，随着2014年上半年"太阳花运动"的爆发，两岸两会事务性协商机制受到较大的负面影响，甚至于有部分学者质疑，两岸是否还能够因循两会模式继续签署协议。正如国台办发言人范丽青所言，"两岸平等协商的正常进程不应该受到干扰和阻碍"，[2] 我们相信，两岸事务性协商机制不会因一次偶发事件而长期停滞不前，除非两岸协商的政治基础——"九二共识"不复存在。大陆和台湾的两岸事务主管部门协商机制是两岸共同决策模式的最新发展，它不仅能够为两会事务性商谈的进一步深入提供支持，也能够为两岸就超越于一般事务性议题的政治问题交换意见提供平台。（2）在这一"二元机制"中，大陆和台湾两岸事务主管部门直接交往机制肇始于2013年的APEC会议期间，形成于2014年两岸事务主管部门负责人的成功互访。在短短两年时间里，两岸公权力机关实现直接接触，并开始尝试将这种接触常态化、制度化。这种趋势是有利于两岸关系和平发展的，也是值得赞赏的。然而，由于这一机制形成的时间较短，其运行依然处于不稳定状态。2015 年 1 月，时任台湾陆委会主委王郁琦因故辞职，这一突发事件引发两岸舆论对两岸事务主管部门协商机制能否持续运行的强烈关注。尽管此事发生后，国台办和陆委会均表示"人事的变动不应该影响到机制的运作"，[3]双方将"持续推动两岸官方互动交流正常化，深化两岸制度化协商及各领域交流合作"。[4]但是，由此观之，两岸事务主管部门直接协商机制依然处于起步阶段，其制度化程度依然不高，因而这一机制的发展仍然有待观察。

（三）大陆和台湾对"两岸共同决策"之回应

尽管两岸已在实践中形成了"二元共同决策机制"，并在过去的数年间，形成了包括 23 项事务性协议和多项共识在内的两岸共同决策，但是，无论是在政策层面还是在法律层面，两岸公权力机关都未能就"两岸共同决策"现象及其创制机制的性质形成共识性表述。

就两岸协议而言，两岸尚未就这种透过两会机制形成的两岸共同决策的性质形成共识。尽管大陆方面充分肯定两岸协议对大陆和台湾的现实约束力，但在法律层面，却未明确两岸协议的法律地位。在政策表述中，大陆方面将两岸协议称之为"权威性应当得到维护"的"两会受权签署的协议"。[5]然而，在法律规范中，大陆方面并未对两岸协议的定位问题做出明确的表述，在当前大陆的涉台法律体系之中，也并没有一项立法明确提及两岸协议，更没有立法对两岸协议的定位问题做出规定。台湾方面对两岸协议的法律定位问题曾做出过较为明确的界定。在"两岸人民关系条例"中，两岸协议被界定为台湾地区大陆事务主管部门"依所处理事务之性质及需要……（委托）法人……代为签署协议"。[6]同时，"两岸人民关系条例"还规定，此类协议依照是否涉及"修法或新订定法律"分别依照不同程序产生法律效力。[7]亦即是说，台湾方面同样承认了两岸协议对其的现实约束力，却回避了对这一协议属性问题的回答。

就大陆和台湾两岸事务主管部门之间的直接接触及其所形成的政治共识而言，两岸亦未能就其性质问题形成共识。对于大陆和台湾两岸事务主管机关负责人的直接接触，台湾地区领导人马英九将其称之为"两岸治权互不否认"的具体实践，并认为双方的会面是在"正视现实、互不否认，共创双赢的基础上开创出来的结果"。[8]大陆方面在回应如何评价双方两岸事务主管机关负责人会面是"两岸治权互不否认的具体实践"这一问题时指出，双方的会面"是为了增进双方了解，更及时有效处理两岸事务，更有利于推动两岸关系全面发展……

对此不必作其他方面解读"。[9]同时，在两岸事务主管机关负责人会面时，大陆方面仅有国台办负责人直呼台陆委会主委王郁琦的"官衔"，其他部门则一律称其为"王先生"。综合大陆方面的表态来看，其在实际上否认了对台湾方面所谓"治权互不否认"的提法。因此，以台湾方面提出的所谓"治权互不否认"来解释两岸公权力机关之间的交往和共同决策亦不符合关系发展的现状。

综上所述，尽管目前两岸已形成了由两岸两会事务性商谈机制和两岸事务主管机关负责人协商机制构成的"二元共同决策机制"。但是，在两岸尚处于政治对立的状态下，双方在政治与法律层面均未就两岸形成共同决策机制的原因、性质及其表现形式等问题形成一致的表述。在这种情况下，如何解释当前两岸公权力机关之间的交往现状及其共同决策机制，如何借助一定的理论模型预测这种共同决策机制的发展方向成为一项重要的理论问题。

二、"两岸间"的提出：概念产生及其内涵

尽管两岸关系和平发展的进程与欧洲一体化进程存在本质差别，但欧洲一体化理论中的一些理论要素作为研究不同实体间交往、协调的理论工具，在两岸关系，尤其是两岸公权力机关交往机制的研究中，有其可供参考之处。以欧洲一体化问题为研究对象的"政府间主义"理论中，有许多理论要素对于我们研究大陆和台湾正在形成的共同决策机制具有一定的借鉴意义。

（一）"政府间主义"的理论内涵

"政府间主义"立基于新现实主义的理论传统，对新功能主义的观点提出批判，认为在欧洲一体化大发展的时代，民族国家远未"过时"，反而具有相当"顽强"的生命力。[10]"政府间主义"认为，主导和制约一体化发展的关键因素依然是民族国家和国家利益，一体化的最终结果并非一套超国家机制，而是制度化的政府间博弈、谈判机制。"政府间主义"的理论内涵可以被归纳为以下三个方面：

第一，一体化的前进的动力来源，并非新功能主义者所说的因"外溢"而产生的自主动力，而是源于民族国家对自我利益的追求。"政府间主义"的逻辑前提在于，国际体系是一套自助体系，在这一体系中，国家是占据主导地位的行为体，而国家参与一体化的目标则是维护和提升本国的利益。因此，一体化可以被看作民族国家通过共同的政策决策和共享资源来增进解决他们共同问题

的能力，这也是单个国家寻求其特定利益或增加其权力的有效方法或工具。[11]

第二，一体化所涉及的范围，并非国家主权所涉的全部领域，而是仅限于"低级政治"领域，也不会从"低级政治"领域"外溢"到"高级政治"领域。"政府间主义"认为，新功能主义关于"外溢"的论述是一种无法证明的推导，新功能主义忽视了作为独立政治体的国家在国际关系中的中心地位，而在现实中当功能一体化面临政治化时，一体化就不会按照功能主义预设的方向发展。[12]为说明这一观点，"政府间主义"的首倡者霍夫曼提出"低级政治'和'高级政治"的区分，前者包括敏感性较低的经济政策、福利政策等领域，后者则包括主权、安全等敏感性较高的领域。他认为，"低级政治"领域的一体化并不一定会"外溢"到"高级政治"领域。

第三，一体化最终形成的，并非一套凌驾于主权国家之上的超国家机构，而是一套制度化的政府间博弈机制。"政府间主义"认为，在国家利益这一行为基础上，民族国家既可以因为一体化符合其国家利益而推动这一进程，也可以因为一体化不符合其国家利益而阻碍这一进程。民族国家可能为使其利益能够得到更好的实现，将涉及"低级政治"领域的决策权力交给超国家机构，却不可能将涉及"高级政治"领域的决策权力让出。因此，一体化的结果仅仅是形成一套国家间的制度化协商机制，各国通过这套机制实现其利益博弈的制度化。

（二）"两岸间"模式的提出：对"政府间主义"的话语改造

两岸关系与欧洲一体化进程存在本质不同，但在抛开一些"政府间主义"中与两岸关系发展实践不相符的概念之后，其理论框架能够在一定程度上描述和解释两岸形成共同决策的现象。因此，我们尝试结合两岸关系的实际，通过一系列的话语改造，建构脱胎于"政府间主义"的"两岸间"概念架构。

第一，"两岸间"以"两岸"一词，涵盖大陆与台湾在政治定位尚未明确的情况下，若干难以言明的政治概念，取代"政府间"中的"政府"一词。在"政府间主义"的话语体系中，"政府"是指参与一体化的各成员国政府，他们代表各自国家的利益，参与一体化进程中各国间的谈判，并在实质上主导一体化的进程。然而，由于两岸互不承认对方制定的根本法，亦不承认对方公权力机关的合法性，因此"政府"一词并不符合两岸关系发展的实际。此时，搁置大陆和台湾对于"主权""国家"等问题的争议，以一个近乎中性，却又具有更大包容性的词语——"两岸"，恰可满足这一要求。人们在使用"两岸"时多用于指涉一种政治现实，不仅表明分处台湾海峡两岸的大陆和台湾，而且也表明暂时尚未统一、但同属于"一个中国"的"大陆"和"台湾"。[13]从这个意义上讲，作为政治概念的"两岸"，可以用于代指作为一个整体的大陆和台湾。因此，"两岸"这一概念能够最大限度地包容两岸关系中"一"与"二"的矛盾，将两岸在政治话语上的争议化于无形。因此，以"两岸间"取代"政府间"也成为一种符合两岸关系发展实际的用语。

第二，"两岸间"以"事务性议题"与"政治性议题"的划分，取代"政府间主义"中的"低级政治"与"高级政治"的划分。尽管在界定范围上仍存在一定程度的差别，但两岸关系之中的这种事务性议题与政治性议题的区分，与"政府间主义"所提出的"低级政治"和"高级政治"之间的区分具有一定程度的相似。因此，我们在对"政府间主义"加以改造时，便可以这种符合两岸关系实践的划分方式取代其原有理论。当前，"两岸间"模式所要解决的，只是两岸现存的事务性议题，并非与"主权""国家"相关的政治性议题。亦即是说，"两岸间"模式与其说是提供一种解决两岸争议的方法，毋宁说是为两岸逐步累积互信，以阶段化思路解决双方争议提供一个制度起点，它只关照当前两岸亟待共同解决的事务性问题，而暂不涉及政治性问题。

第三，"两岸间"以为"两岸关系和平发展的不断深入"和"祖国完全统一"提供制度保障和前提条件的目标，取代"政府间主义""提升国家利益实现水平"的目的。与欧洲一体化不同，两岸关系和平发展的目标无法以"国家利益"一词加以概括，更不能为抽象的大陆和台湾的利益所表述。两岸关系和平发展的目标在于通过双方切实有效的合作，维护两岸同胞的共同福祉，从而提升两岸关系和平发展的水平，增进双方政治互信，最终为祖国完全统一创造条件。因此，在建构"两岸间"模式时，我们尝试对"政府间主义"对一体化发展的目标加以置换，"两岸间"模式所关照的两岸关系和平发展的目标在于，通过保障两岸制度化协商机制的运行，为两岸民众和两岸公权力机关的正常交往提供制度保障，并借此实现增进两岸政治互信，为两岸早日就政治性议题展开协商奠定基础。

（三）"两岸间"模式的理论内涵

经过上述话语改造，"两岸间"模式成为一种兼顾两岸关系发展实际和"政府间主义"理论中部分能够适用于两岸关系研究实际的理论要素的理论。在完成这一话语改造后，我们尝试从方法论和实践论两个层面，分析"两岸间"的理论内涵。

第一，在方法论上，"两岸间"尝试以"结构"取代"实体"，以描述大陆和台湾之间形成的一种"交往结构"，而非一种"新的政治实体"。因此，"两岸间"结构并不具有超越于大陆与台湾之上的"超两岸"机制，而体现为一种两岸常态化、制度化的协商机制。"实体"，意指存在并起作用的组织机构。[14] "结构"，意指系统内各组成要素之间的相互联系、相互作用的方式，是系统组织化、有序化的重要标志。[15] 当前，学者们在讨论两岸关系发展方向时所运用的方法论，基本上是将两岸类比为某种"政治实体"的类型，或是创造出一种"新的政治实体"类型。[16] 从词义的角度来看，尝试在两岸之间建构一个'存在并起作用的组织机构'往往意味着建构一种"超两岸"的"实体"。正如上文所述，在两岸政治互信不足的情况下，建立这种"超两岸""实体"面临着众多现实困境，只有通过建立制度化的两岸协商机制，增进两岸政治互信，方能以渐进式的方式消解这些困境。因此，"两岸间"模式尝试建构的并非一种"超两岸""实体"，而是一种关注两岸"相互联系、相互作用方式"的"结构"。在"两岸间""结构"中，大陆和台湾不向新结构让渡其所掌握的治理权力，而是各自保留既有的对己方领域的有效治理权。"两岸间"模式所关注的并非两岸如何重新形成一个"超两岸""政治实体"的问题，而是着眼于在不改变两岸既有现状的情况下，如何使两岸制度化协商机制的现实作用最大化。

第二，在实践论上，"两岸间"尝试将"二元并存"的两岸共同决策机制所创制的两岸共识，定义为一种政治层面上的两岸政治共识和一种法律层面上的具有软法属性的两岸共同政策，它对两岸各自域内法律体系能够形成一定的影响，但却并不必然在两岸能够直接适用。[17] 在"两岸间"之结构下，两岸协议作为一种两岸共同政策影响两岸各自域内法律体系的实施，即两岸协议对大陆和台湾尽管并不具有强制约束力，但却可以在实践中发挥其现实约束力，从而对两岸公权力机关和普通民众产生法律效力。两岸协议的这种效力形式的变化，需要依照两岸各自域内立法的规定，经过接受、生效、适用等程序后方能实现，亦即是说，两岸协议对两岸公权力机关和普通民众的约束力是一种间接效力。[18] 两岸协议的这种间接效力需要在大陆和台湾公权力机关的支持下方可实现，一旦一方停止对协议实施的支持，两岸协议便无法对两岸产生效力。

三、发展中的"两岸间"：发展障碍及其回应

从上文对"两岸间"模式的描述来看，在两岸关系和平发展的今天，"两岸

间"的共同决策机制已初步形成，但这种共同决策机制依然有待进一步发展和完善。从两岸关系发展的现状来看，两岸共同决策的法理定位、民意正当性危机和决策的对象与范围等问题，都是当前"两岸间"模式发展过程中面临的主要障碍。正视这些障碍，对构建两岸关系和平发展框架，增进两岸政治互信，消除两岸政治对立，实现祖国和平统一有着重要意义。

（一）两岸共同决策的法理定位存疑：共同决策如何获得实施？

正如本文第一部分所述，尽管目前两岸已形成一种"二元共同决策机制"，但这种机制本身所输出的两岸共同政策的法理定位却较为尴尬，两岸尚未就共同政策的属性及其与两岸各自域内法律体系的关系问题形成一致的表述。长期以来，两岸关系的发展方向往往寄托于台湾地区领导人一身，台湾地区领导人个人政治倾向和政治态度的改变，会对两岸关系造成重大影响。[19]1999年两岸两会事务性商谈因"两国论"而中断、2014年"太阳花运动"带来《海峡两岸服务贸易协议》延迟生效等，这些事件无不体现出两岸关系发展中的这种"人治"因素。在两岸关系中仍然存在着"人治"因素的情况下，由于缺乏明确的法理定位，两岸共同政策的实施严重依赖两岸，尤其是台湾方面对共同政策的态度。在台湾地区政党轮替已成常态的今天，若不能通过法治方式明确两岸共同政策的法理定位，一旦主张或偏向"台独"的政党重新在台执政，则两岸共同政策的实施便将遭遇到严重困境。

针对两岸共同决策在法理定位上存在的问题及其对两岸共同决策的实施带来的不利影响，本文认为，两岸应当转变既有的政治思维，转而以法治思维为导向，透过两岸间协商机制和两岸各自域内立法等方式，明确两岸共同决策的法理定位，构建起对两岸同时具有法律约束力的两岸法制体系，为"两岸间""结构"的正常运行提供制度保障。[20]具体而言：一是应由两岸尽快就共同政策的法理定位问题形成政治共识，继而签署一项旨在明确两岸共同决策法理定位问题的基础性协议，由此厘清两岸共同决策与两岸各自域内法律之间的关系；二是两岸应当尽快制定相关域内法律，明确两岸共同决策，尤其是两岸协议的法理定位，以强化两岸共同决策的权威性，防止"人治型"偏向对两岸共同决策实施效果的影响。[21]总之，只有通过发挥法治的制度价值，才能充分保障"两岸间""结构"的稳定性和可持续性，从而维护两岸关系和平发展的稳定性和可持续性。

（二）"精英政治"与"秘密政治"：共同决策的"民意正当性危机"如何克服？

考察近几年来，尤其是 2014 年以来两岸关系发展的实践，在两岸共同决策机制形成的过程中，这一机制的某些问题已经出现，亦即所谓"精英政治"与"秘密政治"色彩带来的"民意正当性危机"。就两岸两会事务性协商机制而言，由于两岸普通民众无从知晓两岸协议商谈的过程，更无从参与协议的制定并表达自己的意见，这使得两岸协议的"民意正当性"基础面临着一定考验。早在两岸关系和平发展初期，即有学者意识到，两岸共同决策机制体现的这种"精英政治"和"秘密政治"色彩，提出由于缺乏直接参与，两岸民众正逐渐沦为两岸关系和平发展的"旁观者"的观点。[22] 彼时彼刻，这种观点似乎还是一种理论预测，而此时此刻，随着 2014 年上半年"太阳花运动"的爆发，以两岸协议为代表的两岸共同决策的"民意正当性危机"已经出现，两岸两会授权签署协议的权威性面临挑战。[23] 较之于两岸两会协商，两岸事务主管部门协商机制尚处于一种初级发展阶段，其形成两岸共同决策的能力较弱，因而其所受到两岸民众的关注亦较少。但是，随着两岸事务主管部门协商机制的进一步发展，及其决策能力的不断提升，两岸民众对这一机制的关注程度亦会随之提升。因此，这一机制的"民意正当性危机"同样应引起我们的重视。

针对"秘密政治"和"精英政治"为两岸共同决策机制的发展带来的不利影响，本文认为，两岸应当尝试建构横跨海峡的多元民意整合机制，扩大两岸民众和利益相关群体参与两岸共同决策的议题选择和协商的空间，有效补强两岸共同决策机制的民意正当性。具体而言：一是应建构两岸共同决策的议题选择听证制度，就涉及两岸关系发展和民众福祉的重大问题，在两岸范围内公开举行议题选择听证会，使民众和利益相关群体能够参与确定两岸共同决策的议题范围；二是应建构两岸共同决策的协商旁听制度，邀请两岸民意代表和部分民众参与和旁听两岸两会协商，使民众能够直接了解两岸两会商谈的全过程；三是应建构两岸共同决策的事后民意数据调查和征询制度，在两岸形成共同决策和共同决策实施后，通过民意调查等多种民意征询手段，了解两岸民众对于相关决策实施的意见与建议，作为相关决策调整的重要依据，使民众意见能够对决策的实施发挥影响力。

（三）互信不足、领域有限：决策广度与深度如何得到扩展？

考察两岸共同决策机制的运行情况，目前两岸共同决策（无论是透过两会机制还是两岸事务主管部门协商机制）的决策范围依然有限，两岸范围内绝大多数事务依然由两岸各自决定。两岸共同决策范围的有限性主要体现在两个方面：一是共同决策的广度有限，现有的两岸共同决策的调整范围依然局限于两岸事务性议题，目前作为两岸协议的调整范围涉及两岸经济事务合作、社会事务合作和司法合作等方面，而两岸文化合作、行政合作和政治议题并未被纳入到两岸共同决策的范围之中；二是共同决策的深度有限，两岸经济、社会和司法合作领域中的大量事务，依然由两岸各自决定，而并未引入共同决策机制。[24] 造成两岸共同决策范围广度与深度不足的原因主要有二：一是由于两岸政治互信不足，台湾方面无法接受大量涉及两岸共同利益的事务由双方共同决定，因而双方无法就两岸政治议题等敏感性较高的问题展开商谈；二是由于两岸共同决策机制的平台建设有待进一步完善，现有的两岸两会协商机制和两岸事务主管部门协商机制，仍是一种简单的"两岸间"决策协调机制，而并未形成建基于稳定组织结构之上的共同决策体系。

针对两岸共同决策在法理定位上存在的问题及其对两岸共同决策的实施带来的负面影响，本文认为，两岸应当透过双方不断深入地交往累积政治互信，通过制度建设和平台建设保障两岸共同利益的更好实现。具体来说，一是应当促进两岸在多个层面就现有共同决策机制决策范围外的事务交换意见，透过两岸学术交流等非官方平台，促进两岸各层次交往，累积双方共识，强化双方政治互信；二是应当推动两岸在两会事务性协商机制的框架下形成稳定的"两岸间"共同机构，以具有稳定组织结构的共同机构取代仅仅具有单纯协调性质的临时性协议"联系主体"，[25] 强化两岸共同决策的生成机制，为两岸做出更多共同决策提供条件。

四、结　语

"两岸间"概念的提出，从现实背景上看，源于对两岸特殊交往形态下，两岸公权力机关交往和共同决策现象的回应；从理论溯源上看，脱胎于欧洲一体化进程中的"政府间主义"理论；从方法论上看，其核心在于以"结构"替代"实体"，体现出以动态方式形成对两岸关系和两岸交往描述的新方法。"两岸间"模式的提出，不仅为我们解释两岸公权力机关在政治对立情况下的共同决策现象提供了理论支撑，更为我们进一步完善这种两岸共同决策机制，进而为两岸增进政治互信，消除政治对立和分歧提供了可能。当然，"两岸间"仍是一种停留在理论层面上的"想象"，至于这种"想象"是否正确，仍然有待两岸关系实践的检验。

注释：

[1] 王毅：《巩固深化两岸关系 开创和平发展新局面》，《求是》2012 年第 8 期。

[2] 《国台办新闻发布会辑录（2014-04-16）》，资料来源：http://www.gwytb.gov.cn/xwfbh/201404/t20140416_6026239.htm，访问时间：2015-4-21。

[3] 《王郁琦请辞 国台办：人事变动不应该影响到机制运作》，资料来源：http://www.chinanews.com/tw/2015/02-11/7053949.shtml，访问时间：2015-4-21。

[4] 《陆委会回应国台办：续推两岸官方交流正常化》，资料来源：http://www.crntt.com/doc/1036/2/8/7/103628772.html?coluid=0&kindid=0&docid=103628772&mdate=0218002816，访问时间：2015-4-21。

[5] 《国台办新闻发布会辑录（2014-04-16）》，资料来源：http://www.gwytb.gov.cn/xwfbh/201404/t20140416_6026239.htm，访问时间：2015-2-2。

[6] 参见"两岸人民关系条例"第 4 条。

[7] 周叶中、段磊：《论两岸协议的接受》，《法学评论》2014 年第 4 期。

[8] 《马英九谈张志军王郁琦会面：两岸互不否认的结果》，资料来源：http://news.ifeng.com/taiwan/3/detail_2013_10/10/30188067_0.shtml?_from_ralated，访问时间：2015-2-3。

[9] 《国台办新闻发布会辑录（2013-10-16）》，资料来源：http://www.gwytb.gov.cn/xwfbh/201310/t20131016_5042316.htm，访问时间：2015-2-3。

[10] See Stanley Hoffmann，Obstinate or Obsolete? The Fate of the Nation State and the Case of Western Europe，Daedalus, Vol. 95, No. 3, Tradition and Change (Summer, 1966).

[11] 肖欢容：《地区主义理论的历史演进》，中国社会科学院博士学位论文 2002 年，第 57 页。

[12] 肖欢容：《地区理论的历史演进》，中国社会科学院博士学位论文 2002 年，第 55 页。

[13] 祝捷：《论海峡两岸和平协议的基本原则》，澳门《"一国两制"研究》2011 年第 7 期。

[14] 夏征农、陈至立主编：《辞海》，上海辞书出版社 2009 年版，第 2061 页。

[15] 夏征农、陈至立主编：《辞海》，上海辞书出版社 2009 年版，第 1109 页。

[16] 周叶中、祝捷：《两岸治理：一个形成中的结构》，《法学评论》2010 年第 6 期。

[17] 周叶中、段磊：《论两岸协议的法理定位》，《江汉论坛》2014 年第 8 期。

[18] 周叶中、段磊：《论两岸协议的接受》，《法学评论》2014 年第 4 期。

[19] 周叶中、段磊：《论"法治型"两岸关系的构建》，载《海峡两岸关系法学研究会 2014 年年会学术论文集》。

[20] 祝捷：《论两岸法制的构建》，《学习与探索》2013 年第 7 期。

[21] 周叶中、段磊：《论两岸协议的接受》，《法学评论》2014 年第 4 期。

[22] 周叶中、祝捷：《两岸治理：一种形成中的结构》，《法学评论》2010 年第 4 期。

[23] 沈建华：《从台湾"太阳花学运"看两岸关系面临的挑战》，《现代台湾研究》2013 年第 4 期。

[24] 周叶中、祝捷：《两岸治理：一种形成中的结构》，《法学评论》2010 年第 6 期。

[25] 关于"两岸间"共同机构与两岸协议联系主体的关系问题，作者将另文叙述。

段磊，武汉大学法学院博士研究生，

武汉大学两岸及港澳法制研究中心助理研究员。